O IMPÉRIO
DO EFÊMERO

GILLES LIPOVETSKY

O IMPÉRIO DO EFÊMERO

A moda e seu destino nas sociedades modernas

Tradução
Maria Lucia Machado

13ª reimpressão

Copyright © 1987 by Éditions Gallimard
Proibida a venda em Portugal

Grafia atualizada segundo o Acordo Ortográfico da Língua Portuguesa de 1990, que entrou em vigor no Brasil em 2009.

Título original
L'Empire de l'éphémère
La Mode et son destin dans les sociétés modernes

Capa
Jeff Fisher

Preparação
Marizilda Lourenço

Revisão
Adriana Moretto
Renato Potenza Rodrigues

Dados Internacionais de Catalogação na Publicação (CIP)
(Câmara Brasileira do Livro, SP, Brasil)

Lipovetsky, Gilles
  O império do efêmero : a moda e seu destino nas sociedades modernas / Gilles Lipovetsky ; tradução Maria Lucia Machado. — São Paulo : Companhia das Letras, 2009.

  Título original: L'Empire de l'éphémère.
  Bibliografia.
  ISBN 978-85-359-1512-9

  1. Vestuário — História — Século 20 2. Moda — História — Século 20 I. Título.

09-06606	CDD-391.00904

Índice para catálogo sistemático:
1. Moda : Século 20 : História 391.00904

Todos os direitos desta edição reservados à
EDITORA SCHWARCZ S.A.
Rua Bandeira Paulista, 702, cj. 32
04532-002 — São Paulo — SP
Telefone: (11) 3707-3500
www.companhiadasletras.com.br
www.blogdacompanhia.com.br

Para minha filha Sabine

SUMÁRIO

Apresentação *9*

PRIMEIRA PARTE
O FEÉRICO DAS APARÊNCIAS
I. A moda e o Ocidente: o momento aristocrático *28*
II. A moda de cem anos *79*
III. A moda aberta *123*

SEGUNDA PARTE
A MODA CONSUMADA
I. A sedução das coisas *184*
II. A publicidade mostra suas garras *214*
III. Cultura à moda mídia *238*
IV. E voga o sentido *278*
V. Os deslizamentos progressivos do social *310*

Notas *337*
Sobre o autor *347*

APRESENTAÇÃO

A questão da moda não faz furor no mundo intelectual. O fenômeno precisa ser sublinhado: no momento mesmo em que a moda não cessa de acelerar sua legislação fugidia, de invadir novas esferas, de arrebatar em sua órbita todas as camadas sociais, todos os grupos de idade, deixa impassíveis aqueles que têm vocação de elucidar as forças e o funcionamento das sociedades modernas. A moda é celebrada no museu, é relegada à antecâmara das preocupações intelectuais reais; está por toda parte na rua, na indústria e na mídia, e quase não aparece no questionamento teórico das cabeças pensantes. Esfera ontológica e socialmente inferior, não merece a investigação problemática; questão superficial, desencoraja a abordagem conceitual; a moda suscita o reflexo crítico antes do estudo objetivo, é evocada principalmente para ser fustigada, para marcar sua distância, para deplorar o embotamento dos homens e o vício dos negócios: a moda é sempre os outros. Somos superinformados em crônicas jornalísticas, subdesenvolvidos em matéria de compreensão histórica e social do fenômeno. À pletora das revistas, responde o silêncio da *intelligentsia*; a comunidade erudita se caracteriza menos pelo "esquecimento do Ser" do que pelo esquecimento da moda como loucura dos artifícios e arquitetura nova das democracias.

Certamente são inúmeras as obras consagradas ao assunto, dispomos de magistrais histórias do vestuário, não nos faltam monografias precisas sobre os ofícios e os criadores de moda, nem dados estatísticos sobre a produção e o consumo ou estudos históricos e sociológicos sobre as variações de gostos e de estilos. Tal riqueza bibliográfica e iconográfica não deve, contudo, esconder o mais importante: a *crise* profunda, geral, em grande parte inconsciente, em que se encontra na realidade a compreensão global do fenômeno. Caso mais ou menos único no universo da reflexão especulativa, aí está uma questão que não dá lugar a nenhuma batalha problemática verdadeira, a nenhuma dissensão teórica maior. Uma questão que, de fato, realiza a façanha de reunir mais ou menos todos os espíritos. Há um século tudo se passa como se o enigma da moda estivesse *grosso modo* resolvido; nada de conflitos básicos de interpretação; a corporação pensante, num belo esforço conjunto, adotou sobre o assunto um credo comum: a versatilidade da moda encontra seu lugar e sua verdade última na existência das rivalidades de classes, nas lutas de concorrência por prestígio que opõem as diferentes camadas e parcelas do corpo social. Esse consenso de fundo dá lugar, evidentemente segundo os teóricos, a nuanças interpretativas, a leves desvios, mas, com poucas variantes, a lógica inconstante da moda, assim como suas diversas manifestações, é invariavelmente explicada a partir dos fenômenos de estratificação social e das estratégias mundanas de distinção honorífica. Em nenhuma outra área o conhecimento erudito instalou-se a esse ponto no repisamento tranquilo, na razão preguiçosa explorando a mesma receita boa para todas as ocasiões. A moda tornou-se um problema esvaziado de paixões e de desafios teóricos, um pseudoproblema cujas respostas e razões são conhecidas previamente; o reino caprichoso da fantasia só conseguiu provocar a pobreza e a monotonia do conceito.

É preciso redinamizar, inquietar novamente a investigação da moda, objeto fútil, fugidio, "contraditório" por excelência, certamente, mas que, por isso mesmo, deveria estimular ainda mais a razão teórica. Pois a opacidade do fenômeno, sua estranheza, sua originalidade histórica são consideráveis: como uma instituição essencialmente estruturada pelo efêmero e pela fantasia estética pôde tomar lugar na história humana? Por que no Ocidente e não em outra parte? Como a era do domínio técnico, da interrogação do mundo pode ser ao mesmo tempo a da desrazão de moda? Como pensar e explicar a mobilidade frívola erigida em sistema permanente? Recolocada na imensa duração da vida das sociedades, a moda não pode ser identificada à simples manifestação das paixões vaidosas e distintivas; ela se torna uma instituição excepcional, altamente problemática, uma realidade sócio-histórica característica do Ocidente e da própria modernidade. Desse ponto de vista, a moda é menos signo das ambições de classes do que saída do mundo da tradição, é um desses espelhos onde se torna visível aquilo que faz nosso destino histórico mais singular: a negação do poder imemorial do passado tradicional, a febre moderna das novidades, a celebração do presente social.

O esquema da distinção social que se impôs como a chave soberana da inteligibilidade da moda, tanto na esfera do vestuário como na dos objetos e da cultura moderna, é fundamentalmente incapaz de explicar o mais significativo: a lógica da inconstância, as grandes mutações organizacionais e estéticas da moda. Essa ideia está na origem da reinterpretação de conjunto que propomos aqui. Retomando em coro o refrão da distinção social, a razão teórica erigiu em motor da moda o que na realidade foi sua apreensão imediata e ordinária, permaneceu prisioneira do *sentido vivido* dos agentes sociais, colocou como *origem* o que não é senão uma das *funções sociais* da moda. Essa assimilação da origem à função está no princípio da extraordinária simplificação que caracteriza as explicações genealógicas da "invenção" e das transformações da moda no Ocidente. Espécie de inconsciente epistemológico do discurso sobre a moda, a problemática da distinção tornou-se um obstáculo à compreensão histórica do fenômeno, obstáculo acompanhado de um jogo ostensivo de volutas conceituais capaz de mascarar a indigência da afirmação erudita. Um *lifting* teórico se impõe, é tempo de tirar as análises da moda da linha de tiro da artilharia pesada das classes sociais, da dialética da distinção e da pretensão das classes. Ao contrário do imperialismo dos esquemas da luta simbólica das classes, mostramos que, na história da moda, foram os *valores* e as *significações culturais modernas*, dignificando em particular o *Novo* e a expressão da individualidade humana, que tornaram possíveis o nascimento e o estabelecimento do sistema da moda da Idade Média tardia; foram eles que contribuíram para desenhar, de maneira insuspeitada, as grandes etapas de seu caminho histórico.

O que se vai ler é uma história da moda, história conceitual e problemática, comandada não pela vontade de relatar seus inesgotáveis conteúdos, mas pela vontade de apresentar uma interpretação geral do fenômeno e de suas metamorfoses na longa duração. Não há história cronológica dos estilos e das mundanidades elegantes, mas os grandes momentos, as grandes estruturas, os pontos de inflexões organizacionais, estéticas, sociológicas, que determinaram o percurso plurissecular da moda. Optamos deliberadamente aqui pela inteligibilidade de conjunto em detrimento das análises de detalhe: o que nos faz mais falta não são os conhecimentos minuciosos, é o sentido global, a economia profunda da dinâmica da moda. Este livro foi escrito com uma dupla intenção. Por um lado, compreender a emergência da moda no final da Idade Média, assim como as linhas principais de sua evolução a longo prazo; a fim de evitar as generalizações psicossociológicas sobre a moda, pobres em compreensão histórica, e a fim de não cair na armadilha dos paralelismos amplos, múltiplos, mas muito frequentemente artificiais, preferimos ater-nos aqui a um objeto relativamente homogêneo, mais significativo do fenômeno — o vestuário, o domínio arquetípico da moda. Por outro lado, compreender a ascensão da moda ao poder nas sociedades contemporâneas, o lugar central, inédito, que ocupa nas democracias engajadas no caminho do consumo e da comunicação de massa. Pois o fato capital de nossas sociedades, que não contribuiu pouco para o projeto de realizar este livro, é precisamente a extraordinária generalização da moda, a extensão da forma moda a esferas antigamente externas a seu processo, o advento de uma sociedade reestruturada de ponta a ponta pela sedução e pelo efêmero, pela própria lógica da moda. Daí a desigual composição desta obra, se medida segundo o tempo da história. A primeira parte tem por objeto a moda no sentido estrito, a *fashion*, e cobre mais de seis séculos de história. A segunda analisa a moda em suas múltiplas redes, dos objetos industriais à cultura midiática,* e da publicidade às ideologias, da informação ao social, e aplica-se a uma duração histórica muito mais curta, a das sociedades democráticas voltadas para a produção-consumo-comunicação de massa. Diferença de tratamento e de investigação do tempo histórico que se justifica pelo lugar novo, altamente estratégico, que ocupa doravante o processo de moda no funcionamento das sociedades liberais. A moda não é mais um enfeite estético, um acessório decorativo da vida coletiva; é sua pedra angular. A moda terminou estruturalmente seu curso histórico, chegou ao topo de seu poder, conseguiu remodelar a sociedade inteira à sua imagem; era periférica, agora é hegemônica; as páginas que aqui estão quiseram esclarecer essa ascensão histórica da moda, compreender o estabelecimento, as etapas, o apogeu de seu império.

Assim, a moda está nos comandos de nossas sociedades; a sedução e o efêmero tornaram-se, em menos de meio século, os princípios organizadores da vida coletiva moderna; vivemos em sociedades de dominante frívola, último elo da plurissecular aventura capitalista-democrática-individualista. É preciso atormentar-se com isso? Isso anuncia um lento mas inexorável declínio do Ocidente? É preciso reconhecer aí o signo da decadência do ideal democrático? Nada mais banal, mais comumente difundido do que estigmatizar, não sem algumas razões, aliás, o novo regime das democracias desprovidas de grandes projetos coletivos mobilizadores, aturdidas pelos gozos privados do consumo, infantilizadas pela cultura instantânea, pela publicidade, pela política-espetáculo. O reino último da sedução, diz-se, aniquila a cultura, conduz ao embrutecimento generalizado, à derrocada do cidadão livre e responsável; o lamento sobre a moda é a coisa intelectual mais bem partilhada. Não cedemos a essas sereias; é uma interpretação contrária,

---

* *Médiatique* no original francês, termo cunhado a partir de *media*, em português "mídia", meios de comunicação de massa. (N. E.)

paradoxal, do mundo moderno que propomos aqui, revelando, para além das "perversões" da moda, seu poder globalmente positivo tanto em relação às instituições democráticas quanto em relação à autonomia das consciências. A moda não acabou de surpreender-nos: quaisquer que sejam seus aspectos nefastos quanto à vitalidade do espírito e das democracias, ela aparece antes de tudo como o agente por excelência da espiral individualista e da consolidação das sociedades liberais.

Com certeza, a nova cartada frívola tem como alimentar certo número de inquietações: a sociedade por ela delineada está bem longe do ideal democrático e não permite abordar nas melhores condições a saída do marasmo econômico em que estamos mergulhados. Por um lado, os cidadãos se sentem pouco interessados pela coisa pública; um pouco por toda parte a desmotivação, a indiferença pelo político vencem; o comportamento do eleitor está prestes a conformar-se ao do consumidor. Por outro lado, os indivíduos atomizados, absorvidos consigo mesmos, estão pouco dispostos a considerar o interesse geral, a renunciar aos privilégios adquiridos; a construção do futuro tende a ser sacrificada às satisfações das categorias e dos indivíduos do presente. Comportamentos altamente problemáticos quanto ao vigor do espírito democrático, quanto à capacidade de nossas sociedades de se recuperar, de se readaptar a tempo, de ganhar a nova guerra dos mercados.

Todas essas enfermidades são bem conhecidas, foram abundantemente analisadas. Os potenciais de futuro das democracias é que o são menos. Em poucas palavras, as democracias frívolas não estão desarmadas para afrontar o futuro, dispõem no presente de recursos inestimáveis, ainda que sejam pouco espetaculares, não mensuráveis: a saber, um "material" humano mais flexível do que se pensa, tendo integrado a legitimidade da mudança, tendo renunciado às visões revolucionário-maniqueístas do mundo. Sob o reino da moda, as democracias gozam de um consenso universal em torno de suas instituições políticas, os maximalismos ideológicos declinam em benefício do pragmatismo, o espírito de empresa e de eficácia substituiu o sortilégio profético. Devem-se considerar como nada esses fatores de coesão social, de solidez institucional, de "realismo" modernista? Quaisquer que sejam os choques sociais e as crispações corporativistas que freiam o processo de modernização, este está em curso e se acelera, a Moda não faz desaparecer as reivindicações e a defesa dos interesses particulares, ela as torna mais negociáveis; as lutas de interesses, os egoísmos permanecem, mas não redibitórios, não chegam jamais a ameaçar a continuidade e a ordem republicanas. Não partilhamos das visões pessimistas de certos observadores sobre o futuro das nações europeias; estas páginas foram escritas com a ideia de que nossa história não estava traçada, de que o sistema acabado da moda representava a longo prazo uma possibilidade para as democracias, hoje libertas das febres extremistas, moderadamente partidárias da mudança, da readaptação permanente, da consideração das realidades econômicas nacionais e internacionais. Primeiros paradoxos de nossas sociedades: quanto mais a sedução se manifesta, mais as consciências aderem ao real; quanto mais o lúdico prevalece, mais o *ethos* econômico é reabilitado; quanto mais o efêmero ganha, mais as democracias são estáveis, pouco dilaceradas em profundidade, reconciliadas com seus princípios pluralistas. Embora não calculáveis, trata-se aí de trunfos imensos para a edificação do futuro. Certamente, no nível da história imediata, os dados são pouco encorajadores; certamente, tudo não se fará num dia, sem esforço coletivo, sem tensões sociais, sem vontade política, mas numa era reciclada pela forma moda a história é mais do que nunca aberta, o modernismo conquistou tal legitimidade social que a dinâmica do reerguimento de nossas nações é mais provável que seu lento desaparecimento. Evitemos ler o futuro apenas à luz dos quadros quantificados do presente: uma era acionada pela informação, pela sedução do novo, pela tolerância, pela mobilidade das opiniões, nos prepara, se soubermos explorar sua boa inclinação, para os desafios do futuro. O momento é difícil, mas não é sem saída; as promessas da sociedade-moda não darão seus frutos imediatamente; é preciso deixar ao tempo a possibilidade de fazer sua obra. No futuro próximo, só se vê desemprego em alta, precariedade do trabalho, crescimento débil, economia atômica; de olhar fixado no horizonte, as razões para ter esperança não faltam inteiramente. O terminal da moda não é caminho do nada; analisado com certo distanciamento conduz a uma dupla opinião sobre nosso destino: pessimismo do presente, otimismo do futuro.

Foi no domínio da vida do espírito que a denúncia da moda em sua fase acabada encontrou suas inflexões mais virulentas. Pela análise da cultura de massa apreendida como máquina destruidora da razão, empresa totalitária de erradicação da autonomia do pensamento, a *intelligentsia* formou um bloco comum, estigmatizando numa mesma voz a ditadura degradante do consumível, a infâmia das indústrias culturais. Desde os anos 1940, Adorno e Horkheimer insurgiam-se contra a fusão "monstruosa" da cultura, da publicidade e do divertimento industrializado que acarreta a manipulação e a estandardização das consciências. Mais tarde, Habermas analisará o pronto-para-consumir midiático como instrumento de redução da capacidade de fazer um uso crítico da razão; G. Debord denunciará a "falsa consciência", a alienação generalizada, induzidas pela pseudocultura espetacular. Hoje mesmo, quando o pensamento marxista e revolucionário já não está em voga, a ofensiva contra a moda e a cretinização midiática partem novamente com mais força: outro tempo, outra voga para dizer a mesma coisa; em lugar do coringa Marx tira-se a carta Heidegger; já não se brande a panóplia dialética da mercadoria, da ideologia, da alienação; medita-se sobre o domínio da técnica, "a autonegação da vida", a dissolução da "vida com o espírito". Abram então os olhos para a imensa miséria da modernidade: estamos destinados ao aviltamento da existência midiática; um totalitarismo de tipo soft instalou-se nas democracias, conseguiu semear o ódio pela cultura, generalizar a regressão e a confusão mental; estamos francamente na "barbárie", último jingle de nossos filósofos antimodernos. Vitupera-se contra a moda, mas não se deixa de adotar, em suas pegadas, uma técnica hiperbólica análoga, o *must* do sobrelanço conceitual. Nada muda, o machado de guerra apocalíptico não foi enterrado, a moda será sempre a moda, sua denúncia é sem dúvida consubstancial a seu próprio ser, ela é inseparável das cruzadas da bela alma intelectual.

A unanimidade crítica provocada pelo império da moda é tudo salvo acidental, enraíza-se no mais profundo do processo de pensamento que inaugura a própria reflexão filosófica. Desde Platão, sabe-se que os jogos de sombras e de luzes na caverna da existência barram a marcha do verdadeiro, a sedução e o efêmero escravizam o espírito, são os próprios signos do cativeiro dos homens. A razão, o progresso em direção à verdade não podem advir senão na e por uma perseguição implacável das aparências, do devir, do encanto das imagens. Ponto de salvação intelectual no universo do proteiforme e da superfície, é esse paradigma que ordena ainda hoje os ataques contra o reino da moda: o lazer fácil, a fugacidade das imagens, a sedução distrativa da mídia só podem sujeitar a razão, enviscar e desestruturar o espírito. O consumo é superficial, portanto torna as massas infantis; o rock é violento, não verbal, portanto põe fim à razão; as indústrias culturais são estereotipadas, portanto a televisão embota os indivíduos e fabrica moluscos descerebrados. O *feeling* e o *zapping** esvaziam as cabeças; o mal, de qualquer modo, é o *superficial*, sem que se chegue a desconfiar nem por um segundo que efeitos individuais e sociais *contrários* às aparências possam ser a verdade histórica da era da sedução generalizada. Quer se situem no rastro de Marx ou de Heidegger, nossos letrados continuam sendo moralistas prisioneiros da espuma dos fenômenos, incapazes de abordar de qualquer modo que seja o *trabalho* efetivo da moda, a *astúcia da desrazão de moda*, poderíamos dizer. Aí está a grande, a mais interessante lição histórica da Moda: nos antípodas do platonismo, deve-se compreender que hoje a sedução é o que reduz a desrazão, o factício favorece o acesso ao real, o superficial permite um uso ampliado

---

* *Zapping*: ficar mudando de canal de tevê rapidamente, com controle remoto. (N. E.)

da razão, o espetacular lúdico é trampolim para o juízo subjetivo. O momento terminal da moda não coroa a alienação das massas, é um vetor ambíguo mas efetivo da autonomia dos seres, e isso pela própria heteronomia da cultura de massa. Auge dos paradoxos do que se chama por vezes de pós-modernidade: a independência subjetiva aumenta paralelamente ao império da espoliação burocrática; quanto mais há sedução frívola, mais as Luzes avançam, ainda que de maneira ambivalente. No tempo imediato, o processo, é verdade, não salta aos olhos, a tal ponto os efeitos negativos da moda são pregnantes; ele só tem acesso à verdade de si mesmo no confronto a longo prazo com as eras anteriores da tradição onipotente, do racismo triunfante, do catecismo religioso e ideológico. É preciso reinterpretar de ponta a ponta a era fútil do consumo e da comunicação, caricaturada até o delírio por seus denegridores de direita e de esquerda; a Moda não se identifica de modo algum a um neototalitarismo suave, mas permite, bem ao contrário, a ampliação do questionamento público, a maior autonomização das ideias e das existências subjetivas; é o agente supremo da dinâmica individualista em suas diversas manifestações. Num trabalho anterior, havíamos procurado localizar as transformações contemporâneas do individualismo; aqui tentamos compreender por quais caminhos, por quais disposições sociais o processo de individualização entrou no segundo ciclo de sua trajetória histórica.

Que se nos permita uma palavra para precisar a ideia de história implicada em tal análise da Moda como fase última das democracias. Está claro que, num sentido, vamos ao encontro das problemáticas filosóficas da "astúcia da razão": a "razão" coletiva avança com efeito por seu contrário, o divertimento; a autonomia das pessoas se desenvolve pelo desvio da heteronomia da sedução; a "sensatez" das nações modernas se compõe na loucura das paixonites superficiais. Certamente não como, classicamente, o jogo desordenado das paixões egoístas na realização da Cidade racional, mas um modelo formalmente equivalente: o papel da sedução e do efêmero no impulso das subjetividades autônomas, o papel do frívolo no desenvolvimento das consciências críticas, realistas, tolerantes; a marcha descontínua do exercício da razão se realiza como nas teodiceias da história pela ação de seu outro aparente. Mas aí se detém nossa conivência com as teorias da astúcia da razão. Atemo-nos aqui à estrita dinâmica das democracias contemporâneas, daí não extraímos nenhuma concepção global da história universal, não implicamos aí nenhuma metafísica da sedução. Duas observações a fim de evitar os mal-entendidos. Primeiro, a forma moda que analisamos não é antitética ao "racional"; a sedução é já nela mesma, por ofício, uma lógica racional que integra o cálculo, a técnica, a informação próprios do mundo moderno; a moda consumada é o que celebra as bodas da sedução e da razão produtiva, instrumental, operacional. De modo algum uma visão dialética da modernidade, afirmando a realização progressiva do universal racional pelo jogo contrário das inclinações particulares, mas a potência de autonomia de uma sociedade ordenada pela moda, onde a racionalidade funciona na efemeridade e na frivolidade, onde a objetividade se institui como espetáculo, onde o domínio técnico se reconcilia com o lúdico, e o domínio político, com a sedução. Segundo, não aderimos sem reserva à ideia do progresso das consciências; na realidade, as Luzes avançam, mescladas indissociavelmente a seu contrário — o otimismo histórico que a análise da Moda implica deve restringir-se a estreitos limites. Os espíritos em seu conjunto, com efeito, estão mais informados porém mais desestruturados, mais adultos porém mais instáveis, menos "ideologizados" porém mais tributários das modas, mais abertos porém mais influenciáveis, menos extremistas porém mais dispersos, mais realistas porém mais indistintos, mais críticos porém mais superficiais, mais céticos porém menos meditativos. A independência maior nas ideias vai de par com mais frivolidade; a tolerância é acompanhada de mais indiferença e relaxamento na coisa pensante; a Moda não encontra seu modelo adequado nem nas teorias da alienação, nem nas de qualquer "mão invisível" otimizada; não institui nem o reino da espoliação subjetiva final nem o da razão clara e firme.

Embora ligando-se às teorias da astúcia da razão, esse modelo de evolução das sociedades contemporâneas não torna menos significante a iniciativa deliberada dos homens. Por mais que a ordem final da moda engendre um momento histórico da consciência, essencialmente ambivalente, a ação lúcida, voluntária, responsável dos homens é mais do que nunca possível, necessária para progredir rumo a um mundo mais livre, mais bem informado. A Moda produz inseparavelmente o melhor e o pior, a informação 24 horas por dia e o grau zero do pensamento; cabe a nós combater, de onde estamos, os mitos e os *a priori*, limitar os malefícios da desinformação, instituir as condições de um debate público mais aberto, mais livre, mais objetivo. Dizer que o universo da sedução contribui para a dinâmica da razão não condena ao passadismo, ao "tudo dá no mesmo", à apologia beata do show biz generalizado. A Moda é acompanhada de efeitos ambíguos; o que temos de fazer é trabalhar para reduzir sua inclinação "obscurantista" e aumentar sua inclinação "esclarecida", não procurando riscar num traço o strass da sedução, mas utilizando suas potencialidades liberadoras para a maioria. O terminal frívolo não pede nem a defesa incondicional, nem a excomunhão de sua ordem; se o terreno da Moda é favorável ao uso crítico da razão, faz eclodir igualmente o exílio e a confusão do pensamento: muito está por corrigir, legislar, criticar, explicar interminavelmente; a astúcia da desrazão de moda não exclui a inteligência, a livre iniciativa dos homens, a responsabilidade da sociedade sobre seu próprio futuro. Na nova era democrática, o progresso coletivo na liberdade do espírito não se fará fora do jogo da sedução; ele se apoiará na forma moda, mas secundado por outras instâncias, reforçado por outros critérios, pelo trabalho específico da Escola, pela ética, pela transparência e a exigência própria à informação, pelas obras teóricas e científicas, pelo sistema corretor das leis e regulamentações. No avanço lento, contraditório, desigual das subjetividades livres, a Moda evidentemente não está sozinha na pista e o futuro permanece amplamente indeterminado quanto aos traços do que será a autonomia das pessoas: a lucidez está sempre por conquistar, a ilusão e a cegueira, como Fênix, renascem sempre de suas cinzas, a sedução não realizará plenamente sua obra democrática senão sabendo unir-se a outros parâmetros, sem asfixiar as regras soberanas do verdadeiro, dos fatos, da argumentação racional. Resta que, contrariamente aos estereótipos com que grotescamente a vestem, a era da moda é a que mais contribuiu para arrancar os homens em seu conjunto do obscurantismo e do fanatismo, para instituir um espaço público aberto, para modelar uma humanidade mais legalista, mais madura, mais cética. A moda consumada vive de paradoxos: sua inconsciência favorece a consciência; suas loucuras, o espírito de tolerância; seu mimetismo, o individualismo; sua frivolidade, o respeito pelos direitos do homem. No filme acelerado da história moderna, começa-se a verificar que, dentre todos os roteiros, o da Moda é o menos pior.

Primeira Parte
O FEÉRICO DAS APARÊNCIAS

A moda não pertence a todas as épocas nem a todas as civilizações: essa concepção está na base das análises que se seguem. Contra uma pretensa universidade trans-histórica da moda, ela é colocada aqui como tendo um começo localizável na história. Contra a ideia de que a moda é um fenômeno consubstancial à vida humano-social, afirmamo-la como um processo excepcional, inseparável do nascimento e do desenvolvimento do mundo moderno ocidental. Durante dezenas de milênios, a vida coletiva se desenvolveu sem culto das fantasias e das novidades, sem a instabilidade e a temporalidade efêmera da moda, o que certamente não quer dizer sem mudança nem curiosidade ou gosto pelas realidades do exterior. Só a partir do final da Idade Média é possível reconhecer a ordem própria da moda, a moda como sistema, com suas metamorfoses incessantes, seus movimentos bruscos, suas extravagâncias. A renovação das formas se torna um valor mundano, a fantasia exibe seus artifícios e seus exageros na alta sociedade, a inconstância em matéria de formas e ornamentações já não é exceção mas regra permanente: a moda nasceu.

Pensar a moda requer não apenas que se renuncie a assimilá-la a um princípio inscrito necessária e universalmente no curso do desenvolvimento de todas as civilizações,[1] mas também que se renuncie a fazer dela uma constante histórica fundada em raízes antropológicas universais.[2] O mistério da moda está aí, na unicidade do fenômeno, na emergência e na instalação de seu reino no Ocidente moderno, e em nenhuma outra parte. Nem força elementar da vida coletiva, nem princípio permanente de transformação das sociedades enraizado nos dados gerais da espécie humana, a moda é formação essencialmente sócio-histórica, circunscrita a um tipo de sociedade. Não é invocando uma suposta universalidade da moda que se revelarão seus efeitos fascinantes e seu poder na vida social, mas delimitando estritamente sua extensão histórica.

A história do vestuário é com certeza a referência privilegiada de tal problemática. É antes de tudo à luz das metamorfoses dos estilos e dos ritmos precipitados da mudança no vestir que se impõe essa concepção histórica da moda. A esfera do parecer é aquela em que a moda se exerceu com mais rumor e radicalidade, aquela que, durante séculos, representou a manifestação mais pura da organização do efêmero. Vínculo privilegiado do vestuário e da moda, que nada tem de fortuito mas que repousa, como teremos ocasião de mostrar mais adiante, em razões de fundo. Isso posto, a moda não permaneceu acantonada — longe disso — no campo do vestuário. Paralelamente, em velocidades e em graus diversos, outros setores — o mobiliário e os objetos decorativos, a linguagem e as maneiras, os gostos e as ideias, os artistas e as obras culturais — foram atingidos pelo processo da moda, com suas paixonites e suas oscilações rápidas. Nesse sentido, é verdade que a moda, desde que está instalada no Ocidente, não tem conteúdo próprio; forma específica da mudança social, ela não está ligada a um objeto determinado, mas é, em primeiro lugar, um dispositivo social caracterizado por uma temporalidade particularmente breve, por reviravoltas mais ou menos fantasiosas, podendo, por isso, afetar esferas muito diversas da vida coletiva. Mas até os séculos XIX e XX foi o vestuário, sem dúvida alguma, que encarnou mais ostensivamente o processo de moda; ele foi o teatro das inovações formais mais aceleradas, mais caprichosas, mais espetaculares. Durante todo esse imenso período, o domínio da aparência ocupou um lugar preponderante na história da moda; se ele não traduz, à evidência, toda a estranheza do mundo das futilidades e da superficialidade, ao menos é sua melhor via de acesso, porque a mais bem conhecida, a mais descrita, a mais representada, a mais comentada. Não há teoria ou história da moda que não tome o parecer como ponto de partida e como objeto central de investigação. Porque exibe os traços mais significativos do problema, o vestuário é por excelência a esfera apropriada para desfazer o mais exatamente possível a meada do sistema da moda; só ele nos proporciona, numa certa unidade, toda a heterogeneidade de sua ordem. A inteligibilidade da moda passa em primeiro lugar pela do feérico das aparências: tem-se aí o polo arquetípico da moda na era aristocrática.

Por ser um fenômeno social de considerável oscilação nem por isso a moda escapa, de um ponto de vista histórico abrangente, à estabilidade e à regularidade de seu funcionamento profundo. De um lado, os fluxos e refluxos que alimentam as crônicas da elegância. Do outro, uma surpreendente continuidade plurissecular que reclama uma história da moda a muito longo prazo, a análise das ondas amplas e das rupturas que alteraram sua ordenação. Pensar a moda exige que se saia da história positivista e da periodização clássica em séculos e decênios, cara aos historiadores do vestuário. Certamente, não que essa história não tenha legitimidade: é o ponto de partida obrigatório, a fonte de informação incontornável de toda reflexão sobre a moda. Mas ela reforça demasiadamente a ideia de que a moda não é senão uma cadeia ininterrupta e homogênea de variações, marcada a intervalos mais ou menos regulares por inovações de maior ou menor alcance: bom conhecimento dos fatos, pouca compreensão da originalidade do fenômeno e de sua inscrição real na grande duração histórica e no conjunto coletivo. Para além da transcrição pontilhista das novidades de moda, é preciso tentar reconstruir as grandes vias de sua história, compreender seu funcionamento, destacar as lógicas que a organizam e os elos que a unem ao todo coletivo. História das estruturas e das lógicas da moda, pontuada de momentos decisivos, de descontinuidades importantes que instituem fases de longa e de longuíssima duração, tal é a problemática que orienta os capítulos seguintes. Com o esclarecimento importante de que as rupturas de regime não implicam automaticamente transformação completa e novidade incomparável: para além das grandes descontinuidades, normas, atitudes, processos se repetiram e se prolongaram; do final da Idade Média a nossos dias, a despeito das inflexões decisivas de sistema, comportamentos individuais e sociais, valores e invariantes constitutivos da moda não cessaram de reproduzir-se. As modificações cruciais que são aqui sublinhadas com insistência não devem fazer perder de vista as amplas correntes de continuidade que se perpetuaram e asseguraram a identidade da moda.

Nesse percurso multissecular, um primeiro momento se impôs durante cinco séculos, da metade do século XIV à metade do século XIX: é a fase inaugural da moda, onde o ritmo precipitado das frivolidades e o reino das fantasias instalaram-se de maneira sistemática e durável. A moda já revela seus traços sociais e estéticos mais característicos, mas para grupos muito restritos que monopolizam o poder de iniciativa e de criação. Trata-se do estágio artesanal e aristocrático da moda.

I. A MODA E O OCIDENTE: O MOMENTO ARISTOCRÁTICO

A INSTABILIDADE DO PARECER

Durante a mais longa parte da história da humanidade, as sociedades funcionaram sem conhecer os movimentados jogos das frivolidades. Assim, as formações sociais ditas *selvagens* ignoraram e conjuraram implacavelmente, durante sua existência multimilenar, a febre da mudança e o crescimento das fantasias individuais. A legitimidade inconteste do legado ancestral e a valorização da continuidade social impuseram em toda parte a regra de imobilidade, a repetição dos modelos herdados do passado, o conservantismo sem falha das maneiras de ser e de parecer. O processo e a noção de moda, em tais configurações coletivas, não têm rigorosamente nenhum sentido. Aliás, não que os selvagens, mesmo fora dos trajes cerimoniais, não tenham por vezes o gosto muito vivo das ornamentações e não procurem certos efeitos estéticos, mas nada que se assemelhe ao sistema da moda. Mesmo múltiplos, os tipos de enfeites, os acessórios e penteados, as pinturas e tatuagens permanecem fixados pela tradição, submetidos a normas inalteradas de geração em geração. Hiperconservadora, a sociedade primitiva impede o aparecimento da moda por ser esta inseparável de uma relativa desqualificação do passado: nada de moda sem prestígio e superioridade concedidos aos modelos novos e, ao mesmo tempo, sem uma certa depreciação da ordem antiga. Inteiramente centrada no respeito e na reprodução minuciosa do passado coletivo, a sociedade primitiva não pode em nenhum caso deixar manifestarem-se a sagração das novidades, a fantasia dos particulares, a autonomia estética da moda. Sem Estado nem classes e na dependência estrita do passado mítico, a sociedade primitiva é organizada para conter e negar a dinâmica da mudança e da história. Como poderia ela entregar-se aos caprichos das novidades quando os homens não são reconhecidos como os autores de seu próprio universo social, quando as regras de vida e os usos, as prescrições e as interdições sociais são colocados como resultantes de um tempo fundador que se trata de perpetuar numa imutável imobilidade, quando a antiguidade e a perpetuação do passado são os fundamentos da legitimidade? Para os homens, nada mais resta fazer senão continuar na mais estrita fidelidade àquilo que foi contado, nos tempos originários, pelas narrativas míticas. Na medida em que as sociedades foram submetidas, tanto em suas atividades mais elementares como nas mais carregadas de sentido, aos comportamentos dos ancestrais fundadores, e na medida em que a unidade individual não pôde afirmar uma relativa independência em relação às normas coletivas, a lógica da moda viu-se absolutamente excluída. A sociedade primitiva criou uma barreira redibitória à constituição da moda, na medida em que esta consagra explicitamente a iniciativa estética, a fantasia, a originalidade humana, e implica, além disso, uma ordem de valor que exalta o presente novo em oposição frontal com o modelo de legitimidade imemorial fundado na submissão ao passado coletivo. Para que o reino das frivolidades possa aparecer, será preciso que sejam reconhecidos não apenas o poder dos homens para modificar a organização de seu mundo, mas também, mais tardiamente, a autonomia parcial dos agentes sociais em matéria de estética das aparências.

O aparecimento do Estado e da divisão em classes não modificou o fundo do problema. Ao longo dos séculos, os mesmos gostos, as mesmas maneiras de fazer, de sentir, de vestir-se vão perpetuar-se, idênticas a si mesmas. No Egito antigo, o mesmo tipo de toga-túnica comum aos dois sexos manteve-se por quase quinze séculos com uma permanência quase absoluta; na Grécia, o *peplo*, traje feminino de cima, impôs-se das origens até a metade do século VI antes de nossa era; em Roma, o traje masculino — a toga e a túnica — persistiu, com variações de detalhes, dos tempos mais remotos até o final do

Império. Mesma estabilidade na China, na Índia, nas civilizações orientais tradicionais, onde o vestir só excepcionalmente admitiu modificações: o quimono japonês permaneceu inalterado durante séculos; na China, o traje feminino não sofreu nenhuma verdadeira transformação entre o século XVII e o século XIX. Certamente, com o Estado e as conquistas, a dinâmica mudança histórica está em ação, as correntes de importação e de difusão perturbam de tempos em tempos os usos e os costumes, mas sem adquirir por isso um caráter de moda. Salvo fenômenos periféricos, a mudança cristaliza-se em nova norma coletiva permanente: é sempre o princípio de imobilidade que prevalece, a despeito da abertura para a história. Se a mudança resulta frequentemente das influências externas, do contato com os povos estrangeiros dos quais se copia tal ou tal tipo de traje, é também ora impulsionada pelo soberano que se imita — os gregos cortaram a barba a exemplo e por ordem de Alexandre —, ora decretada pelos conquistadores que impõem seu vestuário aos vencidos, pelo menos às classes ricas — assim o traje dos mongóis tornou-se a regra na Índia conquistada por eles.[1] Mas em nenhum caso as variações procedem de uma lógica estética autônoma, não traduzem o imperativo da renovação regular própria da moda, mas influências *ocasionais* ou relações de dominação. Não a cadeia ininterrupta das pequenas variações constitutivas da moda, mas a adoção ou a imposição excepcional de modelos estrangeiros que são erigidos, depois, em normas estáveis. Mesmo que certas civilizações tenham sido muito menos conservadoras do que outras, mais abertas às novidades do exterior, mais febris por exibição de luxo, jamais puderam aproximar-se do que se chama de moda em sentido estrito, em outras palavras, do reino do efêmero sistemático, das rápidas flutuações sem amanhã.

Nesse sentido, as eras de moda não podem ser definidas, como pensava Gabriel de Tarde, só pelo prestígio dos modelos estrangeiros e novos que, a seus olhos, não formavam senão um mesmo processo.[2] O prestígio das realidades estrangeiras não basta para abalar a fixidez tradicional; não há sistema de moda senão quando o gosto pelas novidades se torna um princípio *constante* e regular, quando já não se identifica, precisamente, só com a curiosidade em relação às coisas exógenas, quando funciona como exigência cultural autônoma, relativamente independente das relações fortuitas com o exterior. Nessas condições, poderá organizar-se um sistema de frivolidades em movimento perpétuo, uma lógica do excesso, jogos de inovações e de reações sem fim.

A moda no sentido estrito quase não aparece antes da metade do século XIV. Data que se impõe, em primeiro lugar, essencialmente em razão do aparecimento de um tipo de vestuário radicalmente novo, nitidamente diferenciado segundo os sexos: curto e ajustado para o homem, longo e justo para a mulher.[3] Revolução do vestuário que lançou as bases do trajar moderno. A mesma toga longa e flutuante, usada mais ou menos indistintamente há séculos pelos dois sexos, foi substituída, por um lado, por um traje masculino composto de um *gibão*, espécie de jaqueta curta e estreita, unida a calções colantes que desenham a forma das pernas; por outro lado, substituiu-a um traje feminino que perpetua a tradição do vestido longo, mas muito mais ajustado e decotado. A grande novidade é, certamente, o abandono da longa e flutuante sobrecota em forma de blusão em proveito de um traje masculino curto, apertado na cintura, fechado por botões e descobrindo as pernas, modeladas em calções. Transformação que institui uma diferença muito marcada, excepcional, entre os trajes masculinos e femininos, e isso para toda a evolução das modas futuras até o século XX. O vestuário feminino é igualmente ajustado e exalta os atributos da feminilidade: o traje alonga o corpo através da cauda, põe em evidência o busto, os quadris, a curva das ancas. O peito é destacado pelo decote; o próprio ventre, no século XV, é sublinhado por saquinhos proeminentes escondidos sob o vestido, como testemunha o célebre quadro de Jan Van Eyck, *O casamento dos esposos Arnolfini* (1434). Se o lugar do aparecimento dessa importante revolução do vestuário é controvertido, sabe-se em compensação que muito depressa, entre 1340 e 1350, a inovação difundiu-se por toda a Europa ocidental. A partir desse momento as mudanças vão precipitar-se; as variações do parecer serão mais frequentes, mais extravagantes, mais arbitrárias; um ritmo desconhecido até então e formas ostensivamente fantasistas, gratuitas, decorativas fizeram sua aparição, definindo o próprio processo da moda. A mudança não é mais um fenômeno acidental, raro, fortuito; tornou-se uma regra permanente dos prazeres da alta sociedade; o fugidio vai funcionar como uma das estruturas constitutivas da vida mundana.

Entre os séculos XIV e XIX, as flutuações da moda seguramente não conheceram sempre a mesma precipitação. Nenhuma dúvida de que na noite da Idade Média os ritmos da mudança tenham sido menos espetaculares do que no Século das Luzes, onde as vogas disparam, mudam "todos os meses, todas as semanas, todos os dias, quase a cada hora",[4] obedecendo aos frêmitos do ar do tempo, registrando o último sucesso ou o acontecimento do dia. Assim é que, desde o final do século XIV, as fantasias, as reviravoltas, as novidades multiplicaram-se muito rapidamente e em seguida jamais cessaram de ser livre curso nos círculos mundanos. Este não é o lugar de fazer a enumeração, mesmo sumária, das mudanças de cortes e de detalhes dos elementos do vestuário, a tal ponto foram inumeráveis, a tal ponto os ritmos de moda foram complexos, variáveis segundo os Estados e as épocas. A documentação de que se dispõe é certamente fragmentária, limitada, mas os historiadores do vestuário puderam mostrar, sem nenhum equívoco, a irrupção e a instalação histórica dos ciclos breves da moda a partir desse final da Idade Média.[5] Os testemunhos dos contemporâneos revelam de uma outra maneira o surgimento excepcional dessa temporalidade curta. Assim, vários autores do final da Idade Média e do começo da Época Moderna fizeram questão de conservar na memória, sem dúvida pela primeira vez na história, os trajes usados ao longo de sua vida: crônicas do conde de Zimmern, crônica de Konrad Pellikan de Ruffach, em que são relatados a emoção despertada pelas modas e pelas extravagâncias da aparência, o sentimento do tempo que passa através das diferentes modas do vestir. No século XVI, Matthäus Schwarz, diretor financeiro da casa Fugger, empreendeu a realização de um livro feito de vinhetas aquareladas, no qual comenta os trajes que usou desde sua infância, depois aqueles que foram confeccionados segundo suas próprias instruções. Atenção inédita ao efêmero e às mudanças das formas do vestuário, vontade de retranscrevê-las, Matthäus Schwarz pôde ser considerado como "o primeiro historiador do vestuário".[6] A curiosidade pelas maneiras "antigas" de vestir-se e a percepção das variações rápidas da moda aparecem ainda na exigência, formulada desde 1478 pelo rei René d'Anjou, de buscar os detalhes dos trajes usados no passado pelos condes d'Anjou.[7] No começo do século XVI, Vecellio desenha uma coleção "de roupas antigas e modernas". Na França do século XVI, a inconstância do vestuário é notada por diferentes autores, especialmente Montaigne, em *Les Essais:* "Nossa mudança é tão súbita e tão rápida nisso que a invenção de todos os alfaiates do mundo não poderia fornecer novidades suficientes". No começo do século XVII, o caráter proteiforme da moda e a grande mobilidade dos gostos são criticados e comentados de todos os lados nas obras, sátiras e opúsculos: evocar a versatilidade da moda tornou-se uma banalidade.[8] É verdade que, desde a Antiguidade, as superfluidades da toalete e em particular a coqueteria feminina foram objeto de múltiplas censuras, mas, a partir dos séculos XV e XVI, as denúncias recairão sobre os próprios trajes ridículos das mulheres e dos homens, sobre a inconstância dos gostos em geral. A mutabilidade da moda se impôs como um fato evidente à consciência dos cronistas; a instabilidade e a estranheza das aparências tornaram-se objetos de questionamento, de espanto, de fascínio, ao mesmo tempo que alvos repetidos da condenação moral.

A moda muda incessantemente, mas nem tudo nela muda. As modificações rápidas dizem respeito sobretudo aos ornamentos e aos acessórios, às sutilezas dos enfeites e das amplitudes, enquanto a estrutura do vestuário e as formas gerais são muito mais estáveis. A mudança de moda atinge antes de tudo os elementos mais superficiais, afeta menos frequentemente o corte de conjunto dos trajes. O *verdugadim*, essa armadura em forma de sino que arma o vestido, surgido na Espanha por volta de 1470, só será abandonado por volta da metade do século XVII; o *calção bufante* ficou em uso perto de um quarto de século, e o *gibão justo* perto de setenta anos; a peruca conheceu uma voga de mais de um século; o *vestido à francesa* manteve o mesmo corte durante várias décadas a partir da metade do século XVIII. São os adornos e as bugigangas, as cores, as fitas e as rendas, os detalhes de forma, as nuanças de amplidão e de comprimento que não cessaram de ser renovados: o sucesso do penteado à la *Fontanges* sob Luís XIV durou uns trinta anos, mas com formas variadas — há sempre um edifício elevado e complexo feito de fitas, de rendas e de cachos de cabelos, mas a arquitetura apresentou múltiplas variantes, à *cambalhota*, à *atrevida*, em *paliçada* etc. As *anquinhas* do século XVIII, essas anáguas guarnecidas de aros de metal, estiveram em voga mais de meio século, mas com formas e amplidões diversas: de *guéridon*, de forma circular; de *cúpula*; de *gôndolas*, fazendo as mulheres parecerem "carregadoras de água"; com *cotovelos*, formando um oval; as *menores*; as *farfalhantes*, em razão do rumor de sua tela engomada; as *considerações*, anáguas curtas e leves.

Torrentes de "pequenos nadas" e pequenas diferenças que fazem toda a moda, que desclassificam ou classificam imediatamente a pessoa que os adota ou que deles se mantém afastada, que tornam imediatamente obsoleto aquilo que os precede. Com a moda começa o poder social dos signos ínfimos, o espantoso dispositivo de distinção social conferido ao porte das novidades sutis. Impossível separar essa escalada das modificações superficiais da estabilidade global do vestir: a moda só pôde conhecer tal mutabilidade sobre fundo de ordem; foi porque as mudanças foram módicas e preservaram a arquitetura de conjunto do vestuário que as renovações puderam disparar e dar lugar a "furores". Certamente, não que a moda não conheça igualmente verdadeiras inovações, mas elas são muito mais raras do que a sucessão das pequenas modificações de detalhe.

É a lógica das mudanças menores que caracteriza propriamente a moda; ela é antes de tudo, segundo a expressão de Sapir, "variação no interior de uma série conhecida".[9]

A efervescência temporal da moda não deve ser interpretada como a aceleração das tendências para a mudança, mais ou menos realizadas segundo as civilizações, mas inerentes ao fato humano social.[10] Ela traduz não a continuidade da natureza humana (gosto pela novidade e pelo enfeite, desejo de distinção, rivalidade de grupos etc.), mas uma descontinuidade histórica, uma ruptura maior, ainda que circunscrita, com a forma de socialização que se vinha exercendo de fato desde sempre: a lógica imutável da tradição. Na escala da aventura humana, o surgimento da temporalidade breve da moda significa a disjunção com a forma de coesão coletiva que assegura a permanência costumeira, o desdobramento de um novo elo social paralelamente a um novo tempo social legítimo. Encontra-se já em Gabriel de Tarde a análise justa desse processo: enquanto nas eras de costume reinam o prestígio da antiguidade e a imitação dos ancestrais, nas eras da moda dominam o culto das novidades assim como a imitação dos modelos presentes e estrangeiros — prefere-se ter semelhanças com os inovadores contemporâneos do que com os antepassados. Amor pela mudança, influência determinante dos contemporâneos: esses dois grandes princípios que regem os tempos de moda têm em comum o fato de que implicam a mesma depreciação da herança ancestral e, correlativamente, a mesma dignificação das normas do presente social. A radicalidade histórica da moda sustenta-se no fato de que ela institui um sistema social de essência moderna, emancipado do domínio do passado; o antigo já não é considerado venerável e "só o presente parece dever inspirar respeito".[11] O espaço social da ordem tradicional se desfez em benefício de um elo inter-humano de um novo gênero, fundado nos decretos versáteis do presente. Figura inaugural e exemplar da socialização moderna, a moda liberou uma instância da vida coletiva da autoridade imemorial do passado: "Nas épocas em que prevalece o costume, somos mais vaidosos de nosso país do que de nosso tempo, pois nos vangloriamos sobretudo do tempo de outrora. Nas eras em que a moda domina, ficamos mais orgulhosos, ao contrário, de nosso tempo do que de nosso país".[12] A alta sociedade foi tomada pela febre das novidades, inflamou-se por todos os últimos achados, imitou alternadamente as modas em vigor na Itália, na Espanha, na França, houve um verdadeiro esnobismo por tudo o que é diferente e estrangeiro. Com a moda, aparece uma primeira manifestação de uma relação social que encarna um *novo tempo legítimo* e uma nova paixão própria ao Ocidente, a do "moderno". A novidade tornou-se fonte de valor mundano, marca de excelência social; é preciso seguir "o que se faz" de novo e adotar as últimas mudanças do momento: o *presente* se impôs como o eixo temporal que rege uma face superficial mas prestigiosa da vida das elites.

Modernidade da moda: a questão merece aprofundamento. De um lado, com efeito, a moda ilustra o *ethos* de fausto e de dispêndio aristocrático, nos antípodas do espírito moderno burguês consagrado à poupança, à previsão, ao cálculo; está do lado da irracionalidade dos prazeres mundanos e da superficialidade lúdica, na contracorrente do espírito de crescimento e do desenvolvimento do domínio da natureza. Mas, por um outro lado, a moda faz parte estruturalmente do mundo moderno em devir. Sua instabilidade significa que o parecer não está mais sujeito à legislação intangível dos ancestrais, mas que procede da decisão e do puro desejo humano. Antes de ser signo da desrazão vaidosa, a moda testemunha o poder dos homens para mudar e inventar sua maneira de aparecer; é uma das faces do artificialismo moderno, do empreendimento dos homens para se tornarem senhores de sua condição de existência. Com a agitação própria da moda, surge uma ordem de fenômeno "autônoma", correspondendo aos exclusivos jogos dos desejos, caprichos e vontades humanas: mais nada impõe de fora, em razão dos usos ancestrais, tal ou tal maneira de vestir; tudo na aparência está, de direito, à disposição dos homens doravante livres para modificar e sofisticar os signos frívolos nos exclusivos limites das conveniências e dos gostos do momento. Era da eficácia e era das frivolidades, domínio racional da natureza e loucuras lúdicas da moda são só aparentemente antinômicos; de fato, há estrito paralelismo entre esses dois tipos de lógica: do mesmo modo que os homens se consagraram, no Ocidente moderno, à exploração das tarefas produtivas, afirmaram, através da efemeridade da moda, seu poder de iniciativa sobre o parecer. Nos dois casos afirmam-se a soberania e a autonomia humanas exercendo-se tanto sobre o mundo natural como sobre o cenário estético. Proteu e Prometeu são do mesmo tronco; instituíram juntos, segundo caminhos radicalmente divergentes, a aventura única da modernidade ocidental em via de apropriação dos dados de sua história.

TEATRO DOS ARTIFÍCIOS

Sabe-se que certas civilizações viram, em certos momentos de sua história, manifestarem-se incontestáveis fenômenos de estetismo e de refinamentos frívolos. Em Roma, sob o Império, os homens tingiam e mandavam frisar os cabelos, perfumavam-se e mandavam aplicar "moscas" para realçar a tez e parecer jovens. As mulheres elegantes utilizavam maquiagem e perfumes, usavam tranças postiças e perucas tingidas de loiro ou de preto ébano. Na época flaviana, apareceram os penteados altos e complicados: os cabelos eram armados em diademas elevados, feitos de cachinhos complexos. Sob a influência do Oriente, joias preciosas, ornamentos variados, bordados e galões vieram compensar a severidade do vestuário feminino antigo. Deve-se deduzir daí uma manifestação precoce da moda desde a Antiguidade? Não nos enganemos: ainda que algumas dessas demonstrações de elegância e de luxo possam aparentar-se à lógica da moda, o traço mais específico desta manifestamente lhes falta — a movença precipitada das variações. Não há sistema de moda senão na conjunção destas duas lógicas: a do efêmero e a da fantasia estética. Essa combinação, que define formalmente o dispositivo da moda, só tomou corpo uma única vez na história, no limiar das sociedades modernas. Em outras partes, houve esboços, sinais precursores do que chamamos de moda, mas jamais como sistema inteiro; as diversas superfluidades decorativas permaneceram fixadas em estreitos limites, não podem ser comparadas aos excessos e loucuras de que foi palco a moda ocidental. Se, como atestam as sátiras romanas da época, certos elementos preciosos puderam com efeito sofisticar a aparência masculina, pode-se verdadeiramente assimilá-los ao dilúvio ininterrupto de fanfreluches e fitas, chapéus e perucas que se sucederam na moda? Para nos restringirmos a Roma, as fantasias não modificaram a austeridade do traje tradicional masculino — foram raras, não ultrapassando o uso das frisagens e o emprego reduzido de alguma maquiagem. Estamos muito longe da moda ocidental e de seu abuso permanente de excentricidades.

Mais significativo ainda, nas eras de tradição, as fantasias são estruturalmente *segundas* em relação à configuração de conjunto do vestuário; podem acompanhá-lo e embelezá-lo, mas sempre respeitam sua ordenação geral definida pelo costume. Assim, a despeito do gosto pelas tonalidades brilhantes, pelas joias, tecidos e acessórios variados, o traje feminino em Roma pouco mudou; a antiga túnica de cima, a *stola*, e o manto drapeado, a *palla*, foram usados sem grande modificação. A procura estética é exterior ao estilo geral em vigência, não ordena novas estruturas nem novas formas do traje, funciona como simples complemento decorativo, adorno periférico. Com o sistema da moda, ao contrário, um dispositivo inédito se instala: o artificial não se sobrepõe de fora a um todo pré-constituído, mas é ele que, doravante, redefine de ponta a ponta as formas do vestuário, tanto os detalhes como as linhas essenciais. A aparência dos seres em seu conjunto passou ao mesmo tempo para a ordem da teatralidade, da sedução, do espetáculo feérico, com sua profusão de fanfreluches e empetecamentos, mas também e sobretudo com suas formas exageradas, extravagantes, "ridículas". Os calçados de ponta recurva, os sapatos, as braguilhas proeminentes em forma de pênis, decotes, os trajes bicolores dos séculos

XIV e XV, mais tarde os imensos colarinhos rendados, o calção bufante, as anquinhas, os penteados monumentais e barrocos, todas essas vogas mais ou menos excêntricas reestruturaram profundamente, em graus diversos, a silhueta masculina e feminina. Sob o reino da moda, o artificialismo estético já não está subordinado a uma ordem estável, está no próprio princípio da ordenação da toalete, que aparece como espetáculo de festa estritamente atual, moderno, lúdico. Os traços comuns com o passado imemorial do gosto decorativo não devem ocultar a absoluta radicalidade da moda, *a inversão de lógica* que ela institui historicamente: até então, o "maneirismo" estava estritamente sujeito a uma estrutura saída do passado coletivo, ao passo que agora se tornou, ao contrário, *primeiro* na criação das formas. Outrora contentava-se em ornar; agora inventa, com toda supremacia, o conjunto do parecer. Mesmo carregada de fantasias, a aparência, nas eras de tradição, permanecia na continuidade do passado, signo da primazia da legitimidade ancestral. A emergência da moda fez mudar completamente a significação social e as referências temporais da toalete: representação lúdica e gratuita, signo factício, o vestuário de moda rompeu todos os elos com o passado e tira uma parte essencial de seu prestígio do presente efêmero, cintilante, fantasista.

Soberania do capricho e do artifício que, do século XIV ao século XVIII, impôs-se identicamente para os dois sexos. O próprio da moda, nesse longo período, foi impulsionar um luxo de sofisticações teatrais, tanto para os homens quanto para as mulheres. No próprio momento em que a moda introduziu uma dessemelhança extrema na aparência dos sexos, destinou-os igualmente ao culto das novidades e das preciosidades. Sob muitos aspectos, houve, de resto, uma relativa preponderância da moda masculina em matéria de novidades, de ornamentações e de extravagâncias. Com o aparecimento do traje curto, na metade do século XIV, a moda masculina imediatamente encarnou, de maneira mais direta e mais ostensiva do que a da mulher, a nova lógica do parecer, à base de fantasias e de mudanças rápidas. Ainda no século de Luís XIV, o vestuário masculino é mais rebuscado, mais enfeitado com fitas, mais lúdico (o calção bufante) do que os trajes femininos. A influência das modificações do equipamento militar sobre a moda masculina[13] não impediu de modo algum o processo fantasista de ser dominante e de jogar com os signos viris: a moda colocou em cena e sofisticou os atributos do combatente (esporas douradas, rosas na espada, botas guarnecidas de rendas etc.), assim como simulou o "natural". Será preciso esperar a "grande renúncia" do século XIX para que a moda masculina se obscureça diante da feminina. Os novos cânones da elegância masculina, a discrição, a sobriedade, a rejeição das cores e da ornamentação, a partir daí farão da moda e de seus artifícios uma prerrogativa feminina.

Comandada pela lógica da teatralidade, a moda é um sistema inseparável do excesso, da desmedida, do exagero. O destino da moda é ser inexoravelmente arrebatada pela escalada de acréscimos, de exagerações de volume, de amplificação de forma fazendo pouco do ridículo. Nada pôde impedir os elegantes e as elegantes de "fazer mais do que é preciso", de aumentar um ponto em relação ao que "se faz", de rivalizar em excessos de ostentação formal e luxuosa: o *babado* que pouco ultrapassava o alto da camisa, sob o gibão, desenvolveu-se assim lentamente para dar o colarinho rendado independente, de volumes e amplidões extremos. Do mesmo modo, o verdugadim ganhou um desenvolvimento cada vez mais importante, em conformidade com o processo hiperbólico que caracteriza a moda. Contudo, a escalada das amplidões não é ilimitada: a partir de um certo momento, o processo brutalmente faz uma reviravolta, inverte-se, renega a tendência passada, mas é impulsionado pela mesma lógica do jogo, pelo mesmo movimento caprichoso. Na moda, o mínimo e o máximo, o sóbrio e a lantejoula, a voga e a reação que provoca são da mesma essência, quaisquer que sejam os efeitos estéticos opostos que suscitem: sempre se trata do império do capricho, sustentado pela mesma paixão de novidade e de alarde. O reino da fantasia não significa apenas escalada aos extremos, mas também reviravolta e contrariedade: a voga da simplicidade e da natureza, que se estabelece por volta de 1780, não foi menos teatral, artificial, lúdica do que o luxo de refinamento precioso anterior. Se é verdade que as modificações da cultura e do espírito do tempo estão na base das variações de moda, não podem jamais por si só explicar o Novo de moda, seu aleatório irredutível, suas inúmeras metamorfoses sem razão nem necessidade. Isso porque a moda não pode ser destacada da lógica da fantasia pura, do espírito de gratuidade e de jogo que acompanham inelutavelmente a promoção do individualismo mundano e o fim do universo imutável, prefixado, das formas da aparência tradicional.

É por isso que a moda não cessou de despertar a crítica, de chocar, muitas vezes frontalmente, as normas estéticas, morais e religiosas dos contemporâneos. Já não serão mais apenas a vaidade humana, a ostentação de luxo e a coqueteria feminina que serão denunciadas, mas as próprias formas do vestuário que agora são consideradas como indecentes, escandalosas, ridículas. Nos séculos XIV e XV, houve as violentas reprovações dos bispos e dos pregadores contra a "desonestidade" dos calções com cauda, contra a "nudez do colo" e os sapatos de bico recurvo. O gibão justo, cuja curvatura torna o homem "comparável a um busto de mulher" e o faz "parecer um galgo", causou escândalo da mesma maneira que os penteados com chifres. No século XVI, zombou-se do verdugadim, denunciou-se sua artificialidade diabólica; no século XVII, o calção bufante, que apresentava o aspecto de uma saia, e o gibão justo com abas foram objeto de escárnio; no século XVIII, o redingote provocou riso, os penteados alegóricos e extravagantes que colocam os olhos "no meio do corpo", os trajes femininos inspirados no vestuário masculino, os vestidos de tule transparentes do Diretório foram o alvo dos caricaturistas. Certamente, desde a Antiguidade, existe uma tradição de difamação da futilidade, dos artifícios e das maquiagens;[14] nesses tempos, o excesso decorativo é condenado, mas a norma de conjunto do vestuário em uso está a salvo dos sarcasmos. Ao contrário, com a irrupção da moda, as próprias peças do vestuário estão na origem da indignação; pela primeira vez, o parecer não repousa mais sobre um consenso social, choca os hábitos e os preconceitos, vê-se violentamente condenado pelas pessoas de Igreja, é considerado ridículo, inconveniente, feio pelos cronistas. A última voga é sublime para os elegantes, escandalosa para os moralistas, ridícula para o homem íntegro; doravante, a moda e a discordância das opiniões caminharão juntas.

A apoteose da gratuidade estética não deixou de ter efeito nas relações mundanas entre os seres, nos gostos e nas disposições mentais, e contribuiu para forjar certos traços característicos da individualidade moderna. Organizando uma ordem feita ao mesmo tempo de excesso e de variações mínimas, a moda trabalhou no refinamento do gosto e no aguçamento da sensibilidade estética; civilizou o olho, educando-o para discriminar as pequenas diferenças, para ter prazer nos pequenos detalhes sutis e delicados, para acolher as formas novas. O vestuário, que já não é aceito de geração em geração, e conhece uma multidão de variações e de pequenas opções, permite ao indivíduo desprender-se das normas antigas, apreciar mais individualmente as formas, afirmar um gosto mais pessoal; doravante, pode-se julgar mais livremente o traje dos outros, seu bom ou mau gosto, suas "faltas" ou sua graça. Norbert Elias notava como o universo de concorrência da corte despertara a arte de observar e de interpretar os semelhantes, a arte de estudar os comportamentos e os motivos dos homens;[15] acrescentemos que a moda empenhou-se nisso paralelamente, através da aparência e do gosto. Com a moda, os seres não vão mais deixar de observar-se, de apreciar suas aparências recíprocas, de avaliar as nuanças de corte, de cores, de motivos do vestuário. Aparelho de gerar juízo estético e social, a moda favoreceu o olhar crítico dos mundanos, estimulou as observações mais ou menos amenas sobre a elegância dos outros, foi um agente de autonomização do gosto, qualquer que seja, aliás, a amplitude das correntes miméticas que a sustentaram.

Mas a moda não foi somente um palco de apreciação do espetáculo dos outros; desencadeou, ao mesmo tempo, um investimento de si, uma auto-observação estética sem nenhum precedente. A moda tem ligação com o prazer de ver, mas também com o prazer de ser visto, de exibir-se ao olhar do outro. Se a moda, evidentemente, não cria de alto a baixo o narcisismo, o reproduz de maneira notável, faz dele uma estrutura constitutiva e permanente dos mundanos, encorajando-os a ocupar-se mais de sua representação-apresentação, a procurar a elegância, a graça, a originalidade. As variações incessantes da moda e o código da elegância convidam ao estudo de si mesmo, à adaptação a si das novidades, à preocupação com o próprio traje. A moda não permitiu unicamente exibir um vínculo de posição, de classe, de nação, mas foi um vetor de individualização narcísica, um instrumento de alargamento do culto estético do Eu, e isso no próprio coração de uma era aristocrática. Primeiro grande dispositivo a produzir social e regularmente a personalidade aparente, a moda estetizou e individualizou a vaidade humana, conseguiu fazer do superficial um instrumento de salvação, uma finalidade da existência.

A MODA: EXPRESSÃO HIERÁRQUICA, EXPRESSÃO INDIVIDUAL

A moda é um sistema original de regulação e de pressão sociais: suas mudanças apresentam um caráter constrangedor, são acompanhadas do "dever" de adoção e de assimilação, impõem-se mais ou menos obrigatoriamente a um meio social determinado — tal é o "despotismo" da moda tão frequentemente denunciado ao longo dos séculos. Despotismo muito particular já que sem sanção maior, a não ser o riso, a zombaria e a reprovação dos contemporâneos. Mas por mais eficazes que possam ter sido esses meios de conformidade social, em particular nos séculos de honra e de hierarquia, não bastam para explicar os fenômenos de epidemia de moda. Mais fundamentalmente, é em razão do desejo dos indivíduos de assemelhar-se àqueles que são considerados superiores, aqueles que brilham pelo prestígio e pela posição, que os decretos da moda conseguem propagar-se: no coração da difusão de moda, o mimetismo do desejo e dos comportamentos, mimetismo que, nos séculos aristocráticos e até uma data recente, propagou-se essencialmente de cima para baixo, do superior ao inferior, como já o formulava G. de Tarde. Tal foi a marcha das ondas de imitação: enquanto a corte tem os olhos fixados no rei e nos grandes senhores, a cidade toma exemplo nos modelos em vigor na corte e na nobreza. A difusão de moda foi menos uma forma de coação social do que um instrumento de representação e de afirmação sociais, menos um tipo de controle coletivo do que um signo de pretensão social.

A expansão social da moda não atingiu imediatamente as classes subalternas. Durante séculos, o vestuário respeitou globalmente a hierarquia das condições: cada estado usava os trajes que lhe eram próprios; a força das tradições impedia a confusão das qualidades e a usurpação dos privilégios de vestuário; os éditos suntuários proibiam as classes plebeias de vestir-se como os nobres, de exibir os mesmos tecidos, os mesmos acessórios e joias. O traje de moda permaneceu assim por muito tempo um consumo luxuoso e prestigioso, confinado, no essencial, às classes nobres. Contudo, a partir dos séculos XIII e XIV, quando se desenvolviam o comércio e os bancos, imensas fortunas burguesas se constituíram: apareceu o grande novo-rico, de padrão de vida faustoso, que se veste como os nobres, que se cobre de joias e de tecidos preciosos, que rivaliza em elegância com a nobreza de sangue, no momento em que se multiplicam as leis suntuárias na Itália, na França, na Espanha, tendo por objetivo proteger as indústrias nacionais, impedir o "esbanjamento" de metais raros e preciosos, mas também impor uma distinção do vestuário que devia lembrar a cada um seu lugar e seu estado na ordem hierárquica. No início muito limitada, a confusão nos trajes só progrediu na passagem do século XVI ao XVII: a imitação do vestuário nobre propagou-se em novas camadas sociais, a moda penetrou na média e por vezes na pequena burguesia, advogados e pequenos comerciantes adotam já em grande número os tecidos, as toucas, as rendas e bordados usados pela nobreza. O processo prosseguirá ainda no século XVIII, estritamente circunscrito, é verdade, às populações abastadas e urbanas, excluindo sempre o mundo rural; veremos, então, os artesãos e os comerciantes empoar-se e usar peruca à maneira dos aristocratas.

Ainda que o traje burguês jamais tenha igualado o brilho, a audácia, a ostentação aristocrática, ainda que se difunda com atraso, quando o uso começa a desaparecer na corte, ocorre que um movimento lento e limitado de democratização da moda, de mistura das condições do vestuário apareceu, e isso mesmo a despeito dos éditos suntuários sempre formalmente em vigor, jamais revogados. Há séculos, múltiplos decretos, com prescrições minuciosas, proibiam as classes plebeias de copiar os tecidos, acessórios e até as formas do vestuário nobre. Sabe-se que, apesar das ameaças e multas de que eram acompanhados, jamais tiveram eficácia e foram muitas vezes transgredidos. O destino das leis suntuárias é uma ilustração perfeita do funcionamento do Antigo Regime tal como o resumia Tocqueville: "Uma regra rígida, uma prática frouxa". A nobreza jamais aceitou renunciar a seus gastos de prestígio e nunca deixou de encontrar novos meios, transgredindo as leis, para fazer exibição de luxo. Quanto à burguesia enriquecida, à espreita dos sinais manifestos da respeitabilidade e da promoção sociais, multiplicou ao longo dos séculos as infrações aos regulamentos, adotando tal ou tal elemento do vestuário aristocrático. A confusão nos trajes e nos desígnios da monarquia absolutista fez com que, por volta dos anos 1620, sob o ministério de Richelieu, as leis suntuárias deixassem de ser explicitamente segregativas: as despesas suntuárias em matéria de vestuário continuam sendo objeto de interdições, mas estas se dirigem doravante a todos os indivíduos, já não fazem menção alguma aos estados e condições.[16] De modo que o decreto da Convenção (1793), declarando o princípio democrático da liberdade de vestuário, não fez nesse sentido senão legalizar e rematar uma realidade já existente há mais de dois séculos nas camadas superiores e médias da sociedade.

Se não se deve superestimar o papel da moda nesse processo parcial de igualação das aparências, ela nele contribuiu incontestavelmente. Introduzindo continuamente novidades, legitimando o fato de tomar exemplo nos contemporâneos e não mais no passado, a moda permitiu dissolver a ordem imutável da aparência tradicional e as distinções intangíveis entre os grupos, favoreceu audácias e transgressões diversas não apenas na nobreza mas também na burguesia. A moda deve ser pensada como instrumento da igualdade de condições; ela alterou o princípio da desigualdade de vestuário, minou os comportamentos e os valores tradicionalistas em benefício da sede das novidades e do direito implícito à "bela aparência" e às frivolidades. Mas a moda só pôde ser um agente da revolução democrática porque foi acompanhada mais fundamentalmente por um duplo processo de consequências incalculáveis para a história de nossas sociedades: a ascensão econômica da burguesia, por um lado, e o crescimento do Estado moderno, por outro, os quais, juntos, puderam dar uma realidade e uma legitimidade aos desejos de promoção social das classes sujeitas ao trabalho. Originalidade e ambiguidade da moda: discriminante social e marca manifesta de superioridade social, a moda não é menos um agente particular da revolução democrática. De um lado, embaralhou as distinções estabelecidas e permitiu a aproximação e a confusão das qualidades. Mas do outro renovou, ainda que de uma outra maneira, a imemorial lógica da exibição ostentatória dos signos do poder, o esplendor dos símbolos da dominação e da alteridade social. Paradoxo da moda: a demonstração ostensiva dos emblemas da hierarquia participou do movimento de igualação do parecer.

A irradiação da moda não foi senão parcialmente sinônimo de mimetismo mecânico; mais profundamente, deve ser assimilada a um mimetismo seletivo e controlado. Ainda que as classes burguesas tenham efetivamente escolhido seus modelos na nobreza, não os copiaram em tudo, nem todas as inovações frívolas foram aceitas, e isso, mesmo na corte. Nos círculos mundanos, as excentricidades não foram todas assimiladas, e, na burguesia, os traços mais fantasiosos do parecer despertaram mais reprovação do que admiração. No começo do século XVII já tem lugar uma moda paralela à da corte, moda moderada do "homem correto", livre dos excessos aristocráticos e conforme aos valores burgueses de prudência, de medida, de utilidade, de limpeza, de conforto. Essa moda "ponderada",[17] recusando as extravagâncias dos cortesãos, é o efeito do filtro dos critérios burgueses: da corte só retém aquilo que não fere suas normas de bom senso, de moderação, de razão. O mimetismo de moda tem de particular o fato de que funciona em diferentes níveis: do conformismo mais estrito à adaptação mais ou menos fiel, do acompanhamento cego à acomodação refletida. É incontestável que a moda se diferenciou em função das classes e estados, mas apreendê-la tão somente nesses termos deixa escapar uma dimensão essencial do fenômeno: o jogo de liberdade inerente à moda, as possibilidades de nuanças e gradações, de adaptação ou de rejeição das novidades. Instituição que registra em sua ordem as barreiras rígidas da estratificação e dos ideais de classes, a moda é, contudo, uma instituição em que se podem exercer a liberdade e a crítica dos indivíduos. A despeito do fosso que separa a corte da cidade, não se pode simplesmente opor uma moda aristocrática onde prevaleceria o "individualismo", e uma moda burguesa dominada pela submissão ao uso e à coletividade. A moda de corte evidentemente não foi estranha ao conformismo, e a da cidade já deixa aparecerem traços significativos da emancipação estética do indivíduo. O mais notável na moda reside em sua estrutura relativamente maleável, dando lugar a efeitos de matiz, a combinações complexas de recusa e de adoção. A moda como sistema é que é inseparável do "individualismo" — em outras palavras, de uma relativa liberdade deixada às pessoas para rejeitar, modular ou aceitar as novidades do dia —, do princípio que permite aderir ou não aos cânones do momento. Para além do inegável conformismo dos comportamentos e das diferenças de classe, o parecer desprendeu-se da uniformidade tradicional; tornou-se, muito imperfeitamente e muito desigualmente segundo os séculos, os meios e as pessoas, questão de gosto privado, de escolha, de disposição pessoal.

Se a moda viu manifestarem-se ondas de imitação propagando-se de cima para baixo, é ainda caracterizada por um mimetismo de tipo inédito, mimetismo mais estritamente territorial: a moda na era aristocrática é uma moda nacional. Ao invés da unidade e até da identidade do vestuário em vigor na Europa ocidental do século XIII, cada Estado territorial, a partir do século XIV e até o século XIX, não cessou de singularizar seus trajes através dos elementos particulares que os distinguem de seus vizinhos. A moda registrou em sua esfera a ascensão do fato e do sentimento nacional na Europa a partir do final da Idade Média. Em troca, contribuiu, ao compor uma roupa nacional, para reforçar a consciência de pertencer a uma mesma comunidade política e cultural. Posto isso, apesar do caráter nacional da moda durante esses quase cinco séculos, as incorporações e as influências multiplicaram-se amplamente e exerceram-se em função do prestígio e da preponderância dos Estados, não em função de uma instituição especializada como será o caso mais tarde, com a constituição da Alta Costura. Durante toda essa longa fase da história da moda, os artesãos não foram senão estritos executantes a serviço de seus clientes; sem poder de iniciativa nem consagração social, não conseguiram, à exceção dos "comerciantes de moda" no século XVIII, impor-se como artistas criadores. Houve liberação dos gostos dos elegantes e das elegantes, afirmação da personalidade do cliente, não do produtor-artesão: o princípio de individualidade, na era aristocrática, não ultrapassou esse limite. Nessas condições, a evolução da moda não podia ser determinada por um corpo de ofícios privado de autonomia e de legitimidade real; em compensação, viu-se, ao menos parcialmente, sob a dependência da lógica política do poderio das nações. Depois dos movimentos e dos ciclos de influências complexas que está fora de questão evocar aqui, mas em que a Itália, os Estados borgonheses e a Espanha desempenharam um papel primordial, foi a moda francesa que conseguiu, a partir da metade do século XVII, impor-se duradouramente e aparecer cada vez mais como farol da elegância.

A esse individualismo nacional fez eco o que é preciso chamar de um *individualismo estético*. Coação coletiva, a moda permitiu com efeito uma relativa autonomia individual em matéria de aparência, instituiu uma relação inédita entre o átomo individual e a regra social. O próprio da moda foi impor uma regra de conjunto e, simultaneamente, deixar lugar para a manifestação de um gosto pessoal: é preciso ser como os outros e não inteiramente como eles, é preciso seguir a corrente e significar um gosto particular.[18] Esse dispositivo que conjuga mimetismo e individualismo é reencontrado em diferentes níveis, em todas as esferas em que a moda se exerce, mas em parte alguma manifestou-se com tanto brilho quanto no vestuário, e isso porque o traje, o penteado, a maquiagem são os signos mais imediatamente espetaculares da afirmação do Eu. Se a moda reina a esse ponto sobre o parecer, é porque ela é um meio privilegiado da expressão da unicidade das pessoas: tanto quanto um signo de condição, de classe e de país, a moda foi imediatamente um instrumento de inscrição da diferença e da liberdade individuais, ainda que a um nível "superficial" e no mais das vezes de maneira tênue. A lógica da moda implicará usar os trajes e os cortes em voga no momento, vestir-se com as peças essenciais em vigor, mas, ao mesmo tempo, favorecerá a iniciativa e o gosto individuais nos enfeites e pequenas fantasias, nos coloridos e motivos de adornos. A estrutura do vestuário é imperativa, não os acessórios e elementos decorativos, que são o lugar do gosto e da personalidade individuais. A escolha pessoal é doravante inerente ao trajar de moda, mas estritamente limitada às cores, a certos detalhes de formas, à profundidade dos decotes, aos nós de fitas e pontos de renda, aos motivos decorativos, aos volumes e alturas dos colarinhos rendados, à amplidão das anquinhas. A uniformidade estrita das vogas e o processo de diferenciação individual são historicamente inseparáveis; a grande originalidade da moda é ter aliado o conformismo de conjunto à liberdade nas pequenas escolhas e pequenas variantes pessoais, o mimetismo global ao individualismo dos detalhes. A moda, expressão da liberdade dos sujeitos:

esse fenômeno foi perfeitamente localizado, mesmo no que diz respeito ao vestuário em vigor fora da corte, como atestam inúmeros escritos da primeira metade do século XVII: "Quatro franceses que se encontram no Pont Neuf farão cada um sua moda, e o menor gascão que passa imaginará alguma coisa para fazer uma diferente. De maneira que essa Moda não é uma, pois encontram-se tantas quantos gascões, e tantos gascões quantos franceses".[19]

Paralelamente a essa liberdade estética de certo modo mínima mas geral, o individualismo na moda afirmou-se de maneira mais enfática e de modo sistemático na esfera do poder e nas cortes. A partir do final da Idade Média, a moda é tributária do gosto cambiante dos monarcas e dos grandes senhores; aparece como um decreto estético que vem em resposta a um estado de alma, uma inspiração, uma vontade particular, ainda que com evidência esteja estritamente circunscrita aos mais altos dignitários da sociedade. O vestuário já não pertence à memória coletiva, mas torna-se o reflexo singular das predileções dos soberanos e dos poderosos. O mimetismo de moda não pode ser apreendido fora desse "individualismo criativo", historicamente inédito, dos hierarcas. A moda traduz a irrupção explícita e permanente da iniciativa individual em matéria de aparência, o poder dos grandes deste mundo de romper arbitrariamente a continuidade dos usos, de impulsionar as mudanças de formas, de volumes, de cores. A "divisa" do rei René em 1447-9 compunha-se de três cores: preto, branco e cinza; dois anos mais tarde, encontrava-se branco e violeta; no final de seu reinado, seus pajens ostentavam o preto e o carmesim, talvez como eco às suas dificuldades políticas e a seus lutos familiares.[20] Os trajes mudam em função das preferências dos poderosos; tendem a simbolizar uma personalidade, um estado de espírito, um sentimento individual; tornam-se signos e linguagens da mesma maneira que todas as divisas bordadas, monogramas, emblemas que apareceram nos séculos XIV e XV como uns tantos símbolos pessoais dos cavaleiros. Mais tarde, a rainha Joana de Portugal lançou o *verdugo* para dissimular sua gravidez; Luís XIII pôs em voga as barbas em ponta; Luís XIV esteve na origem das diferentes modas masculinas para dar uma certa imagem de seu poder — a moda, diferentemente da tradição, requer a intervenção individual livre, o poder singular e caprichoso de abalar a ordem das aparências.

Além dos soberanos, veremos multiplicarem-se, ao longo dos séculos, esses personagens que são os "árbitros e ministros da elegância", grandes senhores capazes de lançar modas, às quais por vezes estarão ligados seus nomes próprios: sapatos à Pompignan, esporas à Guise, penteado à Sévigné. O individualismo na moda traduziu-se em todo o seu brilho nesse poder de alguns grandes nobres de promover deliberadamente novidades, de ser líderes do gosto e da graça na alta sociedade. Revelou-se também, ainda que de uma outra maneira, na busca ostentatória da diferença e da originalidade individuais dos cortesãos, pequenos marqueses, mundanos pavoneando-se em trajes vistosos na corte e depois nos salões. *Muguets, petits-maîtres, muscadins, merveilleuses, beaux,* fashionables*, umas tantas encarnações célebres dessa figura particular do individualismo frívolo, que se consagra ao culto desenfreado da distinção pessoal e social por um processo de escalada e de exagero nos signos do parecer. O excesso estético e a gratuidade fantasiosa tornaram-se componentes da moda e uma virtualidade do indivíduo liberto da ordem tradicional do vestuário. O mimetismo da moda não contradiz o individualismo; acolhe-o sob duas grandes formas visivelmente opostas, mas que admitem sutis graus intermediários e heterogêneos: de um lado, o individualismo *apagado* da maioria; do outro, o individualismo *exibido* da extravagância mundana.

Aliás, não que as antigas sociedades tenham ignorado a

---

* *Muguet*: expressão do século XVI para designar jovem elegante, por alusão ao perfume do mesmo nome; *petit-maître*: elegante amaneirado e pretensioso; *muscadin*: jovem fátuo, de uma coqueteria ridícula no trajar e nas maneiras (1790); *merveilleuse*: elegante excêntrica no século XVIII e começo do XIX; *beau*: homem elegante (século XV). (N. T.)

busca estética dos particulares e as manifestações do desejo de sedução em matéria de aparência. Na Grécia, um grande número de ajustamentos e de enrolamentos podia ser realizado a partir da mesma peça de tecido retangular, base do traje drapeado antigo para os dois sexos. Arranjos múltiplos eram possíveis, revelando certamente gostos e talentos estéticos particulares, mas essa dimensão pessoal não é, em nenhum caso, assimilável à lógica individualista constitutiva da moda. Enquanto prevaleceu o traje tradicional, a aparência dos seres viu-se de direito e de fato subordinada à regra comum ancestral; em parte alguma os agentes sociais puderam transgredir de maneira aberta os usos e inventar incessantemente novas linhas, novos estilos. Mesmo quando a variedade das composições era grande, como na Grécia, eram ordenadas, predeterminadas pelo conjunto fechado das combinações possíveis. O átomo individual podia variar e combinar as figuras, mas nos limites de um repertório intangível fixado pela tradição — havia jogos de composições e de permutações, não inovação formal. A emergência da moda coincide, ao contrário, com a mudança brutal desse dispositivo, com o advento do princípio da autonomia individual estética em suas duas grandes manifestações: criação soberana para alguns, adaptação das normas aos gostos dos particulares para os outros.

Sem dúvida a norma coletiva continuou a prevalecer com vigor, como testemunham as correntes miméticas e as lamentações sobre o despotismo da moda. Mas sob a aparência da continuação do mesmo, operou-se uma modificação radical: o indivíduo conquistou o direito, certamente não total mas efetivo, de exibir um gosto pessoal, de inovar, de exceder em audácia e originalidade. A individualização do parecer ganhou uma legitimidade mundana; a busca estética da diferença e do inédito tornou-se uma lógica constitutiva do universo das aparências. Longe de ser inteiramente subordinado a uma norma de conjunto, o agente individual conquistou uma parcela de iniciativa criadora, reformadora ou adaptadora: a primazia da lei imutável do grupo cedeu lugar à valorização da mudança e da originalidade individual. O essencial, historicamente, está aí: o individualismo na moda é a possibilidade reconhecida à unidade individual — ainda que deva ser da altíssima sociedade — de ter poder de iniciativa e de transformação, de mudar a ordem existente, de apropriar-se em pessoa do mérito das novidades ou, mais modestamente, de introduzir elementos de detalhe em conformidade com seu gosto próprio. Mesmo se o indivíduo, no mais das vezes, continua a obedecer fielmente às regras de vestuário coletivas, acabou sua sujeição de *princípio* ao conjunto: onde era preciso fundir-se na lei do grupo, trata-se agora de fazer valer uma idiossincrasia e uma distinção singular; onde era preciso continuar o passado, há a legitimidade da mudança e do gosto criador pessoal. Qualquer que seja a profundidade efetiva dessa transformação nos comportamentos da maioria, a ruptura com o sistema tradicional e a submissão do átomo singular que ele implica foram realizadas. De um sistema fechado, anônimo, estático, passou-se a um sistema em teoria sem limites determináveis, aberto à personalização da aparência e à mudança deliberada das formas.

Iniciativa individual nos enfeites, criação de novos signos de vestuário, triunfo dos árbitros da moda — longe de ser antinômica à afirmação da personalidade, como se gosta muito de repetir, a moda está fundada historicamente no valor e na reivindicação da individualidade, na legitimidade da singularidade pessoal. Instalou-se, no próprio coração de um mundo dominado pelos valores hierárquicos, uma figura dominante do indivíduo intramundano, própria das sociedades modernas: individualismo do gosto que se desenvolveu paralelamente ao individualismo econômico e religioso, e que precedeu o individualismo ideológico da era igualitária. A autonomia pessoal na prática das elegâncias precedeu a valorização do Indivíduo, característica da ideologia moderna; a liberdade em ato, certamente circunscrita, antecipou-se às declarações de princípio dos direitos do homem. Com a moda, vê-se muito cedo o advento de um individualismo mundano em todos os sentidos do termo, à espreita das marcas da unicidade da pessoa assim como da superioridade social. Do individualismo na moda, durante todo esse período, é preciso dizer que foi um *individualismo aristocrático*, caso de figura complexa que viu coabitar o princípio "holista" de coesão social com o princípio moderno da emancipação individual. Não é verdade, portanto, que a moda corresponde a essa nova dominação "tirânica" do coletivo, denunciada de todos os lados; muito mais exatamente, ela traduz a emergência da autonomia dos homens no mundo das aparências; é um signo inaugural da emancipação da individualidade estética, a abertura do direito à personalização, ainda que ele esteja evidentemente submetido aos decretos cambiantes do conjunto coletivo. No seu nível próprio, a moda marca uma brecha na preponderância imemorial da organização holista, ao mesmo tempo que o limite do processo de dominação social e política nas sociedades modernas. O crescimento estatal-administrativo assim como o aperfeiçoamento da programação dos corpos não são senão uma das faces da evolução do mundo moderno. Paralelamente ao adestramento disciplinar e à penetração aumentada da instância política na sociedade civil, a esfera privada desprendeu-se pouco a pouco das prescrições coletivas, a independência estética afirmou-se onde jamais cessáramos de evocar a ditadura das vogas e o panurgismo* dos seres. A moda começou a exprimir, no luxo e na ambiguidade, essa invenção própria ao Ocidente: o indivíduo livre, solto, criador, e seu correlato, o êxtase frívolo do Eu.

PARA ALÉM DAS RIVALIDADES DE CLASSES

Simples e brutal em sua formulação, a questão das origens da moda permanece incontornável: por que a moda apareceu e se desenvolveu no Ocidente e em nenhuma outra parte? Como explicar os fluxos e refluxos perpétuos das formas e dos gos-

---

* Expressão relativa a Panurge, personagem frívola e inescrupulosa da obra *Gargantua et Pantagruel*, de Rabelais. (N. E.)

tos que escandem há seis séculos nossas sociedades? O notável é a pouca elaboração e interrogação teórica que essa questão despertou. Como ignorá-lo: sobre as origens e os móveis da moda, estamos surpreendentemente desprevenidos; os modelos que servem habitualmente de referência foram elaborados no século XIX, e desde então, no fundo, a teoria pouco avançou. Contentou-se, no essencial, em repisar e sofisticar princípios invariantes erigidos em verdade quase dogmática pelo pensamento sociológico. Nada de renovação verdadeira, muito de retórica alambicada — assim se apresenta o estado da questão, onde o paradigma sociológico da distinção das classes logrou aparecer progressivamente como a chave insuperável do fenômeno. As páginas que se seguem não partilham dessa certeza: partem da ideia de que os modelos sociológicos propostos estão longe de ser adequados à sua ambição explicativa. É preciso reabrir de cabo a rabo o canteiro de obras, mostrar os limites do paradigma da distinção, complicar os esquemas de análise colocando em seu justo lugar fenômenos geralmente considerados como secundários. É preciso consagrar-se a uma reinterpretação global da moda, e por isso mesmo reconsiderar o papel histórico das classes e de suas rivalidades.

Evidentemente não é possível compreender o aparecimento da moda sem ligá-la a um conjunto de condições gerais próprias à Europa ocidental depois do ano 1000. Condições econômicas e sociais do momento, certamente, mas também, a um nível mais subterrâneo, esse fato maior representado pela suspensão das invasões, dos invasores de fora. Com o fim das devastações e das pilhagens bárbaras, o Ocidente vai conhecer uma imunidade que não se reencontra em quase nenhuma outra parte do mundo. Fenômeno de consequências consideráveis, não apenas para o desenvolvimento econômico posterior, mas sobretudo para o impulso da civilização inteira, que já não sofrerá rupturas provenientes de forças estrangeiras em seu solo cultural: as guerras europeias serão múltiplas e destruidoras, mas se farão sempre em família, em redoma de vidro, dizia Marc Bloch. Foi preciso essa particularidade do Ocidente, a de estar para sempre ao abrigo de tais incursões externas, para que uma civilização pudesse entregar-se aos prazeres da sofisticação das formas e às loucuras do efêmero. Os jogos imoderados da frivolidade só foram possíveis em razão dessa profunda estabilidade cultural, que assegurou um ancoradouro permanente à identidade coletiva: na raiz do princípio de inconstância, a constância da identidade cultural ocidental, excepcional na história.

Os fatores da vida econômica que caracterizaram a Europa da Idade Média tiveram, evidentemente, uma incidência mais direta. Desencadeou-se, a partir do século XI, um crescimento econômico contínuo apoiado em intensos arroteamentos, em uma revolução agrícola e técnica, assim como no desenvolvimento do comércio, no renascimento monetário, no impulso das cidades. Os progressos da civilização material, o estabelecimento da feudalidade, a decomposição do poder monárquico tiveram como efeito o acréscimo dos rendimentos senhoriais e a elevação do nível de vida aristocrático. Graças ao aumento dos recursos proveniente da exploração do direito de convocação dos vassalos e do crescimento da produção rural, puderam estabelecer-se cortes principescas ricas e faustosas que foram o solo nutriente da moda e de suas demonstrações de luxo. Ao que é preciso acrescentar o impulso das cidades, o estabelecimento das feiras e das feitorias distantes, a intensificação das trocas comerciais, que permitiram o aparecimento de novos núcleos de grandes fortunas financeiras. No século XIII, enquanto a expansão é cada vez mais dirigida pelas cidades e enquanto as cidades da Itália estão no centro da economia-mundo, os homens de negócios, os comerciantes, os banqueiros se enriquecem, uma alta burguesia começa a copiar as maneiras e os gostos de luxo da nobreza. Foi sobre esse fundo de decolagem econômica do Ocidente, de enriquecimento das classes senhoriais e burguesas que a moda pôde estabelecer-se.

No entanto, seria inexato apreender o nascimento da moda como um efeito direto da expansão econômica. Foi de fato no momento em que o Ocidente conhece o retorno das fomes e a regressão econômica, as guerras e os bandos armados, a diminuição da renda fundiária, as epidemias e a peste que a moda ganhou impulso. O ímpeto das paixões frívolas acompanhou o fim do crescimento medieval, no século em que o abandono das terras e dos trabalhos agrícolas pelos camponeses provocou o enfraquecimento econômico do grande senhorio rural. A eflorescência da moda e as dificuldades financeiras, ou até mesmo a ruína, de uma parte da nobreza caminharam juntas, ruína que não se explica apenas pela regressão da exploração das terras, mas também pela fidelidade a um *ethos* de dispêndio suntuário. É verdade que a crise do século XIV não afetou da mesma maneira todas as regiões e todos os setores da economia. Não impediu certos senhorios territoriais de manter seu poder, ou até de desenvolver, no século XV, grandes explorações rurais. Não impediu os banqueiros, os homens de negócios, os comerciantes de desenvolver o tráfico do dinheiro, das especiarias, das lãs ou do trigo, e de comprar feudos providos de direitos de vassalagem e de obrigações. Ainda que as atividades mercantis do final da Idade Média sofram os efeitos dos tempos difíceis e não sejam mais as do tempo das Cruzadas, permitiram a continuação do crescimento das cidades da Itália ou da Hansa germânica, assim como a ascensão espetacular de novos núcleos prósperos em Castela, sul da Alemanha, Lombardia, Inglaterra. Os infortúnios do final da Idade Média não tiveram por toda parte e para todos as mesmas consequências: a despeito do marasmo geral, houve concentração das grandes fortunas e multiplicação dos burgueses enriquecidos; os gostos de luxo e os gastos ruinosos de prestígio, especialmente de vestuário, longe de regredir, ampliaram-se na burguesia, ávida de exibir os signos de seu novo poder, assim como na classe senhorial, preocupada em manter sua posição. Nesse sentido, o aparecimento da moda traduz menos uma mudança econômica importante do que a continuidade, e até a exacerbação, de uma tradição aristocrática de magnificência que a crise econômica não conseguiu de modo algum destruir.

Paralelamente a essas flutuações da vida econômica, outras dimensões da civilização material — a amplitude das trocas internacionais, o renascimento urbano e o novo dinamismo do artesanato — influíram igualmente, embora de maneira bem diferente, no desenvolvimento da moda. Na Idade Média, as indústrias têxteis e o grande tráfico comercial permitiram diversificar os materiais que serviam para a fabricação do vestuário: seda do Extremo Oriente, peles preciosas da Rússia e da Escandinávia, algodão turco, sírio ou egípcio, couros de Rabat, plumas da África, produtos corantes (quermes, laca, anil) da Ásia Menor. As indústrias da tecelagem e da tinturaria puderam fabricar tecidos de luxo que circularam em toda a Europa dos poderosos pela via indireta das feiras e do tráfico marítimo: lãs de Flandres e da Inglaterra, linho do sul da Alemanha, panos de cânhamo das regiões de Saône e de Bresse, veludos de Milão, Veneza e Gênova. Mas sobretudo, com a expansão das cidades medievais, instaurou-se em alto grau a divisão do trabalho, uma especialização intensiva dos ofícios, que foram dotados, por volta da metade do século XIII, através das corporações de ofícios, de uma organização minuciosa e de uma regulamentação coletiva, encarregada de controlar a qualidade das obras, assim como a formação profissional. Entre 1260 e 1270, o *Livre des métiers* de Étienne Boileau, já considerava uma dezena de profissões consagradas, em Paris, ao vestuário e aos acessórios: alfaiates de vestidos, costureiros, sapateiros, forradores, fabricantes de malhas etc. Será preciso esperar 1675 para que a corporação das costureiras se constitua e obtenha a autorização para fazer os trajes femininos, salvo os espartilhos e as caudas: até então só os alfaiates tinham o privilégio de vestir os dois sexos. Os ofícios com seus monopólios, suas regras tradicionalmente fixadas e registradas pelas corporações desempenharam um papel muito importante na produção de moda até a metade do século XIX. Por um lado, a especialização extrema e o enquadramento corporativo refrearam o dinamismo dos ofícios, a iniciativa e a imaginação individuais. Por outro, permitiram múltiplas inovações na tecelagem, nas tinturas, na execução, e foram a condição de uma produção de altíssima qualidade. A moda, com sua produção sofisticada, com seu refinamento dos detalhes, só pôde ganhar impulso a partir de tal separação das tarefas. Atendo-nos aqui ao traje curto masculino que inaugura os começos da moda, como teria ele podido aparecer sem um corpo de ofícios já altamente especializado? À diferença do blusão medieval, longo, amplo, que se enfia pela cabeça, o novo traje masculino é muito estreito na altura da cintura e alteia o peito — tal transformação no vestuário exigiu um corte de grande precisão, um trabalho dos alfaiates cada vez mais complicado, uma capacidade de inovação nas técnicas de confecção (abotoamento, laços...). Ainda que os alfaiates e as profissões do vestuário não tenham tido nenhum reconhecimento social e tenham permanecido à sombra de seus clientes prestigiosos, contribuíram de maneira determinante, por sua habilidade e por suas múltiplas inovações anônimas, para os movimentos ininterruptos da moda; conseguiram, graças ao processo da especialização, concretizar o ideal de fineza e de graça das classes aristocráticas.

Nenhuma teoria da moda pode restringir-se aos fatores da vida econômica e material. Mesmo importantes, esses fenômenos não esclarecem em nada as variações incessantes e o excesso das fantasias que definem propriamente a moda. É por isso que tudo convida a pensar que esta encontra sua força mais na lógica social do que na dinâmica econômica. Nenhuma análise mais clássica: a instabilidade da moda se enraíza nas transformações sociais que se produziram no decorrer da segunda Idade Média e que não cessaram de ampliar-se sob o Antigo Regime. Na base do processo, a escalada da burguesia ao poder econômico, que favoreceu o impulso de seu desejo de reconhecimento social e ao mesmo tempo as crescentes tendências de imitação da nobreza. Busca dos símbolos da distinção, competição de classes, tais são as peças essenciais do paradigma que comanda há mais de um século a explicação da moda. Segundo um modelo cuja paternidade é atribuída habitualmente a Spencer, e que é retomado sem modificação inúmeras vezes até nossos dias, as classes inferiores, em busca de respeitabilidade social, imitam as maneiras de ser e de parecer das classes superiores.

Estas, para manter a distância social e apagar suas marcas, veem-se obrigadas à inovação, a modificar sua aparência uma vez alcançadas por seus concorrentes. À medida que as camadas burguesas conseguem adotar, em razão de sua prosperidade e de sua audácia, tal ou tal marca prestigiosa em vigor na nobreza, a mudança se impõe no alto para reinscrever o afastamento social. Desse duplo movimento de imitação e de distinção nasce a mutabilidade da moda.[21]

É incontestável que com o crescimento da burguesia a Europa viu ampliarem-se os desejos de promoção social e acelerarem-se os fenômenos de contágio imitativo; em nenhuma outra parte as barreiras de classe, os estados e condições foram transpostos com tanta amplitude. Por exata que seja, essa dinâmica social não pode, contudo, explicar a dinâmica da moda, com suas extravagâncias e seus ritmos precipitados. Impossível aceitar a ideia de que a mudança de moda só intervém em razão de um fenômeno de difusão e de imitações ampliadas que desqualificam os signos elitistas. A própria rapidez das variações contradiz essa tese; no mais das vezes, as novidades andam muito mais depressa que sua vulgarização; não esperam, para surgir, que um pretenso "ser alcançado" se tenha produzido, *antecipam-no*. Não efeito sofrido, mas efeito desejado; não resposta sociológica, mas *iniciativa* estética, potência amplamente autônoma de inovação formal. A mudança de moda não se deduz da amplitude das difusões, não é o efeito ineluctável de um determinismo social exterior, nenhuma racionalidade mecanicista desse tipo é capaz de apreender os caprichos da moda. O que certamente não significa que não haja nenhuma lógica social da moda, mas que aí reina de maneira determinante a busca desatinada da novidade como tal. Não a mecânica pesada e determinista dos conflitos de classe, mas a exaltação "moderna" do Novo, a paixão sem fim pelos jogos e gratuidades estéticas. A turbulência da moda depende menos das ameaças que se exercem sobre as barreiras sociais do que do trabalho contínuo, inexorável mas imprevisível, efetuado pelo ideal e pelo gosto das novidades próprios das sociedades que se desprendem do prestígio do passado. Fraqueza da abordagem clássica, que só vê nas flutuações da moda coação imposta de fora, obrigação resultante das tensões simbólicas da estratificação social, ao passo que correspondem à manifestação de novas finalidades e aspirações sócio-históricas.

Presentemente é uma outra versão do modelo da distinção das classes que goza dos favores dos teóricos da moda. Não mais a corrida-perseguição e os fenômenos de "ser alcançado" entre o baixo e o alto da hierarquia, mas os conflitos de prestígio no próprio seio das classes dominantes. Com o desenvolvimento da burguesia mercantil e financeira desencadeou-se um fenômeno de promoção social de grande importância: os burgueses enriquecidos fazem-se "enobrecer", compram feudos e cargos, casam seus filhos na nobreza. Na Europa, do século XIV ao XVIII, houve, favorecida pelo poder real, osmose social no seio das classes dominantes: a classe nobiliária abre-se aos plebeus enriquecidos, pouco a pouco uma nobreza de toga toma lugar ao lado da nobreza de espada. É precisamente quando a estratificação social no alto da hierarquia já não é rigorosamente estável e se operam movimentos de ascensão plebeia que as reviravoltas da moda aparecem, sustentadas pelas estratégias de distinção e de rivalidades de classes. Quando as fortunas e as aspirações se tornam mais móveis, quando as barreiras sociais se tornam menos intransponíveis, quando os privilégios de nascimento sofrem a concorrência do poder da fortuna, começam processos acelerados de diferenciação entre as classes elevadas, uma era de competição sem fim pelo prestígio e pelos títulos distintivos. Foi antes de tudo na arena das classes superiores, entre as frações da classe dominante, entre nobreza e alta burguesia, nobreza de toga e nobreza de espada, nobreza de corte e nobreza provincial, que se desenrolaram as lutas de concorrência de onde teria saído a dinâmica da moda.[22]

Evidentemente não se pensa em contestar as lutas internas e as estratégias de distinção que acompanharam os movimentos de ascensão e de enobrecimento da burguesia, denega-se a ideia de que estejam na base das vicissitudes da moda. Desde o final da Idade Média, quem foram os *taste makers*, os faróis e mestres da moda? Quem lança e dá seus nomes às novidades senão os personagens mais elevados e mais em evidência da corte, favoritos e favoritas, grandes senhores e princesas, o rei ou a rainha em pessoa? As lutas de concorrência entre as classes não puderam ter o papel que se quer atribuir-lhes desde que os maiores na hierarquia é que são os instigadores da mudança, aqueles mesmos que, precisamente em razão de sua posição supereminente, não podem senão estar para além das inquietações de classes e da competição pela classificação social. Assim, a questão do motor da moda não pode deixar de levar em consideração as transformações que afetaram as disposições e aspirações da elite social. Trata-se de compreender como o alto da hierarquia chegou a investir dessa maneira na ordem das aparências, como pôde dedicar-se a destruir a ordem imóvel da tradição e entregar-se à espiral interminável da fantasia: questão de novas referências, de novas finalidades, não de dialética social e de lutas pela posição. Se a moda foi incontestavelmente um instrumento de filiação e de distinção de classes, essa função não explica em nada a origem das inovações em cadeia e a ruptura com a valorização imemorial do passado. As estratégias de distinção social esclarecem, sem nenhuma dúvida, os fenômenos de difusão e de expansão da moda, não o móvel das novidades, o culto do presente social, a legitimidade do inédito. Impossível aceitar a ideia de que as lutas de concorrência prestigiosa entre os grupos, lutas *tão velhas quanto as primeiras sociedades humanas*, estejam no princípio de um processo absolutamente moderno, sem nenhum precedente histórico. De mais a mais, como, a partir de tal esquema, dar conta da busca desenfreada da originalidade, como essa, nuançada, das pequenas variantes pessoais nos detalhes? De onde nasceu o processo de individualização tênue da aparência que caracteriza a moda? As teorias da distinção não elucidam nem o motor da renovação permanente nem o advento da autonomia pessoal na ordem do parecer.

Aliás, não que a moda seja estranha aos fenômenos de rivalidade social. Sabe-se, desde as análises célebres de Veblen, que o consumo das classes superiores obedece essencialmente ao princípio do esbanjamento ostentatório, e isso a fim de atrair a estima e a inveja dos outros. O móvel que está na raiz do consumo é a rivalidade dos homens, o amor-próprio que os leva a querer comparar-se vantajosamente aos outros e prevalecer sobre eles. Para conquistar e conservar honra e prestígio, as classes superiores devem dar e despender amplamente, devem fazer exibição de riqueza e de luxo, manifestar ostensivamente, por suas boas maneiras, seu decoro, seus adereços, que não estão sujeitas ao trabalho produtivo e indigno. A moda, com suas variações rápidas e suas inovações "inúteis", acha-se particularmente adaptada para intensificar o dispêndio ostensivo, torna-se em Veblen um simples "corolário"[23] da lei do *conspicuous consumption*, um instrumento de obtenção da honorabilidade social. Veblen, que observa de passagem que "jamais se deu uma explicação satisfatória das variações da moda",[24] pensava que só a teoria do esbanjamento ostensivo era capaz de conseguir isso. Só ela permite explicar o desdém pela utilidade prática próprio da moda; só ela, sempre segundo Veblen, está na origem das vicissitudes e da obsolescência das formas. A injunção de magnificência tem por efeito a escalada nas inovações fúteis, um excesso de superfluidades sem nenhuma finalidade funcional, donde resulta o fato de que "o vestuário ostensivamente custoso é intrinsecamente feio".[25] A consequência da lei do dispêndio improdutivo é simultaneamente a rapidez das mudanças e a feiura do vestir-se ao gosto do dia. Se as modas são a esse ponto passageiras é porque são grotescas e inestéticas, porque só podemos suportá-las por um breve momento. Daí a necessidade, para aliviar-nos do efeito desproposistado dessas formas, de novos trajes ridículos do mesmo modo fiéis ao *conspicuous consumption*, mas do mesmo modo contrários ao bom gosto: a moda e o artístico são antinômicos. O reducionismo sociológico encontra-se aqui em seu ponto culminante: os entusiasmos delirantes traduzem apenas nossa aspiração à estima social; só gostamos dos gêneros em voga na medida em que permitem classificar-nos socialmente, "demarcar-nos", tirar deles um proveito distintivo.

A teoria de Veblen coloca incontestavelmente a ênfase numa dimensão essencial da moda: o dispêndio demonstrativo como meio para significar uma posição, para despertar a admiração e expor um estatuto social. Mas por qual mecanismo a norma do consumo ostensivo chega a engendrar as torrentes de novidades que fazem a moda? Por que, *durante milênios*, não desencadeou de modo algum a loucura dos artifícios? Nesse ponto, a análise de Veblen é breve: o que separa as eras de moda das eras de estabilidade só depende, no fundo, da exasperação da obrigação de despender, ocasionada pelas condições próprias à cidade grande, onde as classes superiores são mais ricas, mais móveis, menos homogêneas do que nos tempos tradicionais.[26] A lei do esbanjamento ostentatório e a corrida pela estima impõem-se então mais imperiosamente, tendo por consequência a mudança permanente das formas e dos estilos. Os movimentos versáteis da moda, nesse sentido, não fazem senão traduzir uma intensificação da regra do *conspicuous consumption*. Mas este era menor em outros tempos? Exercia-se com menos intensidade no evergetismo* greco-romano, quando as notabilidades empregavam fortunas vertiginosas em festins, edifícios, distribuições de moeda, sacrifícios, espetáculos de toda espécie? A norma do esbanjamento era ali particularmente imperiosa; no entanto, a moda não pôde encontrar seu lugar de eclosão nesse tipo de sociedade. De fato, o imperativo de exibir riqueza não aumentou no Ocidente moderno, mas manifestou-se de modo diferente; mais exatamente, aliou-se estruturalmente à busca da diferença individual e à inovação estética. Na base do afloramento da moda, não a ascensão em grandeza do esbanjamento para exibição, e sim o aparecimento de novas exigências, de novos valores que certamente se traduziram no código imemorial da prodigalidade ostensiva, mas que daí não se deduzem mecanicamente. Aí está o limite de tal sociologia da moda, para a qual não há senão instrumento de classifica-

* Do grego *evergétes*, "benfeitor". (N. E.)

ção social, sem nenhuma finalidade estética. "Com uma meia dúzia de anos de recuo, ficamos impressionados de ver como a melhor das modas foi ridícula, digamos mesmo francamente feia", escrevia Veblen.[27] É evidentemente inaceitável: não queremos por preço algum usar o que esteve em voga há alguns anos, mas continuamos a admirar inúmeras modas anteriores. A moda de ontem enfastia, as de anteontem e do passado distante continuam a encantar; frequentemente nelas admira-se a fineza, o luxo dos detalhes, as formas antiquadas mas delicadas. Prova de que a moda tem acordo com a exigência *estética*, de que não poderia ser reduzida só à ordem da superfluidade aberrante para a cotação social. Longe de ser "essencialmente feia", a moda se define, ao contrário, pela mira do refinamento, da elegância, da beleza, quaisquer que sejam as extravagâncias, os excessos, o mau gosto que, ao longo dos séculos, possam ter tido livre curso de tempos em tempos.

Ocorre que a moda não é separável do *conspicuous consumption*. Com a condição de precisar seu exato alcance, assim como sua ancoragem social e histórica. Nas eras de desigualdade, o consumo demonstrativo deve ser compreendido como norma social consubstancial à ordem aristocrática, como imperativo necessário para representar, na ênfase, a distância e a hierarquia social. Max Weber já o observara: o luxo "não era, na classe dirigente feudal, 'supérfluo', mas um meio de autoafirmação". Esse *ethos* aristocrático de largueza, duplicado pelo desprezo do trabalho, foi evidentemente uma das condições de emergência da moda; foi preciso tal ideal soberano imbricado na ordem holista das sociedades para que fossem possíveis as gratuidades e os jogos faustosos do vestuário. Foi especialmente em função dessa norma de magnificência que pôde resplandecer a vida de corte dos Estados principescos e depois a das grandes monarquias absolutistas. Como lugar onde os nobres procuram brilhar e distinguir-se, onde reina uma competição constante pelo status e pelo prestígio, onde se impõe a obrigação dos dispêndios de representação e dos símbolos da distância social, a sociedade de corte foi um fator decisivo na eclosão da moda. Além disso, à medida que se desenvolveram as grandes sociedades de corte, as questões de moda tornaram-se assuntos da mais alta importância para uma nobreza desarmada, desapossada de suas antigas prerrogativas guerreiras e judiciárias, e por isso consagrada aos jogos da representação e aos prazeres mundanos. Mas antes mesmo que se houvesse afirmado em todo seu brilho a corte absolutista, a moda viu-se ligada à mudança de estatuto da nobreza. Desde o final do século XIV, no momento em que precisamente dar-se-ão asas aos exageros da moda, a nobreza vê regredir seu prestígio e seu poder político: os cavaleiros já não são os senhores da guerra, seus castelos sucumbirão sob os ataques da artilharia, nos campos de batalha são doravante os infantes e os archeiros a pé que prevalecem. Declínio da cavalaria que terá por eco não apenas as novas ordens de cavalaria, mas um redobramento de gastos em matéria de vestuário, um gosto imoderado pelo luxo, pela exibição e pela demonstração. Longe de ser o signo da supremacia da nobreza, a moda testemunha muito mais seu enfraquecimento contínuo desde o final da Idade Média, sua metamorfose progressiva em classe "espetacular", da qual uma das obrigações maiores será colocar-se na dianteira através de gastos suntuários de representação.

Não nos enganemos; por mais importantes que sejam, esses fenômenos deixam na sombra o coração do problema: o que faz com que a regra do dispêndio faustoso tenha-se transformado em excesso de elegâncias preciosas? Sempre a mesma pergunta: por que a escalada das mudanças e das extravagâncias e não somente a suntuosidade? Ao contrário das teorias dominantes, é preciso reafirmar que as rivalidades de classes não são o princípio de onde decorrem as variações incessantes da moda. Sem dúvida, acompanham-nas e determinam alguns de seus aspectos, mas não são sua chave. Enquanto prevalecer esse modelo, é vão esperar esclarecer, ainda que parcialmente, o mistério da inconstância frívola. A interrogação da moda exige uma modificação radical de paradigma. Anunciemos esse deslocamento teórico em grandes traços: as reviravoltas perpétuas da moda são, antes de tudo, o efeito de novas valorizações sociais ligadas a uma nova posição e representação do indivíduo em relação ao conjunto coletivo. A moda não é o corolário do *conspicuous consumption* e das estratégias de distinção de classes; é o corolário de uma nova relação de si com os outros, do desejo de afirmar uma personalidade própria que se estruturou ao longo da segunda Idade Média nas classes superiores. É porque o papel da representação do indivíduo não foi avaliado em seu justo valor que as explicações da mudança de moda permanecem tão pouco convincentes. Longe de ser um epifenômeno, a consciência de ser indivíduos com destino particular, a vontade de exprimir uma identidade singular, a celebração cultural da identidade pessoal foram uma "força produtiva", o próprio motor da mutabilidade da moda. Para que aparecesse o impulso das frivolidades, foi preciso uma revolução na *representação* das pessoas e no sentimento de si, modificando brutalmente as mentalidades e valores tradicionais; foi preciso que se desencadeassem a exaltação da unicidade dos seres e seu complemento, a promoção social dos signos da diferença pessoal.

No final da Idade Média, precisamente, inúmeros são os signos que dão testemunho de uma tomada de consciência inédita da identidade subjetiva, da vontade de expressão da singularidade individual, da exaltação da individualidade. Nas Crônicas e Memórias, a preocupação de marcar a identidade daquele que fala aparece numa fórmula canônica: Eu, seguido do nome, sobrenome e qualidades daquele que fala;[28] nas obras poéticas intensificaram-se as confidências íntimas, a expressão dos impulsos do eu, instantes vividos, lembranças pessoais. O aparecimento da *autobiografia*, do *retrato* e do *autorretrato* "realistas", ricos em detalhes verdadeiros, revela igualmente, nos séculos XIV e XV, a nova dignidade reconhecida naquilo que é *singular* no homem, embora em quadros ainda muito amplamente codificados e simbólicos. A "morte de si", segundo a expressão de Philippe Ariès, ilustra ainda essa mesma tendência, em ruptura com o espaço da morte tradicional anônima: a iconografia do Juízo Final, o livro da vida, os temas macabros, os testamentos e sepulturas personalizados da segunda Idade Média foram uns tantos signos a revelar uma vontade de individualização, a preocupação de ser si próprio, a promoção da identidade pessoal.[29] Com o novo sentido da identidade pessoal e a legitimação da expressão individual, ainda que esteja em vigor nos exclusivos limites do pequeno mundo da elite social, e mais formulada, vivida, do que doutrinal, pôde pôr-se em movimento a lógica proteiforme da moda. A exigência de ser si mesmo, a paixão das marcas da personalidade, a celebração mundana da individualidade tiveram por efeito favorecer a ruptura com o respeito da tradição, multiplicar os focos de iniciativa e de renovação, estimular as imaginações pessoais, doravante à espreita de novidades, de variações, de originalidade. A afirmação do *uomo singolare* desencadeou um processo de inovação constante nas formas e nos estilos, de ruptura com a norma tradicional fixa. No final da Idade Média, a individualização da aparência conquistou seu direito de cidadania; não ser como os outros, ser único, fazer-se notar exibindo os signos da diferença tornou-se uma paixão e uma aspiração legítimas no mundo das cortes. Compreende-se, nessas condições, o movimento precipitado da moda: a consciência e a vontade de individualizar-se desenvolvem a concorrência, a emulação entre os particulares, a corrida pela diferença; autorizam e encorajam a expressão dos gostos singulares. Como, nessas condições, teria podido não haver aceleração das ideias novas, procura acelerada e permanente de novos signos?

Certamente, as inovações permaneceram um privilégio de classe, um atributo dos grandes deste mundo. Mas o importante está em outra parte, no fato de que aqueles que estão no mais alto da hierarquia agora se vangloriam de modificar o que é, de inventar novos artifícios, de personalizar sua aparência. Tal transformação nos comportamentos da elite social demonstra a infiltração de uma nova representação social da individualidade no universo aristocrático. Não, a despeito das aparências, um fenômeno de classes, mas a penetração nas classes superiores dos novos *ideais* da personalidade singular. Estes contribuíram para o abalo da imobilidade tradicional, permitiram à diferença individual tornar-se signo de excelência social. Não se podem separar as variações perpétuas da moda e a personalização mais ou menos exibida do parecer, são duas faces estritamente complementares da nova valorização social daquilo que é singular. O erro das teorias da moda é ter considerado essas questões como estranhas uma à outra. Na realidade, trata-se do mesmo fenômeno: foi porque a individualização do parecer impôs-se como uma nova legitimidade social que a moda pôde ser esse teatro permanente das metamorfoses fugidias. Correlativamente, todas as mudanças, todas as vogas permitirão aos particulares, mesmo a níveis mínimos, uma margem de liberdade, de escolha, de autonomia do gosto.

No mesmo passo, a significação da *mudança* em matéria cultural inverteu-se: o que até então inspirava temor e desconfiança tornou-se valor social, objeto de paixões desenfreadas nos círculos superiores. "Tudo aquilo que muda perde em valor", encontrava-se ainda em um poema do século XII, na estrita continuidade da mentalidade tradicional. A inconstância da moda demonstra, ao contrário, que se saiu, ainda que muito parcialmente, de tal sistema; um valor mundano inédito brilha doravante: o *Novo*.[30] Nada de moda sem tal revolução da relação com o devir histórico e o efêmero. Para que sobreviesse o sistema da moda, foi preciso que fosse aceito e desejado o "moderno", que o presente fosse considerado mais prestigioso do que o passado, que houvesse uma excepcional dignificação das novidades. Inversão fundamental na orientação temporal da vida social de origens muito complexas, mas que é preciso relacionar especialmente ao reconhecimento do "direito" dos particulares de diferenciar-se, de singularizar sua aparência, portanto, de mudar. Com a nova posição da unidade social em relação à norma coletiva, instituiu-se um novo relacionamento social com o movimento: a legitimidade da renovação e do presente social combinou-se com o advento da lógica individualista-estética como lógica da diferença e da autonomia.

ESTÉTICA DA SEDUÇÃO

Por mais primordial que seja a consagração da individualidade e da novidade no estabelecimento da moda, ela não fornece, por si só, toda a inteligibilidade do fenômeno. Uma lógica tão complexa quanto a moda, abarcando tantos aspectos da vida social, individual, cultural, estética, não pôde aparecer senão pela sinergia de uma multiplicidade de fatores que, mesmo não sendo sempre absolutamente independentes uns dos outros, tiveram cada um sua eficácia própria. Além dos fatos sociais já mencionados — a sociedade de corte, o status das classes aristocráticas, o desenvolvimentos das cidades —, outros fenômenos tiveram um papel de primeiro plano. A promoção da individualidade mundana, o superinvestimento na ordem das aparências, o refinamento e a estetização das formas que distinguem a moda enraízam-se em um feixe de fatores culturais próprio do Ocidente. É preciso insistir nisso: na genealogia da moda, são os valores, os sistemas de significação, os gostos, as normas de vida que foram "determinantes em última análise", são as "superestruturas" que explicam o porquê dessa irrupção única na aventura humana que é a febre das novidades.

Substituindo a referência do passado pela do presente, a moda instituiu uma ruptura radical na ordem do tempo legítimo. Descontinuidade histórica que aliás não impede de ver na moda um sistema que prolonga gostos, modelos de vida, ideais profanos anteriores ao aparecimento do sentido do "moderno". A consagração das frivolidades enquadra-se, com efeito, diretamente nas normas da cultura cavalheiresca e cortês, de sua aspiração à alegria terrena e às felicidades do mundo: alegria de combater nas guerras e torneios, alegria de caçar, festas e festins faustosos, prazeres dos jogos e da poesia galante, amor da exibição e dos espetáculos.[31] Essa moral do prazer aristocrático foi incontestavelmente um fator essencial no aparecimento do *homo frivolus*: a moda é uma prática dos prazeres, é prazer de agradar, de surpreender, de ofuscar. Prazer ocasionado pelo estímulo da mudança, a metamorfose das formas, de si e dos outros. A moda não é apenas marca de distinção social, é também atrativo, prazer dos olhos e da diferença. O reino da moda, que se instaura no final da Idade Média, não deve ser concebido como maneira de fugir, de aturdir-se contra os infortúnios e as angústias do tempo; está muito mais na continuidade das normas e atitudes mentais próprias à vida senhorial, ávida das felicidades do mundo. Busca das satisfações que não cessou de ampliar-se paralelamente ao desenvolvimento das grandes cortes, da civilidade cortês, mas também de um novo sentido da duração humana. Sabe-se, à luz dos humanistas, que a partir do *Trecento* intensificou-se o sentido da fugacidade terrena; o pesar de envelhecer, a nostalgia da juventude, o sentido da iminência do fim ganharam uma nova inflexão.[32] Nenhuma dúvida de que essa nova sensibilidade coletiva que, desde então, acompanhará indissociavelmente a Época Moderna tenha favorecido essa busca acelerada dos prazeres. A moda traduz um amor apaixonado da felicidade e da vida, uma exasperação do desejo de gozar as alegrias terrenas tornada possível pelos valores de vida cavalheiresca, pela sociedade de corte, assim como por uma sensibilidade moderna onde já despontam a melancolia do tempo e a angústia de abandonar a vida.

A intensificação e a precipitação na procura dos gozos do mundo duplicaram-se em um processo de *estilização* das normas de vida e dos gostos. A emergência da moda não é dissociável da revolução cultural que se inicia, na virada dos séculos XI e XIII, na classe senhorial, com a promoção dos valores corteses. O ideal de vida cavalheiresca sofreu um *aggiornamento:* à exigência tradicional de força, de proeza e de largueza acrescentaram-se novas normas que exaltam a idealização da mulher, o bem falar, as boas maneiras, as qualidades literárias, a preciosidade galante. O cavaleiro se fez literato e poeta; o amor da bela linguagem e depois o dos belos objetos ganhou os círculos mundanos. Foi desse lento trabalho de civilização dos costumes e dos prazeres, desse novo ideal estatizado e refinado que saiu a moda; ela de algum modo preparou-se historicamente mais de dois séculos antes, com o advento do espírito cortês competindo em poesia e delicadeza preciosa. Como arte das nuanças e refinamentos das superfícies, a moda prolonga, paralelamente à paixão pelos belos objetos e pelas obras de arte, essa aspiração a uma vida mais bela, mais estilizada, que surgiu por volta de 1100.

A moda aparece no século em que a arte apresenta uma nítida tendência ao excesso decorativo, à proliferação do ornamento, à profusão dos caprichos na arquitetura flamejante, na exasperação da *Ars Nova*, nas modulações elegantes das miniaturas góticas. É igualmente a era dos vestuários excêntricos que culminam na corte de Carlos VI e dos duques de Borgonha, com os trajes bipartidos vermelho e violeta ou azul e amarelo, com os toucados femininos em forma de cone — o *hennin* —, os cabelos raspados nas têmporas e acima da testa, os chapeirões em forma de crista de galo, as largas mangas até o chão. Não nos enganemos: todas essas novidades, com seus exageros ou seus excessos, não são senão uma manifestação entre tantas outras dessa necessidade de estetismo, desse culto da ornamentação e do espetáculo que caracterizou o final da Idade Média, mas que se prolongou bem além. Nos séculos XIV e XV impuseram-se, nas formas da cultura, um espírito barroco, o gosto pelo cenário teatral e feérico, a atração do exotismo, do raro, das fantasias gratuitas que correspondem ao triunfo da cultura cortês, de seu ideal de jogo e de preciosidade mundana. Aos percursos ondulantes das formas e à riqueza profusa dos ornamentos na arte correspondem agora os trajes sofisticados, estranhos, extravagantes da corte e das festas noturnas. Sob a ação do espírito de jogo do imaginário cortês difundiram-se a ótica da teatralidade, a necessidade imperiosa do efeito, a propensão à ênfase, ao excesso e ao pitoresco que definem especialmente a moda, essa arte de corte dominada pelo espírito barroco pelo menos até as rupturas puristas e modernistas do século XX. Pois desde a metade do século XIV, a moda não cessou de obedecer profundamente ao fascínio do efeito e do artifício, à exuberância e ao refinamento dos detalhes decorativos. Na arte, as formas barrocas e clássicas se alternarão e por vezes se misturarão; na moda, o espírito barroco jamais renunciará a impor completamente sua lei. A emergência da moda testemunha essa evolução do gosto cativo do embelezamento amaneirado das formas; é muito mais o signo do progresso do gozo estético do que o do crescimento das riquezas ou mesmo do novo sistema das relações sociais próprias às sociedades de corte.

Como arte das pequenas diferenças e das sutilezas do parecer, a moda exprime o refinamento dos prazeres do olho. Aqui é a oportunidade de nuançar a apreciação doravante clássica de Lucien Febvre sobre "o retardamento da visão" e a ausência de poesia do visual entre os homens da Renascença.[33] Ainda que seja verdade que os escritores e poetas fazem então mais uso de imagens acústicas e olfativas, evocam pouco as formas físicas, as figuras e as cores, isso basta para diagnosticar o papel subalterno da visão em benefício da sensibilidade dominante para os odores, os perfumes, os ruídos e as vozes? A eclosão da moda obriga a retomar em parte esse juízo, se é verdade que a moda não pode ser concebida sem a atenção minuciosa aos detalhes singulares, sem a procura das nuanças, sem a poetização das diferenças morfológicas dos sexos. Como ver nos homens da Renascença tão somente seres de senso visual tosco, pouco sensíveis às graças das formas, atraídos apenas pelas cores brilhantes e contrastadas quando se desencadeiam a moda e sua sofisticação ornamental, quando se diversificam, no século XVI, os passamanes, pontos de renda e motivos de bordado, quando os trajes desenham com ênfase as linhas de corpo? A moda e o refinamento visual caminham juntos; ela consagra o progresso do olhar estético nas esferas mundanas.

É preciso retomar a cultura cortês e sua invenção mais original: o amor. Só podemos lembrar aqui muito esquematicamente o que o amor cortês instituiu de novo: sublimação do impulso sexual, culto "desinteressado" do amor, acompanhado da superestima e da celebração lírica da mulher amada, submissão e obediência do amante à dama, todos esses traços próprios ao amor provençal acarretaram pouco a pouco, no mundo das cortes senhoriais, transformações nas relações entre os sexos, e mais precisamente nas relações de sedução. Desde o fundo das eras, os guerreiros ganharam o amor das mulheres realizando proezas e façanhas em sua honra; o amor é merecido pelas virtudes viris, a temeridade e o devotamento heroico. Essa concepção cavalheiresca do amor prosseguiu durante séculos, mas a partir de 1100 não cessou de sofrer a influência civilizadora do amor cortês. Foi assim que a um heroísmo guerreiro sucedeu um heroísmo lírico e sentimental: no novo código amoroso, o senhor, por *jogo*, vive ajoelhado diante da mulher amada, languesce e cerca-a de atenções, mostra-se submisso a seus caprichos, é obrigado a celebrar sua beleza e suas virtudes em poemas lisonjeiros. Começa o que R. Nelli chama de "a poetização do cortejar",[34] excluindo a linguagem vulgar, as facécias, libertinagens e obscenidades tradicionais em favor da discrição, da humildade respeitosa do amante, do enobrecimento da língua e da exaltação galante. Doravante, a sedução requer atenção e delicadeza em relação à mulher, os jogos amaneirados, a poética do verbo e dos comportamentos. A moda, com suas variações e seus jogos sutis de nuanças, deve ser considerada como a continuação dessa nova poética da sedução. Assim como os homens devem agradar às mulheres pelas boas maneiras e pelo lirismo, devem do mesmo modo sofisticar sua aparência, estudar seu vestuário como estudam sua linguagem: a preciosidade do traje é a extensão e o duplo da estilização do amor. A moda e sua exigência de artifícios não podem ser separadas dessa nova imagem da feminilidade, dessa estratégia de sedução pelos signos estéticos. Correlativamente, a superestima da mulher, os louvores de sua beleza contribuíram para ampliar e legitimar na alta sociedade laica o gosto feminino pela toalete e pelos ornamentos, gosto presente desde a mais alta Antiguidade. O amor cortês está duplamente implicado na gênese da moda. Por um lado, considerando que o verdadeiro amor devia ser procurado fora do casamento, que o amor puro era extraconjugal, o amor cortês lançou o descrédito sobre a instituição matrimonial, legitimou a escolha livre do amante pela dama e favoreceu assim a autonomia do sentimento. O amor contribuiu nesse sentido para o processo de individualização dos seres, para a promoção do indivíduo mundano relativamente livre em seus gostos, afastado da norma antiga. Vimos mais acima o elo íntimo que une a moda e a consagração mundana da individualidade. Por outro lado, mais diretamente, o amor cortês produziu uma nova relação entre os sexos, instalou um novo dispositivo de sedução galante que não atuou pouco no processo de estetização das aparências que é a moda.

As modificações na estrutura do vestuário masculino e feminino que se impõem a partir de 1350 são um sintoma direto dessa estética preciosista da sedução. O traje marca, desde então, uma diferença radical entre masculino e feminino, sexualiza como nunca a aparência. O vestuário masculino desenha a cintura no gibão curto e valoriza as pernas apertadas em calções longos; paralelamente, a nova linha do vestuário feminino molda o corpo e sublinha as ancas, faz aparecer nos decotes os ombros e o colo. O vestuário empenha-se, assim, em exibir os encantos do corpo acentuando a diferença dos sexos: o gibão estofado dá relevo ao tórax masculino, as braguilhas terão por vezes formas fálicas; um pouco mais tarde, o espartilho, com sua armação, permitirá durante quatro séculos afinar a cintura feminina e erguer o colo. O traje de moda tornou-se traje de sedução, desenhando os atrativos do corpo, revelando e escondendo os atrativos do sexo, avivando os encantos eróticos: não mais apenas símbolo hierárquico e signo de estatuto social, mas instrumento de sedução, poder de mistério e de segredo, meio de agradar e de ser notado no luxo, na fantasia, na graça amaneirada. A sedução afastou-se da ordem imemorial do ritual e da tradição; inaugurou sua longa carreira moderna individualizando, ainda que parcialmente, os signos do vestuário, idealizando e exacerbando a sensualidade das aparências. Dinâmica dos excessos e amplificações, redobramento dos artifícios, preciosidade ostentatória, o vestuário de moda dá testemunho de que já se está na era moderna da sedução, da estética da personalidade e da sensualidade.

As mudanças nas estratégias de sedução entre os sexos não estão em causa com exclusividade. Não se pode deixar de relacionar o aparecimento da moda a essa outra forma de sedução representada, a partir do século XIII, pela aparência sensível do mundo na arte do Ocidente. O mundo da vida tornou-se objeto de deleite, é considerado belo e digno de atenção, vai despertar entre os artistas uma preocupação propriamente estética cada vez mais marcada. Com a arte medieval desenvolve-se um novo olhar sobre o mundo terrestre e o concreto: a expressão do mistério incognoscível e do sobre-humano impessoal recua em proveito da descoberta e da descrição do real da vida em sua diversidade. O escultor gótico substitui os monstros fantásticos pelos animais vivos, pelos bosques, os pequenos jardins, as folhagens que nos circundam. Representa os trabalhos dos homens, aproxima Deus do homem propagando uma imagem da Virgem mais feminina e mais maternal, um Cristo impregnado de doçura e de humanidade. Realismo artístico de origem medieval, que ganhará uma nova face na Renascença com a busca da profundidade e do relevo na arte do retrato, da paisagem, da natureza morta. Esse senso do concreto, esse interesse pela experiência visual e pelas aparências na arte são de grande importância; traduzem a glorificação do mundo criado, a valorização das belezas do mundo humano e terrestre. É esse novo investimento mundano que se vai reencontrar na moda e que contribuirá para o seu estabelecimento. A moda, com efeito, representa a face frívola desse novo amor das aparências e do espetáculo do homem que toma corpo no Ocidente. Para além das diferenças evidentes e aliás altamente significativas, o culto da fantasia que se manifesta na moda e o "realismo" que não deixará, num sentido, de comandar a evolução da arte fazem parte de um mesmo conjunto: nos dois casos produzem-se a mesma exaltação das coisas visíveis, a mesma paixão dos detalhes sensíveis, a mesma curiosidade pelos traços individuais, o mesmo deleite imediato das superfícies, o mesmo alvo do prazer estético.

A revolução do vestuário que está na base do traje moderno apoiou-se nessa reabilitação artística do mundo: o amor do real em sua singularidade, que de início se manifestou na arte gótica, sem nenhuma dúvida favoreceu o advento de um vestuário que exprime os encantos e a individualidade dos corpos. Teve-se razão de sublinhar que o traje com jaqueta curta do século XIV era inseparável do "realismo", que não seguiu mas antecipou a revolução da representação do *Quattrocento*, que contribuiu para a descoberta do corpo humano permitindo aos artistas ter "uma visão quase anatômica do tronco e dos membros".[35] Com a condição de não ir longe demais nessa autonomização da moda em relação à arte medieval. Não é verdade que o novo vestuário não deve nada à busca estilística anterior, o traje masculino curto não é o "primeiro realismo".[36] Ainda que tenha, com efeito, precedido o estilo da Renascença, ele de fato prolonga, numa duração mais longa, a observação e a curiosidade em relação ao real, já manifestas na arte gótica: a moda, no final da Idade Média, estendeu ao parecer do vestuário o processo de promoção das aparências surgido como precursor nas formas da arte cristã.

Não é por acaso, portanto, que a moda e o nu em pintura fazem parte da mesma era: trata-se sempre da mesma consagração de nossa estadia terrena. Sem dúvida o nu provém de um retorno aos clássicos, da nova admiração pelos modelos antigos; mas, para além da "ressurreição" da Antiguidade, não se deve perder de vista, como dizia E. Mâle, a continuidade na qual se inscreve a arte do Ocidente como arte fundamentalmente cristã, tendo permitido a reabilitação das coisas visíveis, o amor pelas criaturas divinas, e isso desde a era gótica. Da mesma maneira, se a emergência da moda coincide com uma promoção dos valores profanos no seio das classes superiores, essa promoção não é separável de um enquadramento religioso, no caso, aqui, o cristianismo. O que constituiu a oposição mais irredutível às vaidades do século, a fé cristã, contribuiu, embora de maneira indireta, para o estabelecimento do reino da moda. Pelo dogma do deus-homem e a revalorização-legitimação que permite da esfera terrena, dos dados sensíveis e visuais,[37] a religião da encarnação favoreceu incontestavelmente o aparecimento da moda. Assim como o cristianismo tornou possível, ao menos como quadro simbólico, a posse e a exploração moderna da natureza,[38] do mesmo modo foi a matriz de sentido que permitiu a manifestação da moda como ordem estética autônoma, entregue tão somente aos caprichos dos homens. Foi antes de tudo pela mediação da arte que o cristianismo pôde realizar essa tarefa paradoxal tão evidentemente antinômica com seu imperativo constitutivo de salvação. A arte cristã "reconciliou-se" com nossa permanência terrena; houve glorificação estilística do reino das criaturas, que repercutiu depois na esfera do parecer de vestuário. A moda não nasceu da exclusiva dinâmica social, nem mesmo do impulso dos valores profanos; exigiu, mais profundamente, um esquema religioso único, o da Encarnação, que conduziu, diferentemente das outras religiões, ao investimento neste mundo, à dignificação da esfera terrestre, das aparências e das formas singulares. No quadro de uma religião fundada na plena humanidade do Salvador, o mundo criado poderá ser louvado por sua beleza; a originalidade e o encanto do parecer poderão ganhar uma legitimidade; o traje poderá desenhar e amplificar as belezas do corpo. A moda só pôde enraizar-se no Ocidente, ali mesmo onde a religião do Cristo desenvolveu-se. Não existe aí fenômeno fortuito: um elo íntimo, ainda que paradoxal, une o *homo frivolus* e o *homo religiosus* do caso específico cristão.

II. A MODA DE CEM ANOS

Foi ao longo da segunda metade do século XIX que a moda, no sentido moderno do termo, instalou-se. Certamente nem tudo então é absolutamente novo, longe disso, mas, de maneira evidente, apareceu um sistema de produção e de difusão desconhecido até então e que se manterá com uma grande regularidade durante um século. Tal é o fenômeno histórico a sublinhar aqui: a despeito dos progressos tecnológicos, de suas incessantes reviravoltas ou "revoluções" estilísticas, a moda não escapou àquilo que se pode muito bem chamar de uma estrutura de longa duração. Da metade do século XIX até a década de 1960, momento, com efeito, em que o sistema começa a fender-se e a readaptar-se parcialmente, a moda vai repousar sobre uma organização a tal ponto estável que é legítimo falar de uma *moda de cem anos*, primeira fase da história da moda moderna, seu momento heroico e sublime. Moda de cem anos: sem dúvida, maneira de dizer que um ciclo está terminado, maneira sobretudo de insistir em tudo o que nos une ainda, profundamente, a essa fase fundadora, instituidora de uma nova organização do efêmero, de uma nova lógica do poder chamada a experimentar um extraordinário destino histórico, já que se imporá cada vez mais no coração de nossas sociedades no decorrer do século XX. Guardadas as proporções, seria preciso dizer da moda de cem anos o que Tocqueville dizia da América: vimos aí com efeito mais do que a moda; aí reconhecemos uma figura, certamente particular, mas significativa do advento das sociedades burocráticas modernas; vimos aí mais do que uma página da história do luxo, das rivalidades e distinções de classes; aí reconhecemos uma das faces da "revolução democrática" em marcha.

A MODA E SEU DUPLO

A moda moderna caracteriza-se pelo fato de que se articulou em torno de duas indústrias novas, com objetivos e métodos, com artigos e prestígios sem dúvida nenhuma incomparáveis, mas que não deixam de formar uma configuração unitária, um sistema homogêneo e regular na história da produção das frivolidades. A *Alta Costura* de um lado, inicialmente chamada *Costura*, a *confecção* industrial de outro — tais são as duas chaves da moda de cem anos, sistema bipolar fundado sobre uma criação de luxo e sob medida, opondo-se a uma produção de massa, em série e barata, imitando de perto ou de longe os modelos prestigiosos e *griffés* da Alta Costura. Criação de modelos originais, reprodução industrial: a moda que ganha corpo se apresenta sob o signo de uma diferenciação marcada em matéria de técnicas, de preços, de renomes, de objetivos, de acordo com uma sociedade ela própria dividida em classes, com modos de vida e aspirações nitidamente contrastados.

Evidentemente, o sistema assim descrito não traduz senão parcialmente uma realidade histórica mais complexa. Entre esses dois eixos, organizações intermediárias, a pequena e a média costura, jamais deixaram de existir. Na França, em particular, inúmeras são as mulheres que continuaram a recorrer a uma costureira ou a realizar elas próprias seus vestidos, a partir dos "moldes" à venda nos magazines ou difundidos pelas revistas de moda: nos anos 1950, 60% das francesas vestiam-se em costureiras ou faziam seus vestidos. Além disso, a confecção, sobretudo nos países fortemente industrializados, que têm a possibilidade de reproduzir legal e rapidamente os modelos de Alta Costura (os EUA, por exemplo), não se limitou a uma produção de baixo preço, mas diversificou sua oferta e fabricou artigos de diferentes qualidades, do ordinário ao semiluxo. Isso posto, o esquema global permanece este: a Alta Costura monopoliza a inovação, lança a tendência do ano; a confecção e as outras indústrias seguem, inspiram-se nela mais ou menos de perto, com mais ou menos atraso, de qualquer modo a preços incomparáveis. Se, portanto, a moda moderna se apoia em dois eixos maiores, torna-se como nunca radicalmente monocéfala.

Na medida em que a Alta Costura é o laboratório inconteste das novidades, a moda de cem anos designa essencialmente a moda feminina. Isso não significa que não tenha havido, no mesmo momento, uma moda masculina, mas esta não se apoiou em nenhuma instituição comparável à Alta Costura, com suas casas ilustres, suas renovações de estação, seus desfiles de manequins, suas audácias e "revoluções". Além disso, a moda masculina é impulsionada por Londres e, a partir de 1930, cada vez mais pelos EUA, enquanto o centro da Alta Costura é Paris. Comparada à moda Costura, a moda masculina é lenta, moderada, sem impacto, "igualitária", ainda que seja articulada do mesmo modo sobre a oposição sob medida/ série. Incontestavelmente, a Alta Costura é a instituição mais significativa da moda moderna; só ela precisou mobilizar permanentemente o arsenal das leis a fim de se proteger contra o plágio e os falsificadores, só ela despertou debates acalorados, só ela gozou de uma celebridade mundial, só ela se beneficiou da publicidade regular e acelerada da imprensa especializada. Prolongando um fenômeno já manifesto no século XVIII, a moda moderna é de essência feminina.

A ordem de dois patamares da moda não se instituiu em função de um projeto explícito nem em um tempo inteiramente sincrônico. A confecção industrial precedeu o aparecimento da Alta Costura. Desde os anos 1820 instala-se na França, à imitação da Inglaterra, uma produção de roupas novas, em grande série e baratas, que conhece um verdadeiro impulso depois de 1840, antes mesmo da entrada na era da mecanização com a introdução da máquina de costura por volta de 1860. À medida que se implantam os grandes magazines, que as técnicas progridem, que diminuem os custos de produção, a confecção diversifica a qualidade de seus artigos, dirigindo-se à pequena e média burguesia. Após a guerra de 1914, a confecção se transforma profundamente sob o efeito de uma maior divisão do trabalho, de um maquinismo mais aperfeiçoado e dos progressos da indústria química, que permitem obter coloridos mais ricos e, a partir de 1939, novos têxteis à base de fibras sintéticas. Mas a despeito desses progressos, a organização da moda permanece inalterada; todas as indústrias permanecendo, até os anos 1960, dependentes dos decretos da Alta Costura.

Outono de 1857-inverno de 1858: Charles-Frédéric Worth funda, na rue de la Paix em Paris, sua própria casa, primeira da linhagem do que um pouco mais tarde será chamado de Alta Costura. Ele anuncia: "Vestidos e mantôs confeccionados, sedas, altas novidades", mas a verdadeira originalidade de Worth, de quem a moda atual continua herdeira, reside em que, pela primeira vez, modelos inéditos, preparados com antecedência e mudados frequentemente, são apresentados em salões luxuosos aos clientes e executados após escolha, em suas medidas. Revolução no processo de criação, que foi acompanhada, além disso, de uma inovação capital na comercialização da moda e de que Worth é ainda o iniciador: os modelos, com efeito, são usados e apresentados por mulheres jovens, os futuros *manequins*, denominados na época "sósias". Sob a iniciativa de Worth, a moda chega à era moderna; tornou-se uma empresa de criação mas também de espetáculo publicitário. Depois, dezenas de casas organizadas sobre os mesmos princípios aparecem: na exposição de 1900, vinte casas de Alta Costura estão presentes, entre as quais Worth, Rouff (fundada em 1884), Paquin (1891), Callot Soeurs (1896). Doucet, que mais tarde empregará Poiret, abre suas portas em 1880, Lanvin em 1909, Chanel e Patou em 1919. A Exposição das Artes Decorativas de 1925 acolhe 72 casas; em 1959, umas cinquenta casas estão registradas pela Câmara Sindical da Costura parisiense. Essas casas, muitas vezes de renome, empregam, segundo sua importância e a época, de cem a 2 mil empregados, mas seu peso na economia nacional manifestamente não terá relação com o tamanho de seu efetivo. A indústria de luxo que representa a Alta Costura terá um papel capital na economia francesa, especialmente pela exportação de roupas que, graças ao prestígio das grandes casas parisienses, ocupará, na metade dos anos 1920, o segundo lugar em nosso comércio exterior.[1] Durante esse período, verdadeiramente de prosperidade excepcional antes da grande depressão que atingirá duramente a Alta Costura, esta permitia realizar, só com ela, um terço das vendas de exportação em matéria de vestuário.[2] No conjunto, as vendas de Alta Costura representavam, então, cerca de 15% da exportação global francesa.[3] Isso posto, na metade dos anos 1950 a situação já mudara profundamente: Dior que, sozinho, respondia por mais da metade do montante total das exportações visíveis e invisíveis da Alta Costura não realizava mais do que 0,5% do total das exportações visíveis da França.

Fundada na metade do século XIX, é só no começo do século seguinte que a Alta Costura adotará o ritmo de criação e de apresentação que lhe conhecemos ainda em nossos dias. Inicialmente, nada de coleções com data fixa, mas modelos criados ao longo do ano, variando apenas em função das estações; também nada de desfiles de moda organizados, que aparecerão nos anos 1908 e 1910 para se tornar verdadeiros espetáculos, apresentados com horário fixo, à tarde, nos salões das grandes casas. Além disso, depois da guerra de 1914, à medida que as compras de modelos pelos compradores profissionais estrangeiros se multiplicavam, as apresentações sazonais de coleções foram organizadas em datas mais ou menos fixas. Cada grande casa apresenta a partir de então, duas vezes por ano em Paris, no final de janeiro e no começo de agosto, suas criações de verão e de inverno, e depois, sob a pressão dos compradores estrangeiros, as de outono e de primavera (meia-estação) em abril e em novembro. As coleções, apresentadas em primeiro lugar aos representantes estrangeiros (sobretudo americanos e europeus), são em seguida apresentadas aos clientes particulares, duas ou três semanas mais tarde. Os profissionais estrangeiros compram os modelos de sua escolha com o direito de reproduzi-los no mais das vezes em grande série em seus países. Munidos dos modelos e das fichas de referência dando as indicações necessárias para a reprodução do vestido, os fabricantes, à exceção contudo dos fabricantes franceses que não tinham acesso imediatamente às novidades de estação por razões evidentes de exclusividade, podiam reproduzir as criações parisienses simplificando-as: assim, muito rapidamente, em algumas semanas, a clientela estrangeira podia vestir-se na última moda da Alta Costura a preços acessíveis, ou até muito baixos, segundo a categoria de confecção. De maneira que a Alta Costura menos acelerou a moda, como se crê por vezes, do que a *regularizou*. As mudanças rápidas de moda não são, com efeito, contemporâneas da Alta Costura, mas precederam-na em cerca de um século: já no final do Antigo Regime, a moda ganhou um ritmo desenfreado, a ponto de colar na própria atualidade. Mas essa velocidade permaneceu até então aleatória, impulsionada em ordem dispersa por tal ou tal árbitro das elegâncias. Com a era da Alta Costura, ao contrário, pela primeira vez, há uma institucionalização ou orquestração da renovação: no essencial, a moda torna-se bianual, as meia-estações não fazendo mais do que anunciar os sinais precursores da moda seguinte. Ao invés de uma lógica fortuita da inovação, instalou-se uma normalização da mudança de moda, uma renovação imperativa operada com data fixa por um grupo especializado. A Alta Costura disciplinou a moda no momento em que ela engatava um processo de inovação e de fantasia criadora sem precedente.

Paris dita a moda: com a hegemonia da Alta Costura aparece uma moda hipercentralizada, inteiramente elaborada em Paris e ao mesmo tempo internacional, seguida por todas as mulheres *up to date* do mundo. Fenômeno que, de resto, não deixa de ter similitude com a arte moderna e seus pioneiros concentrados em Paris, estruturando um estilo expurgado dos caracteres nacionais. Com certeza, isso não é absolutamente novo: a partir do século XVII, a França se impôs cada vez mais como farol da moda na Europa, e a prática das "bonecas de moda", essas primeiras embaixatrizes de moda, que se torna corrente no século XVIII, revela ao mesmo tempo a tendência à unificação do traje europeu e o polo atrativo de Paris. Contudo, durante todo esse tempo, as toaletes jamais deixaram de apresentar certos traços reconhecíveis próprios aos diferentes países: a exemplo da pintura, a moda conservou um caráter nacional. A Alta Costura, secundada pela confecção, ao contrário, permitiu à moda desprender-se da influência nacional, não deixando subsistir senão o modelo e sua cópia em grande número, idêntica em todos os países. A moda moderna, ainda que sob a autoridade luxuosa da Alta Costura, aparece assim como a primeira manifestação de um consumo de massa, homogêneo, estandardizado, indiferente às fronteiras. Houve uniformização mundial da moda sob a égide parisiense da Alta Costura, homogeneização no espaço que teve como contrapartida uma diversificação no tempo, ligada aos ciclos regulares das coleções sazonais.

Centralização, internacionalização e, paralelamente, *democratização* da moda. O impulso da confecção industrial de um lado, o das comunicações de massa do outro, enfim a dinâmica dos estilos de vida e dos valores modernos acarretaram, com efeito, não apenas o desaparecimento dos múltiplos trajes regionais folclóricos, mas também a atenuação das diferenciações heterogêneas no vestuário das classes, em benefício das toaletes ao gosto do dia para camadas sociais cada vez mais amplas. O fenômeno mais notável aqui é que a Alta Costura, indústria de luxo por excelência, contribuiu igualmente para ordenar essa democratização da moda. A partir dos anos 1920, com a simplificação do vestuário feminino de que Chanel é de alguma maneira o símbolo, a moda se torna, com efeito, menos inacessível porque mais facilmente imitável: a distância entre as toaletes diminui inelutavelmente. A partir do momento em que a exibição de luxo tornou-se signo de mau gosto, que a verdadeira elegância exigiu discrição e ausência de aparato, a moda feminina entrou na era da aparência democrática. Em 1931, a jornalista Janet Flanner escrevia a propósito de Chanel: "Chanel lançou o 'gênero pobre', introduziu no Ritz o tricô do apache, tornou elegantes a gola e os punhos da camareira, utilizou o lenço de cabeça do operário de terraplenagem e vestiu as rainhas com macacões de mecânico". Evidentemente, distâncias muito nítidas continuaram a distinguir as toaletes das diferentes classes, mas o fato mais importante reside em que o luxo do vestuário deixou de ser um imperativo ostentatório, só legítimo uma vez esfumado e invisível; uma certa simplicidade "impessoal", aparentemente estandardizável, conseguiu impor-se na cena da elegância feminina. "Eis o Ford assinado por Chanel", concluía em 1926 a edição americana de *Vogue* a respeito de um vestido preto, sóbrio, de mangas compridas. Nos antípodas da ênfase aristocrática, o estilo moderno democrático vai encarnar-se em linhas depuradas e versáteis, em "uniformes" ostensivamente discretos. Se a primeira revolução a instituir a aparência feminina moderna reside na supressão do espartilho por Poiret em 1909-10, a segunda, sem dúvida mais radical, situa-se nos anos 1920 sob o impulso de Chanel e de Patou. Paul Poiret abandonou o espartilho, deu uma flexibilidade nova ao andar feminino, mas permaneceu fiel ao gosto da ornamentação sofisticada, à suntuosidade tradicional do vestuário. Chanel e Patou, ao contrário, repudiaram o luxo vistoso, despojaram a mulher das fanfreluches e das nove-horas: elas usarão, doravante, vestidos justos curtos e simples, chapéus em forma de sino, calças e malhas de lã, Chanel poderá vestir as mulheres da alta sociedade com tailleur de jérsei, com pulôver cinza, preto ou bege. Patou criará suéteres com motivos geométricos e saias retas plissadas. Doravante é chique não parecer rico. O que se afirmou para os homens no século XIX, com a estética de Brummell, ganhou de uma maneira muito diferente o universo feminino; a exibição flamejante eclipsou-se em benefício da estética democrática da pureza, da sobriedade, do conforto.

A heterogeneidade das toaletes, consubstancial à ordem aristocrática, onde o fausto ostentatório é um imperativo social destinado a marcar com brilho a dessemelhança humana e social, foi substituída, no começo do século XX, por uma moda de tendência "homogênea", que repousa na própria rejeição do princípio da exibição majestosa e superior da hierarquia. "Outrora as mulheres eram arquitetônicas como proas de navios, e belas. Agora, parecem pequenas telegrafistas subalimentadas", dizia Poiret — a alteridade social, longe de ser supersignificada pelo traje, é no presente oculta em razão da decadência dos signos da suntuosidade ostensiva. Reabsorção dos símbolos da distância social que, evidentemente, não pode ser separada do imaginário democrático da igualdade de condições: seres reconhecidos de essência semelhante não podem, no limite, senão oferecer uma imagem de si mesmos sem disparidade extrema, sem marca gritante de fosso hierárquico. No mais profundo da revolução do vestuário feminino do século XX, na sequência da dos homens, há o desmoronamento do universo "holista", o advento de uma sociedade comandada pelo ideal da igualdade democrática.

O processo, contudo, não se realizou sem um certo equívoco: o luxo permaneceu, de fato, com a condição de ser eufemístico, um valor insubstituível de gosto e de refinamento de classe no coração da Alta Costura. A democratização da moda não significa uniformização ou igualação do parecer; novos signos mais sutis e mais nuançados, especialmente de *griffes*, de cortes, de tecidos, continuaram a assegurar as funções de distinção e de excelência social. Ela significa redução das marcas da distância social, amortecimento do princípio aristocrático do *conspicuous consumption*, paralelamente a esses novos critérios que são a esbeltez, a juventude, o sex-appeal, a comodidade, a discrição. A moda de cem anos não eliminou os signos da posição social; atenuou-os, promovendo pontos de referência que valorizam mais os atributos mais pessoais: magreza, juventude, sex appeal etc.

O estilo democrático sóbrio também não se impôs uniformemente. Paralelamente aos trajes de dia simples e ligeiros, a Alta Costura não deixou de criar vestidos de noite suntuosos, sofisticados, hiperfemininos. A moda de cem anos aprofundou a distância entre os diferentes tipos de vestuários femininos. De um lado, uma moda de dia (cidade e esporte), sob a égide da discrição, do confortável, do "funcional". Do outro, uma moda de noite feérica, realçando a sedução do feminino. A democratização da moda caminhou junto com a *desunificação* da aparência feminina: esta tornou-se muito mais proteiforme, menos homogênea; pôde atuar sobre mais registros, da mulher voluptuosa à mulher descontraída, da *school boy* à mulher profissional, da mulher esportiva à mulher *sexy*. A desqualificação dos signos faustosos fez o feminino entrar no ciclo do jogo das metamorfoses completas, da coabitação de suas imagens díspares, por vezes antagônicas.

Mais diretamente que o imaginário da igualdade, outros fatores, culturais e estéticos, tiveram um papel de primeiro plano na revolução democrática do parecer feminino. Os *esportes* em particular. Mesmo pouco difundida, a prática do golfe, do tênis, da bicicleta, dos banhos de mar, do alpinismo, das excursões, da caça, dos esportes de inverno, da direção automobilística permitiu modificar, de início lentamente, muito mais depressa após a Grande Guerra, o ar dos trajes femininos.[4] O golfe introduziu o uso do cardigã; a bicicleta permitiu o aparecimento, por volta de 1890, de calças bufantes apertadas sob o joelho e, em 1934, do short de verão; os banhos de mar impulsionaram, no começo do século XX, a inovação de maiôs sem mangas com decote redondo, seguida, nos anos 1920, do maiô de uma só peça com as pernas e os braços nus. Nos anos 1930, as costas serão completamente descobertas no maiô duas peças. Desde os anos 1920, os vestidos de hóquei, de patinação e de tênis ficaram mais curtos; em 1921, Suzanne Lenglen causara sensação jogando tênis pela primeira vez com saia plissada que terminava abaixo do joelho e com cardigã sem mangas. Desde o final do século XIX, os trajes de esporte multiplicaram-se: em 1904, a casa Burberry apresentava um catálogo de 254 páginas consagrado quase inteiramente ao vestuário esportivo de confecção. No começo dos anos 1920, a Alta Costura lançou-se nesse espaço: em 1922, Patou faz uma primeira apresentação de trajes de esporte e de ar livre; em 1925, abre sua loja, Le Coin des Sports. O chique, então, será usar conjuntos esporte mesmo para passear na cidade e ir ao restaurante: o sportswear fez sua primeira aparição de "classe". Passear de short, exibir as pernas, os braços, as costas, a barriga tornou-se pouco a pouco legítimo: o biquíni fará sua aparição por volta do final dos anos

1940. Os estilos versáteis, funcionais, sexy não são separáveis nem da voga crescente dos esportes nem do universo individualista-democrático que afirma a autonomia primeira das pessoas; juntos, desencadearam um processo de *desnudação* do corpo feminino e um processo de redução das coações rígidas do vestuário que entravam a expressão livre da individualidade. Os esportes dignificaram o corpo *natural*; permitiram mostrá-lo mais tal como é, desembaraçado das armaduras e trucagens excessivas do vestuário.

Os esportes não apenas fizeram evoluir os trajes especializados, mas contribuíram, de maneira crucial, para mudar as linhas do vestuário feminino em geral, criando um novo ideal estético de feminilidade. Pelo ângulo do culto esportivo, impôs-se o protótipo da mulher esguia, esbelta, moderna, que joga tênis e golfe, por oposição à mulher vaporosa, sedentária, entravada em seus babados e rendas. A dessofisticação do vestuário dos anos 1920, a eliminação dos franzidos e fanfreluches em proveito das formas sóbrias e limpas vieram como resposta a esse novo ideal de esporte, de leveza, de dinamismo. De 1924 a 1929, Patou criou todos os seus modelos sobre o mesmo princípio de seus trajes de ar livre e de esporte: "Meus modelos são concebidos para a prática do esporte. Faço de modo a que sejam tão agradáveis de olhar quanto de usar e permitam uma grande liberdade de movimento".[5] Quarenta anos mais tarde, a sensação Courrèges e suas linhas futuristas dos anos 1960 só farão radicalizar esse processo em nome dos mesmos valores de conforto e de expansão do corpo: "Procurei uma moda dinâmica, com a constante preocupação da liberdade do gesto... a mulher de hoje liberou-se. É preciso que o seja também fisicamente. Não se pode vesti-la como estática, como sedentária" (Courrèges).

Como ignorar, por outro lado, a influência considerável das correntes da arte moderna na transformação democrática da moda após a Primeira Guerra Mundial? A silhueta da mulher dos anos 1920, reta e lisa, está em consonância direta com o espaço pictórico cubista feito de panos nítidos e angulares, de linhas verticais e horizontais, de cores uniformes e de contornos geométricos; faz eco ao universo tubular de Léger, ao *despojamento* estilístico empreendido por Picasso, Braque, Matisse, depois de Manet e Cézanne. Os volumes e curvas da mulher deram lugar a uma aparência depurada, dessofisticada, na continuidade do trabalho das vanguardas artísticas. A moda tirou as lições do projeto modernista, começado por Manet, de que Georges Bataille dizia que se caracterizava pela "negação da eloquência", pela rejeição "da verborreia grandiloquente" e da majestade das imagens; abandonando a poética da ornamentação e da exibição da lantejoula, a moda Costura trabalhou parcialmente para dessublimar e desidealizar o aspecto feminino, democratizou o estilo do vestuário no clima dos novos valores estéticos modernistas, dirigidos para a depuração das formas e a recusa do decorativo.

À democratização da aparência correspondeu a extensão e depois a generalização do *desejo de moda*, outrora circunscrito às camadas privilegiadas da sociedade. A moda de cem anos não só aproximou as maneiras de vestir-se, como difundiu em todas as classes o gosto das novidades, fez das frivolidades uma aspiração de massa, enquanto concretizava o direito democrático à moda instituído pela Revolução. Ainda que, há séculos, camadas sociais ampliadas tenham tido acesso às modas, é só depois da Primeira e da Segunda Guerra Mundial que o "direito" à moda encontrará uma base real e uma legitimidade de massa. Está longe o tempo em que os sarcasmos tinham por alvo as classes inferiores imitando a aparência aristocrática. O ridículo na era democrática estará menos na imitação da moda (excetuando-se o esnobismo) do que no *fora de moda*, essa nova "interdição" de massa. A moda de cem anos emancipou a aparência das normas tradicionais, ao mesmo tempo que impunha a todos o *ethos* da mudança, o culto da modernidade; mais do que um direito, a moda tornou-se um imperativo social categórico. Pelo feérico da Alta Costura, das revistas, das estrelas, as massas foram preparadas para o código da moda, para as variações rápidas das coleções sazonais, paralelamente, aliás, à sacralização do código da originalidade e da personalidade. Essa é uma das características da moda de cem anos: a reivindicação cada vez mais ampla de individualidade foi acompanhada de uma obediência sincronizada, uniforme, imperativa às normas da Alta Costura. Ao mesmo tempo que cada estação prescreve regularmente suas novidades, tornando imediatamente fora de moda o que "se fazia" antes, a moda é seguida o mais exatamente possível, em ordem cadenciada; os afastamentos, contestações e antimodas só tendo começado a ganhar alguma amplitude nos anos 1960. Imposição de uma tendência homogênea e proclamação sazonal de uma moda "oficial", de um lado; conformismo de massa e submissão uniforme aos códigos de vestuário, de outro: esse momento se liga, a despeito de sua especificidade organizacional, à era rígida e estandardizada das disciplinas.[6] A moda de cem anos contribuiu, paralelamente às organizações disciplinares e às instituições democráticas, para arrancar nossas sociedades da ordem holista-tradicional, para instalar normas universais e centralizadas, para instituir a primeira fase das sociedades modernas individualistas autoritárias.

A MODA CONSIDERADA COMO UMA DAS BELAS-ARTES

Com a Alta Costura aparece a organização da moda tal como a conhecemos ainda hoje, pelo menos em suas grandes linhas: renovação sazonal, apresentação de coleções por manequins vivos, e sobretudo uma nova vocação, acompanhada de um novo status social do costureiro. O fenômeno essencial, com efeito, é este: desde Worth, o costureiro se impôs como um criador cuja missão consiste em elaborar modelos inéditos, em lançar regularmente novas linhas de vestuário que, idealmente, são reveladoras de um talento singular, reconhecível, incomparável. Fim da era tradicional da moda, entrada em sua fase moderna artística — tal é o gesto realizado por Worth, o primeiro que introduz mudanças incessantes de formas, de tecidos, de acessórios, que transforma a uniformidade das toaletes a ponto de chocar o gosto do público, que pode reivindicar uma "revolução" na moda atribuindo-se o mérito de ter destronado a crinolina. O costureiro, após séculos de relegação subalterna, tornou-se um artista moderno, aquele cuja lei imperativa é a inovação. É nesse contexto que a moda se identificará cada vez mais com a profusão criativa da Alta Costura: antes de 1930, as grandes casas apresentavam a cada estação coleções ricas de 150 a 300 modelos novos, e nos anos 1950, em que o número médio variava ainda entre 150 e 200, criavam-se em Paris cerca de 10 mil protótipos por ano.

A distância em relação ao passado é nítida, marcada: de artesão "rotineiro" e tradicional, o costureiro, agora modelista, tornou-se "gênio" artístico moderno. Até então, o alfaiate ou a costureira tinham pouca iniciativa, os "moldes" eram imperativos; a arquitetura geral do vestuário, seus elementos de base eram mais ou menos invariáveis durante um dado período; só certas partes do traje autorizavam um corte e um feitio fantasistas. A realizadora não tinha nenhum papel criador; é preciso esperar o aparecimento, na segunda metade do século XVIII, dos "vendedores e vendedoras de moda" para que seja reconhecida, em ofícios de moda, uma certa autonomia criadora, circunscrita no caso só aos ornamentos e acessórios da toalete. O talento artístico conferido aos negociantes de moda reside, então, no talento *decorativo*, na capacidade de enfeitar e enobrecer o vestuário por meio de fantasias de moda (chapéus, casquetes, bugigangas, passamanarias, fitas, plumas, luvas, leques, fichus etc.), não na invenção de linhas originais. Conservantismo e uniformidade na confecção de conjunto, fantasia e originalidade mais ou menos acentuadas nos detalhes — assim se pode resumir a lógica que ordena a moda desde que ela verdadeiramente tomou corpo no Ocidente, a partir da metade do século XIV. É esse dispositivo que vai ser brutalmente modificado pela Alta Costura, a partir do momento em que a vocação suprema do modelista reside na criação incessante de protótipos originais. O que passou ao primeiro plano foi a linha do vestuário, a ideia original, não mais apenas no nível dos adornos e acessórios, mas no nível do próprio "molde". Chanel poderá dizer mais tarde: "Façam primeiro o vestido, não façam primeiro o acessório".

De direito, o modelista é um criador "livre", sem limites; de fato, à frente de um empreendimento industrial e comercial, o grande costureiro vê sua autonomia criadora limitada pelos costumes do tempo, pelo estilo em voga, pela natureza particular do produto realizado — o traje — que deve agradar a estética das pessoas e não apenas satisfazer o puro projeto criador. É por isso que não se pode levar muito longe o paralelismo entre o aparecimento do costureiro criador e o dos artistas modernos em sentido estrito. Se o Novo se torna uma lei comum, resta que os pintores, escritores e músicos tiveram uma liberdade de experimentação, um poder de afastar as fronteiras da arte que não tem equivalente na moda. Mesmo novo, o vestuário deve seduzir e valorizar a pessoa que o usa; mesmo novo, não deve chegar cedo *demais* nem chocar *demais* as conveniências ou os gostos. Portanto, nem tudo mudou com o advento da Alta Costura: como no passado, o novo de moda permaneceu um conjunto de variações necessariamente lentas no estilo de uma época, uma "aventura confortável" (Sapir), "sem risco", comparada às rupturas brutais, às dissonâncias, às provocações da arte moderna. Com a Alta Costura, houve uma descontinuidade organizacional, mas sobre o fundo de continuidade própria da moda e de seu imperativo de sedução imediata.

A despeito desse conservantismo consubstancial à moda, a Alta Costura sistematizou a um ponto tal a lógica da inovação, que não é ilegítimo reconhecer aí uma figura particular, certamente menos radical, mas no entanto significativa do dispositivo original que aparece na Europa: a vanguarda. Não é um fenômeno anedótico que, desde a aurora do século XX, certos grandes costureiros admiram e frequentam os artistas modernos: Poiret é amigo de Picabia, Vlaminck, Derain e Dufy; Chanel é ligada a P. Reverdy, Max Jacob; Juan Gris realiza os trajes da *Antigone* de Cocteau, sendo os cenários de Picasso e a música de Honegger; as coleções de Schiaparelli são inspiradas pelo surrealismo. Mesmo lentas, as audácias do vestuário se multiplicam a ponto de ofuscar a tradição aristocrática (o célebre "miserabilismo de luxo" de Chanel escarnecido por Poiret), os gostos estéticos e a imagem arquetípica da mulher (estilo garçonne, vestidos de noite excêntricos, shocking pink), os costumes e a decência: vestido curto pelo joelho dos anos 1920, profundidade do decote nas costas e desnudamento dos trajes de verão ou de praia dos anos 1930, minissaia dos anos 1960. Nos anos 1920, certos estados americanos editarão leis para deter a onda de impudor ligada ao encurtamento dos vestidos;[7] já nos anos 1920, o arcebispo de Paris se associara a um protesto dirigido aos costureiros, responsáveis por modas indecentes e provocantes. Desde os anos 1920, Chanel e Patou substituíram a lógica da ornamentação complexa, que prevalecia desde sempre, pela do estilo e da linha rigorosa; aparece uma revolução no vestuário feminino que de alguma maneira faz tábula rasa do passado, do imperativo do cerimonial e do ornamento luxuoso próprio da moda anterior. Dessublimação relativa da moda ("robe-chemise", emprego de materiais pobres, "jérsei", depois panos de saco, de limpeza, materiais sintéticos em Schiaparelli) correspondente à da arte modernista; simplificação ou depuração da moda paralela a certas pesquisas dos cubistas, dos abstratos, dos construtivistas. A exemplo da arte, a Alta Costura lançou-se em um processo de rupturas, de escalada, de mudanças profundas, que a tornam aparentada, a despeito de sua não linearidade, de suas reviravoltas, de suas "voltas atrás" (o *New Look* de Dior), à vanguarda. Ainda que a corrida para a frente não se tenha traduzido pelos signos extremistas e destruidores do desmembramento, a moda foi conquistada, em sua escala, ludicamente, pela lógica moderna da revolução, com suas descontinuidades, sua embriaguez do Novo, mas também com suas excomunhões, suas rivalidades, suas lutas de tendência inerentes ao mundo dos criadores.

A nova vocação do costureiro foi acompanhada por uma extraordinária promoção social. Sob o Antigo Regime, alfaiates e costureiras eram personagens anônimos relegados à esfera inferior das "artes mecânicas"; seus nomes, nos opúsculos e textos que ecoam de perto ou de longe a moda, quase nunca eram consignados. As novidades em voga levavam, então, o nome do grande personagem, do nobre, que lançara tal ou tal moda. A mudança sobrevém no século XIX e sobretudo com Worth: a partir desse momento, o costureiro vai gozar de um prestígio inaudito, é reconhecido como um poeta, seu nome é celebrado nas revistas de moda, aparece nos romances com os traços do esteta, árbitro inconteste da elegância; como as de um pintor, suas obras são assinadas e protegidas pela lei. Por seu proclamado desdém pelo dinheiro e pelo comércio, por seu discurso evocando a necessidade da "inspiração", o grande costureiro se impõe como um "artista de luxo" (Poiret) que coleciona obras de arte, que vive num cenário faustoso e refinado, que se cerca de poetas e de pintores, que cria ele próprio trajes de teatro, de balé, de filme, que subvenciona a criação artística. Rivaliza-se nas referências artísticas para designar os modelistas: Dior é o Watteau dos costureiros, Balenciaga, o Picasso da moda.[8] A própria criação de moda faz uso da citação artística: os vestidos Mondrian ou Pop Art, as saias Picasso de Yves Saint-Laurent. A alta sociedade e depois a imprensa especializada permitiram ao grande costureiro não só reforçar sua imagem de artista, mas também adquirir um renome internacional imenso: em 1949, o Instituto Gallup dava Christian Dior como uma das cinco personalidades internacionais mais conhecidas.

Por espetacular que seja, tal promoção social não é absolutamente nova. Desde a metade do século XVIII, os ofícios de moda, os cabeleireiros, os sapateiros, os "comerciantes de modas" se consideram e são cada vez mais considerados como artistas sublimes. Nessa época aparecem os primeiros tratados sobre a arte do penteado, especialmente de Le Gros e de Tissot. Em seu *Traité des principes et de l'art de la coiffure*, Lefèvre, cabeleireiro de Diderot, escreve: "De todas as artes, a do penteado deveria ser uma das mais estimadas; as da pintura e da escultura, essas artes que fazem viver os homens séculos após sua morte, não podem disputar-lhe o título de colega; não podem negar a necessidade que dela têm para terminar suas obras". A era dos grandes artistas do cabelo se abre; penteiam com traje característico, a espada de lado; escolhem sua clientela e chamam-se "criadores". Le Gros colocava sua arte acima da dos pintores e abre a primeira escola profissional batizada de "Academia de Penteado". Um pouco mais tarde é o nome de Léonard que se impõe, talvez o cabeleireiro mais famoso, a propósito de quem a sra. de Genlis dizia em 1769: "Enfim Léonard chegou; vem e é rei". Triunfo igualmente dos sapateiros sublimes, esses "artistas dos sapatos",[9] e sobretudo dos comerciantes de modas consagrados como artistas da moda, como bem sugere L. S. Mercier em seu *Tableau de Paris:* "As costureiras que cortam e costuram todas as peças do vestuário das mulheres e os alfaiates que fazem os espartilhos e coletes são os pedreiros do edifício; mas a comerciante de modas, criando os acessórios, imprimindo a graça, conseguindo a prega encantadora, é o arquiteto e o decorador por excelência".[10] Os comerciantes de modas, que substituíram há pouco o comércio do armarinho, fazem fortuna e gozam de uma glória imensa: Beaulard é cantado como um poeta; Rose Bertin, "ministra das modas" de Maria Antonieta, é celebrada em versos pelo poeta J. Delille; seu nome se encontra nas cartas da época, nas memórias e gazetas. Agora, o refinamento, o preciosismo e a impertinência são aceitos entre esses artistas da moda de faturas exorbitantes. Com cinismo, Rose Bertin responde a uma de suas clientes que discutia seus preços: "Só se pagam a Vernet sua tela e suas cores?".[11] Tomando como pretexto qualquer acontecimento, sucesso de teatro, falecimento, acontecimentos políticos, batalhas, a arte dos comerciantes de modas se exerce em fantasias e fanfreluches inumeráveis; são essas criações de artistas que explicam o montante das faturas: "No preço de custo de um vestido, tal como figura nos livros de contas das comerciantes de modas, o tecido (99 varas, ou seja, 107 metros de veludo preto) representa 380 libras, o feitio 18 libras e os acessórios 800 libras".[12] Sob o Império, Leroy, cuja glória é tão grande quanto a fatuidade, consagra o próprio alfaiate como artista; uma revista de moda da época observa: "Os senhores alfaiates hoje desprezam a costura e só se ocupam do que chamam de desenho do traje". No mesmo momento, a sra. Raimbaud, a célebre costureira, é apelidada pelas gazetas de "o Michelangelo da moda". Sob a monarquia de Julho, Maurice Beauvais é consagrado como "o Lamartine dos modistas", enquanto brilham novos nomes de costureiras (Vignon, Palmyre, Victorine) e costureiros (Staub, Blain, Chevreuil). Quando Worth se impõe como esse "autocrata do gosto", a gente de moda tornara-se há muito tempo gente de arte. A celebridade de Worth e depois a das grandes casas, sua condescendência em relação aos clientes, seu luxo e seu refinamento, suas maneiras de artista, suas faturas assombrosas não designam uma reviravolta histórica, mas prolongam um *ethos* e um processo de elevação social que já data de um século.

Não se pode separar a consagração dos ofícios de moda da nova representação social da moda que se delineia mais ou menos no mesmo momento. Durante séculos, as modas jamais foram objeto de uma descrição por si mesmas: nada de revistas especializadas, nada de crônicas redigidas por profissionais. Quando textos e opúsculos evocavam a moda, supunha-se que esta era conhecida dos leitores; as indicações fornecidas por escritores moralistas, espíritos religiosos ou pregadores não eram senão pretexto para escarnecer ou denunciar os costumes do tempo e as fraquezas humanas: pretensão dos burgueses enriquecidos, paixão pelo "parecer" dos cortesãos, gosto do dispêndio, inconstância, ciúme e inveja das mulheres. Desde que a moda é mencionada, o gênero que domina é satírico. Em suas Memórias, os grandes senhores não se dignavam levar em conta as superfluidades, do mesmo modo que a literatura elevada onde eles eram representados. Os opúsculos que deixam conhecer em detalhe as características e as formas do vestuário são excepcionais; de maneira geral, a informação é menos importante do que as finezas estilísticas da versificação ou do que as brincadeiras a que dão lugar as frivolidades. Com os primeiros periódicos ilustrados de moda no final do Antigo Regime, o tratamento dado à moda muda; doravante, é regularmente descrita por ela mesma e oferecida ao olhar: *Le Magazin des modes françaises et anglaises*, que aparece de 1786 a 1789, tem por subtítulo: "Obra que dá um conhecimento exato e ágil dos trajes e adereços novos". Sem dúvida, toda uma literatura crítica se manterá, e até o século XX, fustigando os artifícios e a alienação das consciências nas pseudonecessidades, mas sem comparação com a amplitude sociológica e midiática da nova tendência "positiva" para fazer da moda um objeto a ser mostrado, analisado, registrado como manifestação *estética*. Proliferação dos discursos de moda não apenas nas revistas especializadas, cada vez mais numerosas nos séculos XIX e XX, mas também entre os próprios escritores que, no decorrer do século XIX, fazem da moda um assunto digno de atenção e de consideração. Balzac escreve um *Traité de la vie élégante* (1830) e Barbey d'Aurevilly, *Du dandysme et de George Brummell* (1845), assim como diversos artigos de moda. Baudelaire redige um *Éloge du maquillage*; vê na moda um elemento constitutivo do belo, um "sintoma do gosto pelo ideal", e empenha-se em "vingar a arte da toalete das ineptas calúnias com que a oprimem certos amantes muito duvidosos da natureza".[13] Mallarmé escreve *La Dernière Moda*; no final do século, P. Bourget, Goncourt, Maupassant dão ao romance mundano uma dignidade literária e uma base de realidade fazendo uma pintura minuciosa e exata da vida elegante, dos adornos do *high life* e de seus cenários delicados, refinados, luxuosos. Um pouco mais tarde, Proust descreverá as rivalidades mundanas e se interrogará sobre os motivos psicológicos da moda, do esnobismo, nos salões do faubourg Saint-Germain. A partir da segunda metade do século XVIII, a moda se impôs como algo para exaltar, descrever, exibir, filosofar; tanto ou talvez mais ainda do que o sexo, ela se tornou uma máquina prolixa de produzir texto e imagem. A era moralista-crítica da moda deu lugar a uma era informacional e estética que traduz um superinvestimento em questões relacionadas ao parecer, um interesse sem precedente pelas novidades, essas paixões democráticas que tornarão possível a glória da gente de moda e sobretudo dos grandes costureiros.

No momento em que a moda se afirma como objeto sublime, a época se torna rica em invenções de palavras que designam a pessoa na moda e o *dernier cri* em matéria de elegância. A partir do século XIX, fala-se dos *beaux*, dos *fashionables*, dos *dandies*, dos *lions et lionnes*, dos *cocodès*, dos *gommeux et gommeuses*; no final do século, *smart* substitui *urf*, *chic*, *copurchic*, *v'lan*, *rupin*, *sélect*, *ha*, *pschutt*. Os primeiros decênios do século XX verão o aparecimento de *dernier bateau*, *dans le train*, *up to date*. À multiplicação dos discursos de moda correspondem uma aceleração e uma proliferação do vocabulário *dans le vent*, redobrando o culto moderno consagrado ao efêmero.

A dignificação social e estética da moda caminhou ao lado da promoção de inúmeros assuntos menores, agora tratados com a maior seriedade, como o revelam os gostos dândis assim como obras tais como: *La Gastronomie*, de Berchoux (1800), o *Almanach des gourmands*, de Grimod de La Reynière (1803), a *Physiologie du goût*, de Brillat-Savarin (1825), a *Art de mettre sa cravate* (1827) e a *Art de fumer et de priser sans déplaire aux belles* (1827), de Émile Marc Hilaire, o *Manuel du fashionable* (1829), de Eugène Ronteix, a *Théorie de la démarche*, de Balzac. A era moderna democrática valorizou as frivolidades, elevou à posição de arte sublime a moda e os assuntos subalternos. Num movimento de que o dandismo oferece uma ilustração particular mas exemplar, o fútil (decoração, locais de frequentação, trajes, cavalos, charutos, refeições) tornou-se coisa primordial, semelhante às ocupações tradicionalmente nobres.

A elevação social da gente de moda certamente não é um fenômeno sem precedente; num sentido, pode-se ligá-lo a um movimento de reivindicação muito mais antigo, já que inaugurado nos séculos XV e XVI pelos pintores, escultores e arquitetos, que não se detiveram antes de obter para suas profissões um estatuto de artes liberais, radicalmente distinto daquele dos ofícios mecânicos ou artesanais. Mas se a luta das corporações para que seus membros chegassem à condição de artistas e gozassem do reconhecimento social não é de modo algum nova, resta que nos séculos XVIII e XIX o processo manifestou-se por sinais particulares, tão característicos do momento histórico, que não pôde deixar de ser favorecido pelos valores próprios à era moderna. O notável, com efeito, reside na maneira pela qual se traduziu a reivindicação de seus novos estatutos; todos os testemunhos concordam: o artista de moda impôs-se com uma incrível impertinência e arrogância em relação à sua clientela, ainda que esta fosse da mais alta sociedade. Insolência de um Charpentier, de um Dagé,[14] de uma Rose Bertin, de quem a sra. de Oberkirch pôde dizer que lhe parecia "uma pessoa singular, inchada de sua importância, tratando de igual para igual com as princesas".[15] Os modistas sublimes não só fazem valer que sua arte iguala em nobreza à dos poetas e dos pintores, mas comportam-se como iguais com os nobres. Por isso, a reivindicação dos ofícios de moda é inseparável dos valores modernos, do ideal igualitário de que é uma das manifestações. O fenômeno é sem precedente e traduz o ímpeto de ambição social correlativa à era democrática em seu estado nascente. Tocqueville já o observara: "No momento em que essa mesma igualdade estabeleceu-se entre nós, fez eclodir imediatamente ambições quase sem limites [...] Toda revolução aumenta a ambição dos homens. Isso é sobretudo verdadeiro da revolução que derruba uma aristocracia".[16] Orgulho e impertinência de modo algum circunscritos, de resto, aos ofícios de moda, mas que aparecem tanto no comportamento dos jovens que se gabam de moda, de refinamento, de elegância (*petits-maîtres*, *muscadins*, *incroyables*, *fashionables*, *dandies*), quanto nas Cartas onde surge um novo tom em relação ao leitor. Autores como Stendhal, Mérimée, A. de Musset, Théophile Gautier exibem seu desprezo pelos gostos do grande público e seu receio de serem comuns usando de um estilo feito de graça impertinente, de despreocupação afetada, de alusões desdenhosas, de afirmações arrogantes em relação ao leitor.[17] A pretensão artística e a insolência da gente de moda não podem ser separadas de uma corrente mais ampla de ambição, de suficiência, de vaidade, própria à entrada das sociedades na era da igualdade.

A consagração dos criadores de moda, evidentemente, só se explica parcialmente a partir da ambição corporativista, mesmo exacerbada pela exigência igualitária. Se a gente de moda conseguiu ser reconhecida como artistas de gênio é que uma nova sensibilidade para as superfluidades, novas aspirações apareceram, valorizando de maneira inédita feitos até então indignos de ser levados em conta. Sem dúvida, desde a Renascença a moda gozava de certa consideração como símbolo de excelência social e de vida de corte. Contudo, não a ponto de merecer ser exaltada e descrita em sua realidade detalhada. Nas eras aristocráticas, a moda é uma expressão demasiadamente material da hierarquia para que se lhe conceda atenção; o estilo elevado em literatura põe em cena as façanhas heroicas, as atitudes gloriosas e magnânimas dos seres de exceção, o amor ideal e depurado das grandes almas, não as coisas pequenas e fáceis, as realidades concretas, ainda que fossem de luxo, que o vulgo pode atingir e possuir. Os únicos modelos legítimos serão encontrados nas figuras de devotamento, de glória, de amor sublime, não nas imagens de moda. A promoção das frivolidades não se pôde efetuar senão porque novas normas se impuseram, desqualificando não apenas o culto heroico de essência feudal, mas também a moral cristã tradicional que considera as frivolidades como signos do pecado do orgulho, de ofensa a Deus e ao próximo. Inseparável da desafeição progressiva pelos valores heroicos e pela moral religiosa, a promoção da moda o é, ao mesmo tempo, do crédito de que vão gozar na corte e na cidade, sobretudo a partir do século XVIII, o prazer e a felicidade, as novidades e as facilidades materiais, a liberdade concebida como satisfação dos desejos e abrandamento das conveniências rigoristas e interdições morais; desde então, o gozo pessoal tende a prevalecer sobre a glória, o atrativo e a finura sobre a grandeza, a sedução sobre a exaltação sublime, a volúpia sobre a majestade ostentatória, o decorativo sobre o emblemático. Foi dessa redução da ideia de altivez correlativa à dignificação das coisas humanas e terrestres que saiu o culto moderno da moda, que não é senão uma de suas manifestações. A apologia da felicidade, a busca do agradável, a aspiração a uma vida mais livre, mais radiosa, mais fácil acarretaram um processo de humanização do sublime, uma concepção menos majestosa, menos elevada do belo, assim como um enobrecimento das coisas úteis, dos "pequenos prazeres", das fantasias decorativas, das belezas e refinamentos temporais: fanfreluches, bibelôs, "pequenos apartamentos", decorações de interior, miniaturas, pequenos camarotes de teatro etc. A hegemonia do majestoso foi substituída por uma estética das formas graciosas, por um elogio da leveza sedutora, da *variedade*, fonte de prazeres e de excitações. No coração do estatuto moderno da moda, a nova moral individualista dignificando a liberdade, o prazer, a felicidade: assim, *Le Magasin des modes*, que tem por epígrafe "o tédio nasceu um dia da uniformidade", é bem um eco do espírito hedonista do século (ainda que conciliado com a razão, a moderação, a virtude), apaixonado por sensações inesperadas, por surpresas, por renovações. Na raiz da promoção da moda, o repúdio do pecado, a reabilitação do amor de si mesmo, das paixões e do desejo humano em geral; a mesma revista define assim seus objetivos: "Colocar todo mundo em condição de satisfazer essa paixão que traz em estado nascente pelos objetos que o farão aparecer com o máximo de vantagens e de brilho". Foram esses novos valores morais que glorificam o humano que permitiram o enobrecimento da moda. A ideologia individualista e a era sublime da moda são assim inseparáveis; culto da expansão individual, do bem-estar, dos gozos materiais, desejo de liberdade, vontade de enfraquecer a autoridade e as coações morais: as normas "holistas" e religiosas, incompatíveis com a dignidade da moda, foram minadas não só pela ideologia da liberdade e da igualdade, mas também pela do prazer, igualmente característica da era individualista.

Certamente, o triunfo do prazer e das frivolidades foi favorecido pelo crescimento das riquezas, pelo desenvolvimento da "sociedade de corte" e dos salões, pelo fortalecimento da monarquia absolutista e pela nova situação da nobreza, despossuída de todo poder real, reduzida a encontrar seus símbolos de excelência nos artifícios e superfluidades no momento em que a burguesia enriquecida procura imitar, como nunca, as maneiras nobres. A Revolução e a abolição dos privilégios acentuarão ainda mais o processo, favorecendo os desejos de elevar-se e de brilhar, aumentando o desejo de transpor as barreiras, mantendo a aristocracia como farol de vida mundana, despertando o desejo de destacar-se do comum e do vulgar por uma estetização maior das aparências. Isso posto, seria demasiadamente redutor assimilar o fenômeno a um recurso elitista de reconhecimento e de diferenciação de classes em uma sociedade em que a desigualdade de nascimento já não é legítima, em que se dissolvem os critérios estáveis de dignidade social, em que o prestígio é menos um dado do que uma conquista. Recolocado na longa duração, o novo estatuto da moda deve ser interpretado bem mais como uma fase e um instrumento da revolução democrática. O que significa, com efeito, a sagração artística da moda se não um rebaixamento do sentido do sublime, uma humanização dos ideais, a primazia concedida aos "pequenos prazeres" acessíveis a todos, a obsessão das pequenas diferenças e das nuanças sutis? O ideal democrático da sedução, dos sucessos rápidos, dos prazeres imediatos ganhou precedência sobre a exaltação heroica das grandezas e sobre a desmedida da moral aristocrática. Além disso, elevando em dignidade fenômenos e funções inferiores, turvando a divisão arte nobre/arte modesta, o império da moda contribuiu no trabalho da igualdade. Por essa dissolução dos gêneros e ofícios hierarquizados que institui uma igualdade de princípio entre domínios outrora heterogêneos, a celebração da moda aparece como uma manifestação democrática, ainda que seja no interior do mundo dos privilegiados e em nome da diferença distintiva que ela tenha nascido.

Ao mesmo tempo que a moda e a gente de moda ganham suas cartas de nobreza, a "gente de pensamento", filósofos, escritores, poetas vão gozar igualmente de um imenso prestígio, são considerados por vezes "como reis" (um Voltaire, por exemplo) e se atribuem o papel supereminente de guias, educadores, profetas do gênero humano.[18] Do mesmo modo que o artista de moda se impõe como árbitro de elegância, o intelectual, o poeta, mais tarde os cientistas têm pretensão à legislação dos valores, invocam seu direito de educar o povo e governar a opinião, tendo em vista o bem público e o progresso. Esse triunfo da corporação pensante e dos artistas missionários não deve ocultar, todavia, a outra face do fenômeno a partir da época romântica e sobretudo da metade do século XIX, momento em que, com efeito, os artistas começam a apresentar uma representação ambivalente, derrisória de si próprios.[19] A glória do artista e sua decadência, o esplendor supremo da arte e sua natureza ilusória caminham juntos. O processo não fará senão acentuar-se com os criadores de vanguarda, que chegarão a sabotar-se a si mesmos como artistas, a buscar ações "antiartísticas", a declarar a arte inferior à vida. A esse trágico da representação artística opõe-se uma imagem triunfante, toda positiva, da moda e do grande costureiro, artista em quem a desrazão frívola aparece como um jogo necessário: "O espírito de contradição na moda é tão frequente e tão regular que nele se encontra quase uma lei. As mulheres não usam raposas sobre vestidos leves, chapéus de veludo no mês de agosto e de palha em fevereiro?... Há, nas decisões da moda e das mulheres, uma espécie de provocação ao bom senso que é encantadora".[20] Enquanto o grande costureiro é celebrado pelo mundo, a imprensa e os escritores, os artistas modernos, os pintores em particular, conhecem uma incontestável desclassificação e rejeição social: suas obras, desde os anos 1860, provocam escândalo, desencadeiam a zombaria, o desprezo e a hostilidade do público. Estabelece-se uma ruptura entre a arte acadêmica e a arte nova, destinando os pintores à incompreensão da maioria, a uma vida precária, à boemia, à revolta, ao destino "de artista maldito", contrastando de maneira significativa com a fortuna dos grandes costureiros, com seus faustos, suas aceitações dos valores dominantes. À glória dos costureiros correspondeu uma queda de prestígio dos artistas modernos; celebração de um lado, decadência do outro, a lógica democrática, também aqui, prossegue sua obra de igualação das condições, dissolve as dessemelhanças e hierarquias extremas, eleva em dignidade a uns enquanto faz, de alguma maneira, "descer" os outros, ainda que de modo ambíguo, não tendo a arte jamais deixado de tirar de sua própria relegação a confirmação de sua posição suprema.

A época que engrandeceu a moda é também aquela que, por outro lado, tornou-a "proibida" aos homens: as fantasias serão banidas, os alfaiates para homens jamais se beneficiarão da aura dos grandes costureiros, e nenhuma imprensa especializada será consagrada às modas masculinas. As sociedades modernas cindiram radicalmente o império da moda: a apoteose da moda feminina teve como contrapartida o recalque ou a denegação da moda masculina, simbolizada pelo uso do traje preto e mais tarde pelo terno-gravata. Sem dúvida o dandismo empenhou-se em "espiritualizar a moda". Sem dúvida as questões masculinas da elegância, do aspecto, da correção serão muitas vezes tratadas. Mas, no essencial, a moda e seu prestígio não dirão respeito mais do que ao universo feminino; ela se tornou uma arte no feminino. Se a era moderna dissolveu a divisão existente entre a arte nobre e a moda, paradoxalmente acentuou como nunca a divisão do parecer masculino e feminino, engendrou uma desigualdade ostensiva na aparência dos sexos e em sua relação com a sedução.

Tudo foi dito sobre a "grande renúncia" masculina, sobre suas ligações com o aparecimento do mundo democrático e burguês. O traje masculino neutro, escuro, austero, traduziu a consagração da ideologia igualitária como ética conquistadora da poupança, do mérito, do trabalho das classes burguesas. O vestuário precioso da aristocracia, signo da festa e do fausto, foi substituído por um traje que exprime as novas legitimidades sociais: a igualdade, a economia, o esforço. Espoliação dos homens do brilho dos artifícios em benefício das mulheres, estas sim destinadas a dar continuidade aos símbolos de luxo, de sedução, de frivolidade. Mas é preciso ver nessa nova repartição das aparências apenas uma forma daquilo que Veblen chamava de "consumo por procuração", um meio de continuar a exibir, por intermédio das mulheres, o poder pecuniário e o estatuto social masculino? Seria subestimar o peso das representações culturais e estéticas que, há séculos e milênios, são ligadas à posição do feminino. Qualquer que seja o papel desempenhado aqui pelo dispêndio demonstrativo de classe, a monopolização feminina dos artifícios é ininteligivelmente separada da representação coletiva do "belo sexo", da feminilidade destinada a agradar, a seduzir por seus atributos físicos e pelo jogo do factício. A disjunção nova da moda e a preeminência do feminino que institui prolongam a definição social do "segundo sexo", seus gostos imemoriais pelos artifícios tendo em vista seduzir e parecer bela. Sacralizando a moda feminina, a moda de cem anos institui-se no prolongamento da exigência primeira da *beleza* feminina, no prolongamento das representações, dos valores, das predileções multisseculares do feminino.

A SEDUÇÃO NO PODER

A vocação criadora do costureiro, que define a própria Alta Costura, é inseparável de uma nova lógica no funcionamento da moda: realizou-se uma mutação organizacional que assinala a entrada da moda na era da produção moderna. Até Worth, o alfaiate, a costureira, a comerciante de modas jamais deixaram de trabalhar em ligação direta com a cliente; é de comum acordo que elaboram a toalete, a elegante fazendo valer seu gosto e suas preferências, orientando o trabalho dos profissionais de moda. Assim, Rose Bertin podia evocar suas horas de "trabalho" com a rainha. A gente de moda ainda não adquiriu o direito soberano à liberdade criadora, ficando subordinada, ao menos em princípio, à vontade dos particulares. Na metade do século XVIII, houve sem dúvida uma valorização nova dos ofícios de moda, mas que não foi, de modo algum, acompanhada de uma transformação na organização e na concepção do trabalho: glória e promoção social certamente, não autonomia de criação. Comparado a esse dispositivo artesanal, o gesto de Worth é crucial: equivale à destruição da secular lógica de subordinação ou de colaboração entre a costureira e sua cliente em favor de uma lógica que consagra a independência do modelista. Imaginando continuamente modelos originais que a clientela só precisa escolher, de início usados por sua mulher nos campos de corridas ou nas alamedas do Bois, apresentando-os depois em manequins vivos, Worth dá origem à moda no sentido atual do termo, emprega o duplo princípio que a constitui: autonomização de direito e de fato do costureiro--modelista, expropriação correlativa do usuário na iniciativa da composição do vestuário. Essa passagem brusca indica a incontestável novidade histórica da Alta Costura: de uma era em que a cliente coopera com a costureira a partir de um modelo em suma fixo, passou-se a uma era em que o vestuário é concebido, inventado de ponta a ponta pelo profissional em função de sua "inspiração" e de seu gosto. Enquanto a mulher tornou-se uma simples consumidora, ainda que de luxo, o costureiro, de artesão, transformou-se em artista soberano. É assim que é preciso compreender a arrogância de Worth, a autoridade com que se dirigia às mulheres da mais alta sociedade: mais do que um traço de caráter, é preciso reconhecer aí uma ruptura, a afirmação do direito recém-adquirido do costureiro de legislar livremente em matéria de elegância.

Revolução na organização da moda que, é verdade, não se apresentou imediatamente com essa radicalidade inerente aos esquemas lógicos. Até o começo do século XX, os modelos eram muitas vezes exclusivos, adaptados e colocados ao gosto de cada cliente. Poiret se esforçará por minimizar o império recém--adquirido do costureiro, insistindo no papel sempre crucial de certa clientela: "Uma parisiense, especialmente, jamais adota um modelo sem nele fazer modificações capitais e sem particularizá-lo. Uma americana escolhe o modelo que lhe é apresentado, compra-o tal qual é, enquanto uma parisiense o quer em azul se é verde, em grená se é azul, acrescenta-lhe uma gola de pele, muda as mangas e suprime o botão de baixo".[21] Mas suas considerações, qualquer que seja sua verdade psicossociológica, não devem ocultar o essencial: o advento de um poder "demiúrgico" do costureiro, que tem mão forte na concepção do vestuário; quando muito a elegante tem a liberdade de nele introduzir modificações de detalhe. O conjunto cabe ao costureiro; o acessório à cliente, aconselhada pela vendedora, zelando esta para que não seja desfigurado o espírito do costureiro, sua marca. Por outro lado, à medida que a clientela privada diminuía e que a Alta Costura produzia cada vez mais protótipos destinados à exportação, o poder de alguma maneira "discricionário" do costureiro moderno não cessou de fortalecer-se.

A Alta Costura é, portanto, antes de tudo a constituição de um poder especializado exercendo uma autoridade separada, e isso em nome da elegância, da imaginação criadora, da mudança. Por isso é preciso recolocar a Alta Costura em um movimento histórico muito mais amplo, o da racionalização do poder nas sociedades modernas, que viram, com efeito, desde os séculos XVII e XVIII, o aparecimento de novas formas de gestão e de dominação que podemos chamar de burocráticas e cuja peculiaridade é visar penetrar e remodelar a sociedade, organizar e reconstituir de um ponto de vista "racional" as formas de socialização e os comportamentos até em seus detalhes mais ínfimos. A dominação burocrática encarrega-se de forma cabal da elaboração da ordem social, e isso através de um aparelho separado de poder que repousa sobre a disjunção sistemática das funções de direção e de execução, de concepção e de fabricação. É precisamente tal dispositivo que se encontra instalado na Alta Costura: com a expulsão de fato do usuário e a monopolização do poder nas mãos de especialistas da elegância, a mesma lógica burocrática organiza agora a moda, a fábrica, a escola, o hospital ou a caserna, com a diferença de que os costureiros legislaram em nome do gosto e das novidades e não em função de um saber racional positivo. Lógica burocrática que, de resto, ordenará toda a organização das grandes casas doravante estruturadas de maneira piramidal, tendo no topo *o estúdio*, cuja vocação é a elaboração dos modelos, e "embaixo" as oficinas com suas tarefas especializadas (as fazedoras de mangas, de corpetes, de saias, as "costureiras", e, mais tarde, as que fazem ponto *ajour*; as operárias do "grande vestido", do tailleur, do "solto") e seus índices hierarquizados ("primeira", "segunda de oficina", primeira e segunda contramestras, ajudante, aprendiz). Que a Alta Costura tenha tido por clientes as mulheres da alta sociedade, que tenha sido uma indústria de luxo, não muda nada o fato historicamente maior de que fez a moda passar da ordem artesanal para a ordem moderna burocrática.

Além disso, impossível não ver os laços de parentesco que unem a Alta Costura ao próprio desígnio da organização burocrática moderna, em sua vontade de reabsorver a alteridade intangível das formas tradicionais do social em proveito de uma racionalidade operatória, competente e deliberada. De que se trata, com efeito, senão de libertar a moda de uma ordem, no fundo ainda tradicional, onde as novidades eram aleatórias e irregulares, onde, além disso, a iniciativa da mudança era um privilégio aristocrático enraizado na estrutura de uma sociedade de ordens? Com a Alta Costura, a inovação, mesmo imprevisível, torna-se imperativa e regular; já não é uma prerrogativa de nascimento, mas uma função de um aparelho especializado relativamente autônomo, definido pelo talento e pelo mérito; a moda, como as outras dimensões do mundo humano, abre-se à experimentação acelerada, à era moderna e voluntarista das rupturas e "revoluções".

Organização burocrática de um gênero particular, é preciso esclarecer imediatamente, já que à frente das grandes casas se encontra não um poder anônimo, independente da pessoa que o exerce, como é o caso nas instituições modernas "panópticas" e democráticas, mas um artista idealmente insubstituível, único por seu estilo, seus gostos, seu "gênio". Com a Alta Costura, impossível, como nas organizações burocráticas estritas, separar a pessoa da função, o poder não é intercambiável ou desencarnado, definindo-se o costureiro por um talento singular, sua marca, que por vezes se procurará, para os maiores, "imortalizar", perpetuar mesmo após seu desaparecimento (o estilo Chanel, por exemplo). A Alta Costura conjugou de maneira original um processo burocrático com um processo de personalização que se manifesta, aqui, pela "onipotência" estética, insubstituível, do costureiro. Nesse sentido, a Alta Costura faz parte dessas novas instituições inseparáveis de uma sacralização das pessoas, enquanto, de maneira antinômica, a sociedade moderna se define pela desincorporação anônima do poder político e administrativo.[22] A lógica da dominação diluída e impessoal dos Estados democrático-burocráticos tem por complemento o poder mágico das superindividualidades aduladas pelas massas: grandes atrizes de teatro e grandes costureiros, vedetes esportivas e de music-hall, estrelas de cinema, ídolos do show business. Assim, à medida que a instância política renuncia à exibição do superpoder, aos símbolos de sua alteridade em relação à sociedade, erigem-se no campo "cultural" figuras quase divinas, monstros sagrados que gozam de uma consagração sem par, dando continuidade, desse modo, a uma certa dessemelhança hierárquica no próprio seio do mundo igualitário moderno.

Se a Alta Costura é incontestavelmente uma figura da era burocrática moderna, em compensação seria inexato ligá-la a essa forma historicamente datada do controle burocrático que é o dispositivo disciplinar. Com efeito, ao invés da produção dos corpos úteis, a glorificação do luxo e do refinamento frívolo; ao invés do adestramento uniforme, a pluralidade dos modelos; ao invés da programação injuntiva e da minúcia dos regulamentos, o convite à iniciativa pessoal; ao invés de uma coerção regular, impessoal e constante, a sedução das metamorfoses da aparência; ao invés de um micropoder exercendo-se sobre os mais ínfimos detalhes, um poder que abandona o acessório aos particulares e se consagra ao essencial. Evidentemente, a Alta Costura é uma organização que, sendo burocrática, emprega não as tecnologias da coação disciplinar, mas processos inéditos de *sedução* que inauguram uma nova lógica do poder.

Sedução que aparece imediatamente nas técnicas de comercialização dos modelos: apresentando modelos em manequins vivos, organizando desfiles-espetáculos, a Alta Costura instala desde o século XIX, ao lado dos grandes magazines, das "galerias" parisienses, das exposições universais, uma tática de ponta do comércio moderno fundada na teatralização da mercadoria, no *reclame* feérico, na solicitação do desejo. Com seus manequins de sonho, réplicas vivas e luxuosas das vitrines atrativas, a Alta Costura contribuiu para essa grande revolução comercial, sempre em curso, que consiste em estimular, em desculpabilizar a compra e o consumo através de estratégias de encenação publicitária, de superexposição dos produtos. A sedução, contudo, vai bem além desses procedimentos de exibição mágica, mesmo reforçados pela beleza canônica e irreal dos manequins ou pela fotogenia das cover-girls. Mais profundamente, a sedução opera pela embriaguez da mudança, pela multiplicação dos protótipos e pela possibilidade da escolha individual. Liberdade de escolha: não eliminemos com demasiada rapidez essa dimensão, que alguns se apressam em reconhecer ilusória sob pretexto de que a moda é tirânica, prescrevendo a todas as mulheres a linha chique do ano. De fato, um universo separa a moda anterior à Alta Costura, com seus modelos uniformes, e a moda plural moderna, com coleções amplamente diversificadas, qualquer que seja a homogeneidade de conjunto. A imposição estrita de um corte cedeu lugar à sedução da opção e da mudança, tendo como réplica subjetiva a sedução do mito da individualidade, da originalidade, da metamorfose pessoal, do sonho do acordo efêmero do Eu íntimo e da aparência exterior. A Alta Costura disciplinou ou uniformizou a moda menos do que a *individualizou*: "Deveria haver tantos modelos quantas são as mulheres".[23] Peculiar à Alta Costura foi menos impulsionar uma norma homogênea do que diversificar os modelos a fim de sublinhar as individualidades pessoais, de consagrar o valor da originalidade na toalete, e isso até a extravagância (Schiaparelli). "O que vocês têm a ver com a moda? Não se ocupem dela e usem simplesmente o que lhes vai bem, o que lhes assenta":[24] a Alta Costura, organização de alvo individualista, afirmou-se contra a estandardização, contra a uniformidade das aparências, contra

111

o mimetismo de massa, favoreceu e glorificou a expressão das diferenças pessoais.

A Alta Costura iniciou, além disso, um processo original na ordem da moda: *psicologizou-a*, criando modelos que concretizam emoções, traços de personalidade e de caráter. Desde então, segundo o traje, a mulher pode parecer melancólica, desenvolta, sofisticada, severa, insolente, ingênua, fantasista, romântica, alegre, jovem, divertida, esportiva; aliás, essas essências psicológicas e suas combinações é que serão sublinhadas de preferência pelas revistas de moda.[25] A individualização da moda moderna é inseparável dessa personalização-psicologização da elegância; assim, o que outrora aparecia como marcas de classe e de hierarquia social tem tendência a tornar-se cada vez mais, embora não exclusivamente, signo psicológico, expressão de uma alma, de uma personalidade: "Entre nos grandes costureiros e sentirá que não está num magazine mas na casa de um artista, que se propõe fazer de seu vestido um retrato de você mesma, e parecido".[26] Com a psicologização do parecer abre-se o prazer narcísico de se metamorfosear aos olhos dos outros e de si mesmo, de "mudar de pele", de se tornar e de se sentir como uma outra, mudando de toalete. A Alta Costura forneceu meios suplementares aos desejos metamórficos das mulheres, ampliou as gamas de sedução da aparência. Esportiva de short ou calça, esnobe de vestido de coquetel, severa de tailleur, altiva ou vampe com peles de noite, a sedução moderna da Alta Costura sustenta-se no fato de que conseguiu fazer coexistir o luxo e a individualidade, a "classe" e a originalidade, a identidade pessoal e a mudança efêmera de si: "A cada estação, o que (a mulher) busca é talvez, mais ainda do que um vestido, uma renovação de seu aspecto psicológico. A moda tem um papel a desempenhar junto à mulher: ajuda-a a ser. Pode até fazer-lhe as vezes de *doping*!"[27]

A ruptura com a ordem disciplinar se revela do mesmo modo pela lógica da *indeterminação* que doravante é consubstancial à moda. Sem dúvida os protótipos são bem estritamente concebidos e preparados à parte nos laboratórios da Alta

Costura; contudo, os costureiros não são, de forma alguma, os artesãos únicos da moda. Esta se estabelecerá posteriormente na apresentação das coleções, em função da escolha pela clientela e pelas revistas de tais e tais modelos. A moda do ano só aparece quando os sufrágios de certa clientela e da imprensa tiverem convergido para um tipo de modelo. Esse ponto é essencial: os costureiros não sabem antecipadamente quais de seus modelos terão sucesso, de maneira que a Alta Costura faz a moda sem saber qual será seu destino exato, sem saber o que será a moda. Esta permanece aberta às escolhas do público, indeterminada, no momento mesmo em que seus protótipos são estruturados inteiramente pelos grandes costureiros. "O costureiro propõe, a mulher dispõe", pôde-se dizer: vê-se o que separa esse dispositivo, integrando em seu funcionamento a imprevisibilidade da procura, do poder disciplinar, cuja essência consiste em nada deixar às iniciativas individuais, em impor do alto regras padronizadas racionais, em controlar e planificar de ponta a ponta a cadeia dos comportamentos. Essa indeterminação não é residual, é constitutiva do sistema, quando se sabe que um décimo apenas dos modelos de uma coleção, nas primeiras décadas do século, obtinham a aprovação das clientes: "O balanço total de uma estação é, portanto, de cerca de trinta modelos de sucesso sobre os trezentos apresentados".[28] Os gostos do público, as escolhas das revistas, as estrelas de cinema adquiriram um papel de primeiro plano, a ponto de poder contrariar as tendências da Alta Costura. Assim, a moda dos anos 1920 foi mais imposta pelas mulheres do que pela Alta Costura: "Em 1921, a Alta Costura declara guerra aos cabelos curtos. Em vão. Em 1922, luta contra a saia curta e, com efeito, bruscamente as saias se alongam, mas então a cintura fica muito baixa. As coleções de inverno apresentam tecidos de cores vivas para combater o preto preferido pelas mulheres. Novamente em vão — e eis que nas coleções de primavera o preto domina".[29] A linha da mulher efebo de vestido-camisa, lisa e fina, difundiu-se contra as tendências dominantes da Alta Costura, que continuou a propor às mulheres, para finalmente renunciar a isso, coleções ricas em enfeites, *flous*, curvas e drapeados.

Instalou-se então, em pleno coração da era autoritária moderna, um novo dispositivo organizacional antinômico ao das disciplinas: programando a moda e no entanto incapaz de impô-la, concebendo-a inteiramente e oferecendo um leque de escolhas, a Alta Costura inaugura um tipo de poder maleável, sem injunção estrita, incorporando em seu funcionamento os gostos imprevisíveis e diversificados do público. Dispositivo rico em futuro, já que se tornará a forma preponderante do controle social nas sociedades democráticas, à medida que estas se engajarem na era do consumo e da comunicação de massa. Os produtos na sociedade de consumo repousam, com efeito, sobre o mesmo princípio dos modelos das coleções dos costureiros: jamais se oferecem num tipo único, cada vez mais é possível escolher entre tal ou tal variante, entre tais ou tais acessórios, séries ou programas, e combinar mais ou menos livremente seus elementos; a exemplo da Alta Costura, o consumo de massa implica a multiplicação dos modelos, a diversificação das séries, a produção de diferenças opcionais, a estimulação de uma procura personalizada. De uma maneira mais geral, na *open society*, os aparelhos burocráticos que agora organizam a produção, a distribuição, a mídia, o ensino, os lazeres, reservam um lugar maior, sistemático, aos desejos individuais, à participação, à psicologização, à opção. Estamos na segunda geração da era burocrática: após a geração das disciplinas imperativas, a da personalização, da escolha e da liberdade combinatória. Imensa transformação das modalidades e finalidades do poder, que hoje ganha setores cada vez mais amplos da vida social e do qual a Alta Costura curiosamente foi o primeiro elo, a matriz sublime e elitista. Com a Alta Costura experimentou-se, antes mesmo da psicanálise embora de maneira paralela, uma nova lógica do poder, renunciando a uma dominação e a uma previsão sem falha, já não se exercendo por coações imperativas, impessoais e totais, mas deixando uma margem de iniciativa aos indivíduos e à sociedade. A aproximação com a psicanálise não deve surpreender, sendo nela exemplarmente empregada a mesma inversão do poder disciplinar. De um lado, a psicanálise repousa sobre as associações livres do paciente, no silêncio do analista e na transferência, como se o poder médico registrasse a ineliminável parcela das singularidades subjetivas e a impossibilidade de dominar, de controlar totalmente os indivíduos.[30] Do outro, a moda moderna diversifica os modelos, solicita as diferenças e abre o espaço indeterminado da escolha, das preferências, dos gostos aleatórios. Não abdicação do poder, mas emergência de um poder aberto e maleável, poder de sedução prefigurando aquele mesmo que se tornará dominante na sociedade da superescolha.

O que se chama de "tendência" da moda, em outras palavras, a similitude existente entre os modelos das diferentes coleções de um mesmo ano (lugar da cintura, comprimento do vestido, profundidade do decote, largura dos ombros) e que muitas vezes faz crer, erroneamente, que a moda é decretada por combinação deliberada entre os costureiros, não faz senão confirmar a lógica "aberta" do poder da Alta Costura. Por um lado, a "tendência" não é separável da Alta Costura como fenômeno burocrático fechado e centralizado em Paris: os costureiros, ao zelarem por afirmar sua singularidade, não podem elaborar suas coleções sem levar em consideração o que aparece de original em seus concorrentes, tendo a moda por vocação surpreender e inventar continuamente novidades. A ideia inédita de um costureiro, muitas vezes tímida e pouco explorada no início, é então muito rapidamente reconhecida como tal, captada, transposta, desenvolvida pelos outros, nas coleções seguintes. É assim que muda a moda: em primeiro lugar por tateios e balões de ensaio, depois por sedimentações e amplificações "miméticas", e no entanto particulares a cada vez; uns tantos processos que são ocasionados pela lógica da renovação constitutiva da profissão e que explicam por que, contrariamente a uma ideia aceita, os saltos bruscos na moda (o *New Look*, por exemplo) são muito mais raros do que as mudanças lentas. Mas, por um outro lado, a "tendência" escapa à lógica burocrática pelo fato de que resulta também das escolhas da clientela e, depois da Segunda Guerra Mundial, das escolhas da imprensa, que se voltam num dado momento para tais ou tais tipos de modelo; a "tendência" revela tanto o poder das paixonites do público ou da imprensa quanto o dos costureiros, que são obrigados, sob pena de fracasso comercial, a acompanhar o movimento, a adaptar-se aos gostos da época. A unidade das coleções não é, de modo algum, o signo de um acordo secreto entre os costureiros (que, bem ao contrário, escondem ciumentamente seus protótipos), não significa a onipotência dos modelistas, sendo, antes, o efeito do encontro de uma burocracia estética com a lógica da demanda.[31]

PEQUENA GENEALOGIA DA GRANDE COSTURA

Pela leitura dos estudos consagrados à moda moderna, a gênese da Alta Costura não parece encerrar nenhuma dificuldade, nenhum mistério, a tal ponto suas relações com a ordem capitalista, com o sistema do lucro e das rivalidades de classes são apresentadas como determinantes. Sem dúvida a Alta Costura é uma empresa industrial e comercial de luxo, cujo objetivo é o lucro e cujas criações incessantes produzem uma obsolescência propícia à aceleração do consumo; sem dúvida a ideia, extraída da confecção industrial operária e depois pequeno-burguesa, de reagrupar as operações, outrora separadas, da compra direta na fábrica, da venda do tecido, da fabricação de roupas prontas, é inseparável da motivação capitalista de realizar um "triplo ganho",[32] como já admitia o filho de Worth; sem dúvida, enfim, a ideia de apresentar modelos em manequins vivos é um sistema publicitário judicioso, guiado por um mesmo móvel lucrativo. Mas por mais importante que possa ter sido a motivação econômica, ela deixa na sombra o fato original de que a Alta Costura se apresenta como uma formação sempre de duas cabeças, econômica e estética, burocrática e artística. A lógica do lucro favoreceu a criação de novidades, mas sozinha não pode, mesmo conjugada com o princípio da concorrência entre as casas, explicar nem a escalada no número de criações das coleções, nem a pesquisa estilística por vezes de vanguarda que caracteriza a moda moderna. Com a Alta Costura desencadeou-se um processo permanente de inovação estética que não pode deduzir-se mecanicamente da racionalidade econômica.

É por isso que não se deixou de requisitar, um pouco em toda parte, a teoria clássica da distinção social e da competição das classes. A emergência da Alta Costura estaria ligada, mais profundamente, ao princípio da busca da consideração honorífica das classes dominantes. Nessa problemática, a Alta Costura aparece como uma instituição de classe que exprime, em seu registro, o triunfo da burguesia e sua vontade de conquistar o reconhecimento social por intermédio de emblemas femininos suntuários no momento em que, precisamente, o vestuário masculino já não é faustoso e em que a democratização da aparência se desenvolve sob o efeito do impulso da confecção industrial. Reação contra o "nivelamento" moderno das aparências e produto das "lutas internas no campo da classe dominante", a Alta Costura ter-se-ia imposto, em suma, como por necessidade sociológica, levadas em conta as lutas de concorrência e as estratégias de distinção das classes superiores. Nessas condições, a Alta Costura não passa de um "aparelho de produção de emblemas de classe", correspondente às "lutas simbólicas" e destinado a fornecer à classe dominante "ganhos de distinção" proporcionais à sua posição econômica.[33] À mecânica economicista adicionou-se a dialética sociológica da distinção.

Se está fora de questão, em matéria de moda, negar o papel da busca da distinção social, convém marcar com insistência que ela não pode, em caso algum, esclarecer a emergência da Alta Costura naquilo que faz sua incomparável originalidade histórica, a saber, sua lógica organizacional burocrática. Sustentar que a Alta Costura nasceu como reação ao impulso da confecção e com finalidade de oposição distintiva[34] não resiste ao exame dos fatos históricos. Sob o Segundo Império, a confecção para mulheres, embora já atinja uma clientela burguesa, permanece limitada; as técnicas ainda não permitem uma confecção precisa e ajustada para toda uma parte do vestuário feminino; os primeiros vestidos feitos sob medidas padronizadas só aparecerão depois de 1870. A confecção realiza sobretudo os elementos amplos da toalete (lingerie, xales, mantilhas, mantôs e casacos curtos); no que se refere a seus vestidos, as mulheres continuaram e continuarão ainda por muito tempo a dirigir-se às suas costureiras. A confecção em série está, portanto, muito longe de ter invadido o mercado quando Worth instala sua casa. De fato, a confecção não foi uma "ameaça" para as classes superiores; a qualidade dos tecidos, o luxo dos adornos, o renome das costureiras permitem, de qualquer modo, exibir diferenças prestigiosas. É preciso invocar a competição entre frações da classe dominante? A concorrência entre os "detentores e os pretendentes", os mais ricos e os menos ricos, os antigos e os novos? Mas em que tais fenômenos, de modo algum novos, podem explicar a ruptura institucional da Alta Costura? Se nos ativermos à dinâmica das lutas simbólicas, a Alta Costura e seu dispositivo moderno não se imporiam, podendo o antigo sistema de produção perfeitamente continuar a fornecer emblemas de "classe". Ora, houve uma mutação organizacional: separação do profissional e do usuário, criação regular de modelos inéditos, a nova organização burocrático-artística não pode ser interpretada como o eco da distinção social.

Mais profundamente, a Alta Costura é inconcebível sem a transformação revolucionária da ordem social e jurídica do Antigo Regime no final do século XVIII. Assim, podemos datar da abolição das corporações (1791) pela Constituinte a possibilidade histórica de uma produção livre do vestuário. Até então, a política regulamentária e costumeira do Antigo Regime impedia especialmente o alfaiate ou a costureira de estocar e de vender o tecido, isto é, de realizar trajes fabricados com antecedência. A ideia de produzir roupas prontas, de reagrupar a compra do tecido, sua venda assim como seu "feitio", inaugurada em primeiro lugar na confecção industrial destinada às classes populares e médias, depois desenvolvida a um nível luxuoso de início por Me. Roger,[35] depois sobretudo por Worth e pela Alta Costura, procede da dissolução democrática do regime corporativo, dos mestres e jurandas. Isso posto, por crucial que seja, a abolição das corporações não é, de modo algum, uma condição histórica suficiente para dar conta da emergência de uma organização burocrática e artística: sem novas legitimidades históricas, os fatores econômicos, sociológicos, jurídicos jamais poderiam ter dado origem à instituição separada da Alta Costura. É preciso decidir-se: as ideias e representações sociais do mundo moderno não foram superestruturas secundárias, estiveram no coração da burocratização da moda.

A competição das classes, a lógica dos ganhos, a abolição das corporações só conseguiram configurar a Alta Costura em razão especialmente do reforço da legitimidade do valor social das novidades, suscitado pelo advento das sociedades democrático-individualistas.[36] Sem dúvida, depois do final da Idade Média, o Novo ganhou um incontestável direito de cidadania, mas, a partir do século XVIII, sua valorização social foi fortemente aumentada, como o atestam, de uma maneira direta, a celebração artística da moda, e, de uma maneira indireta, a profusão das utopias sociais, o culto das Luzes, o imaginário revolucionário, as exigências de igualdade e de liberdade. O êxtase do Novo é consubstancial aos tempos democráticos; foi esse *crescendo* na aspiração às mudanças que contribuiu poderosamente para o nascimento da Alta Costura como formação burocrática fundada na separação do profissional e do particular e consagrada à criação permanente. Foi preciso essa religião moderna das novidades, essa depreciação acentuada do antigo em proveito da modernidade, para que as mulheres renunciassem a seu tradicional poder de controle sobre suas toaletes, para que se desfizesse o princípio de legitimidade multissecular segundo o qual aqueles que fazem trabalhar as pessoas de arte têm "escolha e voz" sobre as obras que encomendam. Por intermédio do Novo, a organização artesanal, com suas lentidões e suas inovações aleatórias, pôde dar lugar precisamente a "uma indústria cuja razão de ser é criar novidade" (Poiret). Com efeito, quando o Novo se afirma como exigência suprema, impõem-se ao mesmo tempo, a mais ou menos longo prazo, a necessidade e a legitimidade da independência do costureiro, de uma instância separada inteiramente destinada à inovação criadora, liberta dos inelutáveis conservantismos ou inércias da demanda social.

Nenhuma autonomização burocrática da moda sem, igualmente, o valor último reconhecido à liberdade individual. A Alta Costura, a exemplo da arte moderna, é inseparável da ideologia individualista, segundo a qual, pela primeira vez na história, é colocada a primazia da unidade individual sobre o todo coletivo, o indivíduo autônomo, independente, liberto da obrigação imemorial de curvar-se aos ritos, usos e tradições em vigor no conjunto social. Com o advento da representação do indivíduo autossuficiente, mais nenhuma norma preexistente à vontade humana tem fundamento absoluto, mais nenhuma regra é intangível, as linhas e estilos estão por ser inventados soberanamente, conforme o direito moderno à liberdade. Desde então abre-se a possibilidade de deslocar cada vez para mais longe as fronteiras da aparência, de criar novos códigos estéticos: o aparecimento do costureiro independente é uma das manifestações dessa conquista individualista da criação livre. Nada é mais redutor do que explicar a multiplicação dos modelos, as rupturas estilísticas, o excesso dos costureiros a partir das coações sociológicas da distinção e da motivação econômica: a corrida para a frente da moda moderna, por útil que seja aos "negócios", só foi possível em razão do ideal moderno do Novo e de seu correlato, a liberdade criadora. A "revolução" realizada por Poiret no começo do século XX explica retrospectivamente a gênese "ideológica" da Alta Costura; assim, quando ele escreve: "Foi ainda em nome da Liberdade que preconizei a queda do espartilho e a adoção do sutiã",[37] pode-se dizer que foi menos a liberdade das mulheres que se viu visada — "Sim, eu liberava o busto, mas entravava as pernas"[38] — do que a do próprio costureiro, encontrando no espartilho um código secular que colocava um obstáculo à imaginação de novas linhas, uma armadura refratária à criação soberana.

É preciso sublinhar, mais uma vez, tudo o que a Alta Costura deve ao culto moderno da individualidade. No essencial, a Alta Costura substitui a uniformidade do corte pela multiplicidade dos modelos; diversifica e psicologiza o vestuário; é habitada pela utopia segundo a qual cada mulher de gosto deve estar vestida de uma maneira singular, adaptada a seu "tipo", à sua personalidade própria: "... a grande costura consiste precisamente em desenvolver a individualidade de cada mulher".[39] Diversificação dos modelos: o fenômeno exige coisa bem diferente da busca do lucro, requer a celebração ideológica do princípio individualista, a plena e inteira legitimidade conferida à apresentação personalizada de si, a prioridade da originalidade sobre a uniformidade. Que as criações da Alta Costura tenham servido de emblema de classe, que tenham sido adotadas em uníssono, não muda nada o fato de que ela não pôde instituir-se senão sustentada pela ideologia individualista moderna que, reconhecendo a unidade social como valor quase absoluto, teve como repercussões gostos mais acentuados para a originalidade, o não conformismo, a fantasia, a personalidade incomparável, a excentricidade, o conforto, a exibição do corpo. Foi apenas no quadro dessa configuração individualista que pôde ser destruída a lógica anterior de moda, que limitava a originalidade aos acessórios da toalete. A Alta Costura não é o produto de uma evolução natural, não é uma simples extensão da ordem produtiva das frivolidades; do século XIV até a metade do século XVIII, as fantasias estavam de fato e de direito estritamente circunscritas, pouco inclinadas a estender-se, subordinadas a uma estrutura geral da toalete idêntica para todas as mulheres; mesmo em seguida, quando os adornos ganharão todo o seu impulso, a arquitetura do vestuário permanecerá uniforme. A Alta Costura, em compensação, operou uma inversão completa de tendência: a originalidade de conjunto torna-se imperativa, impõe-se como um fim último *a priori*, vindo tão somente as razões comerciais, de fato, colocar um freio na imaginação criadora. Tal inversão não pôde realizar-se senão produzida por uma revolução nas representações sociais legítimas, aquela mesma que reconheceu no indivíduo um valor supremo. A despeito, portanto, de seu caráter de indústria de luxo destinada a tornar ostensiva a hierarquia social, a Alta Costura é uma organização individualista-democrática, tendo adaptado a produção de moda aos ideais do indivíduo soberano, ainda que este tenha permanecido, como é o caso das mulheres, "menor" na ordem política. Uma formação de compromisso entre duas eras, tal é a Alta Costura: por um lado, dá continuidade, com efeito, à lógica aristocrática secular da moda com seus emblemas luxuosos, mas, por outro, organiza já uma produção moderna, diversificada, conforme às referências ideológicas do individualismo democrático.

Os valores da era individualista contribuíram de maneira determinante para ordenar a moda moderna, desempenhando, em relação à moda, o papel que tiveram em relação ao Estado. Nos dois casos houve, de acordo com a igualdade, repúdio dos emblemas majestosos da alteridade hierárquica, humana e política; nos dois casos houve crescimento e burocratização do poder, dominação cada vez maior, cada vez mais penetrante, de instâncias especializadas sobre a sociedade, no momento mesmo em que eram invocados valores emancipadores, quer seja o princípio do Novo ou o da soberania coletiva. Além disso, a exemplo do Estado democrático que encontra sua legitimidade em sua homogeneidade com a sociedade que representa e da qual não é mais do que o estrito executante, o costureiro moderno não cessará de lembrar sua função democrática de instrumento dos desejos coletivos: "A verdade é que respondo por antecipação às vossas secretas intenções... Sou apenas um médium sensível às reações de vosso gosto e que registra meticulosamente as tendências de vossos caprichos".[40] À diferença dos artistas e da vanguarda, que proclamarão alto e forte sua independência soberana, a Alta Costura ocultou amplamente, de acordo com sua essência burocrática, seu poder novo de legislar a moda no momento em que se expandia, como jamais, um poder de iniciativa, de direção e de imposição estilística.

III. A MODA ABERTA

Tal como se organiza sob nossos olhos, a moda já não encontra seu modelo no sistema encarnado pela moda de cem anos. Transformações organizacionais, sociais, culturais, em curso desde os anos 1950 e 1960, alteraram a tal ponto o edifício anterior que se tem o direito de considerar que uma nova fase da história da moda fez sua aparição. Precisemos logo: a emergência de um novo sistema não significa, em nenhum caso, ruptura histórica liberta de qualquer laço com o passado. Em sua realidade profunda, essa segunda fase da moda moderna prolonga e generaliza o que a moda de cem anos instituiu de mais moderno: uma produção burocrática orquestrada por criadores profissionais, uma lógica industrial serial, coleções sazonais, desfiles de manequins com fim publicitário. Ampla continuidade organizacional que não exclui, no entanto, um redescobrimento do sistema. Novos focos e critérios de criação impuseram-se; a configuração hierarquizada e unitária precedente rompeu-se; a significação social e individual da moda mudou ao mesmo tempo que os gostos e os comportamentos dos sexos — uns tantos aspectos de uma reestruturação que, por ser crucial, não deixa de continuar a reinscrever a preeminência secular do feminino e de rematar a lógica de três cabeças da moda moderna: de um lado, sua face burocrático-estética; do outro, sua face industrial; por fim, sua face democrática e individualista.

A REVOLUÇÃO DEMOCRÁTICA DO PRÊT-À-PORTER

A idade de ouro da moda moderna tinha como epicentro a Alta Costura parisiense, laboratório das novidades, polo mundial de atração e de imitação tanto na confecção como na

123

pequena costura. Esse momento aristocrático e centralizado terminou. Sem dúvida as casas de Alta Costura continuam a apresentar em Paris suas criações bianuais suntuosas diante da imprensa internacional, sem dúvida continuam a gozar de um renome ilustre e podem exibir uma cifra de negócios global em constante expansão, apesar mesmo do marasmo econômico atual.[1] No entanto, por trás dessa continuidade de superfície, a Alta Costura perdeu o estatuto de vanguarda que a caracterizava até então, deixou de ser o ponto de mira e o foco da moda viva no exato momento em que sua vocação e suas atividades conheciam um *aggiornamento* crucial. Nos anos 1960, certas casas ainda podiam trabalhar basicamente com o sob medida; em 1975, a parcela do sob medida não representava mais do que 18% da cifra de negócios direta (excluídos os perfumes) das casas de Costura, e, em 1985, 12%. O pessoal empregado traduz ainda essa irreversível evolução: nos anos 1920, Patou empregava 1300 pessoas em seus ateliês; Chanel, antes da guerra, empregava 2500; Dior, 1200 na metade dos anos 1950. Hoje, as 21 casas classificadas como "Costura-Criação" não empregam, em seus ateliês de sob medida, mais do que umas 2 mil operárias e não vestem, nesse filão, mais do que 3 mil mulheres no mundo.

De fato, as casas de Alta Costura já não prosperam por seu prêt-à-porter, seus contratos de licença, seus perfumes. Desde o começo do século, as casas de Alta Costura jamais deixaram de estar associadas aos perfumes e aos cosméticos: em 1911, Paul Poiret lançou, em primeiro lugar, os perfumes *Rosine;* Chanel o acompanhará, com seu célebre *Nº 5*, em 1921. Mme. Lanvin cria *Arpège* em 1923 e Patou lança *Joy*, "o perfume mais caro do mundo", em 1930. A ideia produziu seus frutos: em 1978, os perfumes Nina Ricci realizavam uma cifra de negócios de 1,2 bilhão de francos, representando mais de 90% da cifra de negócios global da marca; os perfumes Chanel representavam 94%. Em 1981, a cifra de negócios global da Alta Costura, excluindo-se os perfumes, elevava-se a 6 bilhões de francos, a 11 bilhões com os perfumes. Hoje, os perfumes

Lanvin representam 50% da cifra de negócios global da casa, e o *Nº 5* de Chanel, o perfume francês mais vendido no mundo, renderia sozinho mais de 50 milhões de dólares por ano. Todas as casas de Costura, depois dos anos 1960, lançaram-se na corrida lucrativa dos acordos de licença referentes não apenas aos perfumes e cosméticos, mas aos mais diversos artigos: óculos, artigos de couro, louça, isqueiros, canetas, lingerie, windsurfe, prêt-à-porter masculino e feminino. Hoje, Saint--Laurent realiza perto de 68% de sua cifra de negócios com royalties; Lanvin, 60%; Dior, 30%. Cardin apoia-se em mais de seiscentas licenças na França e no estrangeiro, Lanvin em 120. Nina Ricci em 180. Ainda que certas casas tenham uma política de licenças muito menos ampla — em Chanel, o *licensing* só rende 3% da cifra de negócios —, o conjunto do setor da Alta Costura só pode viver pelos lucros substanciais realizados pela venda de sua grife prestigiosa: não levando em conta os perfumes e cosméticos, a cifra de negócios obtida graças aos royalties é sete vezes superior à obtida pela produção direta.

Não só o polo costura sob medida, expressão sublime da moda de cem anos, atrofiou-se por decréscimo extremo da clientela, como também a Alta Costura não veste mais as mulheres na última moda. Sua vocação é bem mais a de perpetuar a grande tradição de luxo, de virtuosismo de ofício, e isso essencialmente com fim promocional, de política de marca para o prêt--à-porter ponta de série e para os diversos artigos vendidos sob sua grife no mundo. Nem clássica nem vanguarda, a Alta Costura não produz mais a última moda; antes reproduz sua própria imagem de marca "eterna" realizando obras-primas de execução, de proeza e de gratuidade estética, toaletes inauditas, únicas, suntuosas, transcendendo a realidade efêmera da própria moda. Outrora ponta de lança da moda, a Alta Costura hoje a museifica numa estética pura, desembaraçada das obrigações comerciais anteriores. Paradoxos da Alta Costura, que conjuga a moda e o absoluto, o frívolo e a perfeição, que já não cria para *ninguém*, que tanto mais representa a loucura estética desinteressada quanto ela melhor corresponde aos interesses do marketing. Nessa nova fase da Alta Costura metamorfoseada em vitrina publicitária de puro prestígio, há mais do que o destino particular de uma instituição dinâmica que conseguiu modernizar-se no prêt-à-porter e no *licensing*, há uma mudança de primeira importância em relação à história multissecular da moda ocidental. O luxo supremo e a moda separaram-se; o luxo não é mais a encarnação privilegiada da moda e a moda já não se identifica com a manifestação efêmera do dispêndio ostensivo ainda que eufemizado.

Mas a verdadeira revolução que destruiu a arquitetura da moda de cem anos é a que transformou a lógica da produção industrial: corresponde à irrupção e ao desenvolvimento do que chamamos de prêt-à-porter. É em 1949 que J. C. Weill lança na França a expressão "prêt-à-porter" tirada da fórmula americana *ready to wear*, e isso a fim de libertar a confecção de sua má imagem de marca. À diferença da confecção tradicional, o prêt-à-porter engajou-se no caminho novo de produzir industrialmente roupas acessíveis a todos, e ainda assim "moda", inspiradas nas últimas tendências do momento. Enquanto a roupa de confecção apresentava muitas vezes um corte defeituoso, uma falta de acabamento, de qualidade e de fantasia, o prêt-à-porter quer fundir a indústria e a moda, quer colocar a novidade, o estilo, a estética na rua. Desde o começo dos anos 1950, os grandes magazines como as Galerias Lafayette, o Printemps, o Prisunic, introduzem em seu serviço de compra conselheiras e coordenadoras de moda para fazer evoluir os fabricantes e apresentar à clientela produtos mais atuais.[2] Pouco a pouco, os industriais do prêt-à-porter vão tomar consciência da necessidade de associar-se a *estilistas*, de oferecer um vestuário com um valor que some moda e estética, de que os EUA já dão o exemplo. O primeiro salão do prêt-à-porter acontece em 1957, e na virada dos anos 1950-1960 aparecem os primeiros escritórios independentes de Consultoria e Estilos: em 1958, C. de Coux funda "Relations Textiles"; em 1961, é a criação do escritório de estilo de Maïmé Arnodin, precedendo o de Promostyl, criado em 1966.[3] A fabricação de vestuário de massa vai seguir em parte o mesmo caminho aberto, a partir dos anos 1930, pelo desenho industrial. Trata-se de produzir tecidos, malharia, trajes que integram a novidade, a fantasia, a criação estética, tendo por modelo o princípio das coleções sazonais de moda. Com o estilismo, o vestuário industrial de massa muda de estatuto, torna-se integralmente um produto da moda. As primeiras grifes do prêt-à-porter aparecerão nas publicidades.

Mas até o final dos anos 1950, o prêt-à-porter será pouco criativo em matéria estética, dará continuidade à lógica anterior: a imitação sensata das formas inovadas pela Alta Costura. É a partir do começo dos anos 1960 que o prêt-à-porter vai chegar de alguma maneira à verdade de si mesmo, concebendo roupas com um espírito mais voltado à audácia, à juventude, à novidade do que à perfeição "classe". Uma nova espécie de criadores se impôs, não pertencendo mais, fenômeno inédito, à Alta Costura. Em 1959, Daniel Hechter vai lançar o estilo Babette e o manto tipo sotaina; em 1960, Cacharel reinventa o chemisier para mulher, de madrasto, num estilo simples, próximo da camisa de homem. Mary Quant cria em Londres, em 1963, o Ginger Group, que está na origem da minissaia. A partir de 1963, Christiane Bailly inova com seus mantôs amplos em forma de capa. Michèle Rosier vai revolucionar os trajes de esporte de inverno, propondo uma silhueta ajustada de aspecto cósmico. Emmanuelle Kahn, Élie Jacobson (Dorothée Bis) fazem igualmente parte dessa primeira geração de estilistas[4] que estiveram na origem do sportswear, do vestuário livre de espírito jovem. Nos anos 1970 e 1980, uma segunda e uma terceira onda de estilistas impulsionarão as inovações mais marcantes na moda profissional. Kenzo dinamizou a moda do começo dos anos 1970 com seus cortes lisos derivados dos quimonos, com seu gosto pelas cores e pelas flores, com sua união do Oriente e do Ocidente. Mugler apresentou um arquétipo feminino de cinema e de science fiction. Montana criou trajes impressionantes em volume e largura de ombros. Chantal Thomass revela uma silhueta elegante e desenvolta, correta e insolente. J.-P. Gaultier faz o *enfant terrible* da *fashion* manipulando o humor, a derrisão, a mistura dos gêneros e das épocas. Os criadores japoneses, Issey Miyake e Rei Kawakubo, provocaram uma reviravolta na estrutura tradicional dos trajes. Alguns deles e outros (P. Moréni, Sonia Rykiel, A. Alaïa etc.) são comparáveis, desde 1975, ao establishment dos grandes costureiros: são chamados de *Criadores* de Moda.

Ocorre que, durante esses anos de transição, a Alta Costura não permaneceu inativa. Os anos 1960 foram a última década em que a Alta Costura continuou a assegurar sua vocação "revolucionária" em matéria estilística. Antes de tudo, certamente, com a sensação Courrèges introduzindo em sua coleção de 1965 o estilo curto e estruturado. Coleção que foi a tal ponto um acontecimento que as fotos divulgadas na imprensa do mundo inteiro representaram um impacto publicitário avaliado em 4 ou 5 bilhões de francos da época. Modernismo futurista decidido de Courrèges, criador de uma moda que livra as mulheres dos saltos altos, do peito comprimido, das roupas apertadas, das ancas, em favor de um traje estruturado que permite a liberdade do movimento. A minissaia já aparecera em 1963 na Inglaterra, mas foi Courrèges quem conseguiu dar-lhe estilo próprio. Com suas botas de saltos baixos, seu branco puro, suas preferências a colegiais de meias soquetes, seu dinamismo de geômetra, o estilo Courrèges registra na moda a ascensão irresistível dos valores propriamente juvenis, teenagers. Depois da jovem mulher dos anos 1920, é francamente a garota que se vê consagrada como protótipo da moda. Por outro lado, a Alta Costura consagrou o uso da calça feminina: desde 1960, Balenciaga criou trajes de noite compostos de calças brancas; em 1966, Yves Saint-Laurent integra a calça em suas coleções, faz seus manequins usarem calças de noite e smokings femininos. Em 1968, Saint-Laurent lança o estilo safári, a saariana, que influenciarão amplamente os anos 1970. No mesmo momento, ele podia proclamar numa entrevista: "Abaixo o Ritz, viva a rua". Vinda de um grande costureiro, a afirmação frisa a provocação dândi, mas não deixa de exprimir a nova posição da Alta Costura na criação de moda. De fato, a Alta Costura deixou de dar o tom em matéria de moda, o prêt-à-porter e a rua erigiram-se em centros "autônomos" de moda. Quando a Alta Costura introduz a calça feminina em suas coleções, as mulheres já a tinham adotado maciçamente: em 1965, criavam-se industrialmente mais calças para mulheres do que saias. E quando Saint-Laurent, em 1966, integra os jeans em suas coleções, essa roupa já fora escolhida pelos jovens há muito tempo. "É preciso descer para a rua!": de pioneira, a Alta Costura em sentido estrito tornou-se, antes de tudo, uma instituição de prestígio, consagrando o que é inovado em outras partes muito mais do que impulsionando a ponta da moda.

A Alta Costura, de início reticente ou hostil ao prêt-à--porter, finalmente compreendeu todo o interesse que havia em adotar esses novos métodos quando se dispõe de um capital de prestígio. Em 1959, Pierre Cardin apresenta a primeira coleção de prêt-à-porter Costura no grande magazine Le Printemps, o que poderá fazê-lo dizer mais tarde: "Fundei o TNP* da Costura". Ele abre o primeiro departamento de prêt-à-porter em 1963 e será igualmente o primeiro costureiro a assinar acordos com os grandes fabricantes de prêt-à-porter explorando o prestígio de sua grife. Yves Saint-Laurent, por seu lado, cria em 1966 uma primeira coleção de prêt-à-porter feita em função dos imperativos industriais e não como adaptação da Alta Costura. Lança no mesmo momento a primeira boutique Saint-Laurent Rive-Gauche e, em 1983-4, a linha Saint-Laurent Variation, 40% mais barata do que as roupas Rive-Gauche. Em 1985, o prêt-à-porter feminino representava 33% da cifra de negócios direta da Alta Costura (excluídos os perfumes).

Redesdobramento da Alta Costura, que não apenas se voltou para a produção em série, mas que investiu, desde 1961, sob a iniciativa de Cardin, no prêt-à-porter "homem". A instituição, que há um século simbolizava o brilho do feminino, cria e apresenta agora coleções sazonais para homem. Longe de ser

---

* Théâtre National Populaire. (N. E.)

um gadget, o novo filão revela-se estar em constante expansão: em 1975, o prêt-à-porter masculino representava 8% da cifra de negócios direta da Alta Costura, e representará 19,5% em 1985.

De um lado, fim do polo sob medida e da moda de dois patamares sob o primado da Alta Costura; de outro, generalização do prêt-à-porter e disseminação dos polos criativos — assim se pode resumir esquematicamente a transformação do sistema da moda. Com os aperfeiçoamentos tecnológicos da indústria do vestuário, mas também com o desenvolvimento do estilismo e do prêt-à-porter, a oposição que estruturava a moda de cem anos, a do sob medida e em série, não tem mais do que uma existência residual. A era do sob medida está finda,[5] e já nem goza, onde subsiste, de uma preferência de gosto; ao contrário, são as criações do prêt-à-porter que agora encarnam o espírito de moda em sua expressão mais viva. Quaisquer que sejam as diferenças de valor e de qualidade que separam os artigos do prêt-à-porter, a nova era assinala uma etapa suplementar na organização democrática da moda, já que o sistema heterogêneo do sob medida e em série foi substituído por uma produção industrial de essência homogênea, quaisquer que sejam as variações de preço e de inovação que nela se encontrem. A moda de cem anos, com sua organização dual sob medida/confecção, era uma formação híbrida meio-aristocrática, meio-democrática; expurgando de seu funcionamento um polo ostensivamente elitista e universalizando o sistema da produção em série, o prêt-à-porter avançou um degrau na dinâmica democrática inaugurada de maneira parcial pela fase anterior.

Simultaneamente, a oposição criação original de luxo/reprodução industrial de massa já não comanda o funcionamento do novo sistema. Sem dúvida sempre se vê aparecerem, a cada estação, coleções de vanguarda entre os grandes criadores do prêt-à-porter, mas a moda industrial de massa, por seu lado, não pode mais ser assimilada à cópia vulgar e desagradada dos protótipos mais cotados. O prêt-à-porter *diffusion* adquiriu uma relativa autonomia em relação à inovação de pesquisa: audácia e excesso em espiral do lado dos criadores, menos subordinação mimética do lado da grande produção industrial — assim se apresenta a nova distribuição de cartas da moda. À medida que os industriais do prêt-à-porter recorreram aos estilistas, que a fantasia, o esporte, o humor afirmaram-se como valores dominantes, que a moda deixou de excluir imperativamente a cada ano a voga precedente, o vestuário de grande série ganhou em qualidade, em estética, em originalidade, ainda que sem comparação com as "loucuras" das coleções dos costureiros e criadores. A disjunção modelo de luxo/imitação industrial ou artesanal era preponderante quando a Alta Costura legislava com toda a autoridade, mas esfuma-se quando a moda é plural e deixa coabitar os estilos mais discordantes. Como falar ainda em imitação quando as coleções industriais do prêt-à-porter começam a ser preparadas com quase dois anos de antecedência, quando os escritórios de estilo têm por vocação inventar e definir seus próprios temas e tendências de moda? Isso não significa que as criações de vanguarda não sejam mais levadas em conta, mas que seu poder de se impor como modelos exclusivos de referência desapareceu. Agora, a alta moda não é mais do que uma fonte de inspiração livre sem prioridade, ao lado de muitas outras (estilos de vida, esportes, filmes, espírito do tempo, exotismo etc.) dotadas de igual importância. Enquanto os focos de inspiração se multiplicam e a subordinação aos modelos da última moda decresce, o vestuário industrial chega à era da criação estética e da personalização. O produto grande difusão não é mais o reflexo inferior de um protótipo supereminente, mas é uma recriação original, uma síntese específica dos imperativos da indústria e do estilismo, que se concretiza num vestuário que combina de maneira variável, em função da clientela visada, o classicismo e a originalidade, o sério e o leve, o sensato e a novidade.

O sistema do prêt-à-porter tende à redução do anonimato característico da confecção industrial anterior, à produção de artigos que apresentam um *plus* criativo, um valor estético acrescentado, um timbre personalizado. A espiral da democratização da moda prossegue seu curso: após o momento em que instalou uma moda industrial de massa, mas de qualidade medíocre, sem estilo nem toque moda, o momento em que a indústria do prêt-à-porter oferece a preço mais ou menos baixo produtos de qualidade estética e de criação de moda específica. A democratização do sistema não se baseia apenas na exclusão de fato da Alta Costura, mas sobretudo na promoção concomitante da qualidade moda do vestuário de massa. Progresso qualitativo da moda industrial dificilmente contestável: enquanto o prêt-à-porter dos costureiros e de "estilo" representa cerca de 40% do mercado nacional, inúmeros criadores de renome trabalham ou trabalharam como estilistas freelance em firmas de prêt-à-porter de grande difusão. O catálogo dos *3 Suisses* pôde até apresentar trajes assinados por P. Moréni, Alaïa, J.-P. Gaultier, I. Miyake, a preços de grande público. A lógica da série foi conquistada pelo processo de personalização que por toda parte privilegia o dinamismo criativo, multiplica os modelos e variantes,[6] substitui a reprodução mimética pela inovação estética. A moda de massa passou para a era da superescolha democrática, das pequenas peças e "coordenados" baratos, na sedução mediana do "bonito e barato" e da relação estética-preço.

A indústria do prêt-à-porter não conseguiu constituir a moda como sistema radicalmente democrático senão sendo ele próprio sustentado pela ascensão democrática das aspirações coletivas à moda. Evidentemente, a revolução do prêt-à-porter não pode ser separada dos progressos consideráveis realizados em matéria de técnicas de fabricação do vestuário, progressos que permitiram produzir artigos em grande série de muito boa qualidade, a preço baixo. Mas ela também não é destacável de um novo estado da demanda. Após a Segunda Guerra Mundial, o desejo de moda expandiu-se com força, tornou-se um fenômeno geral, que diz respeito a todas as camadas da sociedade. Na raiz do prêt-à-porter, há essa democratização última dos gostos de moda trazida pelos ideais individualistas, pela multiplicação das revistas femininas e pelo cinema, mas também pela vontade de viver no *presente* estimulada pela nova cultura hedonista de massa. A elevação do nível de vida, a cultura do bem-estar, do lazer e da felicidade imediata acarretaram a última etapa da legitimação e da democratização das paixões de moda. Os signos efêmeros e estéticos da moda deixaram de aparecer, nas classes populares, como um fenômeno inacessível reservado aos outros; tornaram-se uma exigência de massa, um cenário de vida decorrente de uma sociedade que sacraliza a mudança, o prazer, as novidades. A era do prêt-à-porter coincide com a emergência de uma sociedade cada vez mais voltada para o presente, euforizada pelo Novo e pelo consumo.

Além da cultura hedonista, o surgimento da "cultura juvenil" foi um elemento essencial no devir estilístico do prêt-à--porter. Cultura juvenil certamente ligada ao *baby boom* e ao poder de compra dos jovens, mas aparecendo, mais em profundidade, como uma manifestação ampliada da dinâmica democrática-individualista. Essa nova cultura é que foi a fonte do fenômeno "estilo" dos anos 1960, menos preocupado com perfeição, mais à espreita de espontaneidade criativa, de originalidade, de impacto imediato. Acompanhando a consagração democrática da juventude, o próprio prêt-à-porter engajou-se em um processo de rejuvenescimento democrático dos protótipos de moda.

AS METAMORFOSES DA GRIFE

Paralelamente ao processo de estetização da moda industrial, o prêt-à-porter conseguiu democratizar um símbolo de alta distinção, outrora muito seletivo, pouco consumido: a grife. Antes dos anos 1950, na França, só algumas casas de Alta Costura tinham o privilégio de ser conhecidas por todos; o renome das costureiras era local, circunscrito; a grife Costura e sua imensa notoriedade opunham-se esplendorosamente à impessoalidade da confecção industrial. Com o advento do prêt--à-porter e de suas primeiras publicidades, desencadeia-se uma mutação não apenas estética, mas também simbólica. A série industrial sai do anonimato, personaliza-se ganhando uma imagem de marca, um nome que doravante se vê exibido um pouco em toda parte nos painéis publicitários, nas revistas de moda, nas vitrinas dos centros comerciais, nas próprias roupas. É o tempo da promoção e da inflação democrática das marcas. Grande inversão de tendência: desde os séculos XVIII e XIX, os nomes mais conhecidos identificavam-se aos mais prestigiosos; agora, certas marcas especializadas nos artigos para grande público são memorizadas pelos consumidores tanto ou mais do que as griffes de alta linha. É preciso citar, entre outras, Levi's, Rodier, New Man, Mic Mac, Marithé et François Girbaud, Lee Cooper, Manoukian, Benetton, Naf-Naf, Jousse? Poder da publicidade, mas antes de tudo do estilismo industrial, que conseguiu tornar desejadas, conhecidas e reconhecidas roupas produzidas em grande série a preços acessíveis.

Mas é sobretudo com os criadores do prêt-à-porter que se desencadeia a verdadeira revolução no sistema simbólico da grife. Desde os anos 1960, com o fenômeno "estilo", novos nomes se impõem rapidamente, introduzindo no mundo da moda grifes reconhecidas ao lado das da Alta Costura. A moda mais em evidência já não é privilégio da Alta Costura; os criadores e estilistas nouvelle vague que se seguirão e que não cessarão de multiplicar-se representam, doravante, a ponta dinâmica da moda: seus protótipos estão regularmente na primeira página das revistas especializadas, suas coleções são objeto de relatórios e de elogios da mesma maneira que as da Alta Costura. O sistema do prêt-à-porter engendrou uma nova espécie de inovadores e ao mesmo tempo uma nova categoria de grifes, celebradas em círculos mais ou menos amplos. Certamente, seu prestígio não pode ser comparado ao de que podiam gozar os "grandes" da Costura na época heroica: é que hoje mais nenhum nome, compreendendo-se aí os da Alta Costura, é capaz de conhecer a extraordinária consagração internacional que acompanhou a moda de cem anos; mais nenhum nome é capaz de rivalizar com a sensação Chanel ou Dior. De um lado, há multiplicação das grifes; do outro, baixa tendencial do prestígio de que cada uma pode beneficiar-se. Mas, sobretudo, assistimos à diversificação dos fundamentos do sistema das legitimidades: a celebração não está mais ligada à arte de encarnar o *nec plus ultra* do chique grande classe; são bem mais a novidade-choque, o espetacular, o afastamento das normas, o impacto emocional que permitem aos criadores e estilistas distinguir-se de seus rivais e impor seus nomes no palco da elegância através dos órgãos de imprensa. É o tempo das legitimidades ecléticas; hoje podem chegar à notoriedade criadores cujas coleções repousam sobre critérios radicalmente heterogêneos. Depois do sistema monopolístico e aristocrático da Alta Costura, a moda chegou ao pluralismo democrático das grifes.

Se os criadores e certas marcas do prêt-à-porter são levados às nuvens, a grife Alta Costura, por seu lado, é menos idolatrada, menos incensada que outrora. A Alta Costura tende, lenta e desigualmente segundo as casas, a perder sua altura supereminente no momento mesmo em que se apoia cada vez mais numa política de contratos de licenças relativos aos mais diversos artigos. Queda de prestígio aliás muito relativa, como o atesta com eloquência a cifra de negócios bastante confortável e em alta das grandes casas que souberam perpetuar e explorar, no mundo, a notoriedade da grife parisiense. No entanto, o sistema das licenças e sobretudo o aparecimento de novos focos criadores acarretaram a desestabilização do sistema das grifes, a *flutuação* na representação social das marcas. Assim, em uma pesquisa de *Elle* (setembro de 1982), as mulheres interrogadas, na maioria, não faziam distinção significativa entre as grifes dos costureiros, as dos criadores de vanguarda e as do prêt-à-porter *diffusion:* Kenzo está ao lado de Ted Lapidus e Cardin; Yves Saint-Laurent é citado com Cacharel, New Man, Karting ou Sônia Rykiel. Assiste-se ao emaranhamento do sistema piramidal anterior; para a maior parte, a discriminação das marcas tornou-se vaga; a Alta Costura já não ocupa uma posição de líder inconteste. Evidentemente, isso não significa que as marcas sejam colocadas no mesmo plano: quem não conhece as variações importantes de preço que acompanham as diferentes grifes? Mas a despeito das diferenças de preço, mais nenhuma hierarquia homogênea comanda o sistema da moda, mais nenhuma instância monopoliza o gosto e a estética das formas.

Erosão das cotações e valores que não se deve assimilar a uma mistificação ideológica, a uma ilusão social sobre as segregações reais do campo da moda. Bem ao contrário, o fenômeno é, de alguma maneira, a percepção social "justa" das transformações do sistema da moda liberto da autoridade da Alta Costura e consagrado à criatividade do estilismo, à multiplicidade dos critérios da aparência. Dignificação das marcas do prêt-à-porter de um lado, queda relativa da notoriedade da Alta Costura do outro, a mistura das classificações prossegue, na ordem da moda, o trabalho secular de igualação das condições. Uma democratização da grife que não acarreta de modo algum um nivelamento homogêneo; castas e hierarquias permanecem, mas com fronteiras menos nítidas, menos estáveis, salvo para pequenas minorias. O processo democrático na moda não abole as diferenças simbólicas entre as marcas, mas reduz as desigualdades extremas, desestabiliza a divisão entre os antigos e os recém-chegados, entre a alta linha e os médios, permitindo até a celebração de certos artigos para grande público.

DA ESTÉTICA "CLASSE" À ESTÉTICA JOVEM

O fim da preeminência simbólica da Alta Costura tem por correlato o aniquilamento de sua clientela: algumas dezenas de encomendas por ano para certas casas, algumas centenas para as mais cotadas.[7] Tal é, em sua realidade brutalmente calculada, a situação comercial presente do Costura sob medida. Com certeza, tal encolhimento da clientela não é separável nem dos preços proibitivos da Alta Costura, nem do prêt-à-porter que agora oferece trajes de alta qualidade de moda, de estilo, de originalidade, a preços incomparáveis (o preço médio de um vestido prêt-à-porter de criador ou de costureiro é dez vezes menor do que o de um vestido Alta Costura sob medida). Mas por mais importante que seja a realidade dos preços, ela não explica, por si só, por que a Alta Costura não encontra mais do que 3 mil clientes no mundo. Aparentemente simples, o fenômeno merece um aprofundamento. A exemplo da sociologia da distinção, é preciso ligar a desafeição pela Alta Costura à reestruturação das classes dominantes, ao aparecimento de uma burguesia de quadros modernistas e dinâmicos, definindo-se menos pelo capital econômico do que pelo "capital cultural" e que, preocupada em distinguir-se da burguesia tradicional, procuraria signos mais sóbrios, menos manifestamente elitistas, em conformidade com o primado do capital cultural que a define e com a "legitimidade de si" que ele proporciona?[8] Seria tomar como global uma explicação que é apenas parcial: o acesso das mulheres ao ensino superior e aos quadros profissionais não pode dar conta fundamentalmente do processo de desqualificação do luxo aparente do vestuário, cuja origem é amplamente anterior. O "capital cultural" das classes dominantes não é o mais crucial; há, no coração do redesdobramento da Alta Costura, outra coisa que não a emergência de uma classe "bastante segura de sua própria legitimidade para não ter necessidade de usar os emblemas de sua autoridade".[9] Não se vê por qual mecanismo a legitimidade social da nova burguesia, supondo que se afirme mais hoje do que ontem, teria o privilégio de desacreditar os símbolos do poder. A hierarquia social, no momento mesmo em que era inconteste, não exibiu, bem ao contrário, durante milênios, as insígnias brilhantes do poder e da dominação? E como o capital cultural, por si mesmo, teria a virtude de acarretar o declínio das marcas superiores da hierarquia? Como vimos, o alvo do *understatement* encontra suas raízes profundas menos nas lutas simbólicas e conjunturais de classes do que na ação de longo fôlego dos valores consubstanciais às sociedades modernas. Por sua própria problemática, a sociologia da distinção é surda aos movimentos de longa duração; ela não pode dar conta dos fios que ligam o novo ao antigo. Assim é com o destino atual da Alta

Costura: de um lado o fenômeno é, incontestavelmente, uma ruptura com a moda de cem anos, mas de outro aparece como o momento culminante de uma tendência secular constitutiva das sociedades democráticas. Descontinuidade histórica, sim, mas também extraordinária coerência do destino do parecer individual desde o advento do traje preto masculino, no século XIX, até a atual deserção do Costura sob medida. Como a moda moderna poderia ter sido levada nesse mesmo sentido, o da redução dos signos enfáticos do parecer se, para além dos jogos da competição simbólica das classes, não houvessem agido em profundidade valores constantes orientando as aspirações distintivas? Se a lógica da distinção comandasse a esse ponto o curso da moda, esta não deixaria ver senão caos, paixonites e reviravoltas; está longe de ser esse o caso; a moda moderna, na longa duração, obedece a uma ordem, a uma tendência sólida, que só encontra sua inteligibilidade quando relacionada às finalidades sociais e estéticas que transcendem as rivalidades de classes.

Na origem do *inconspicuous consumption*, a ação converge de um feixe de valores onde figuram o ideal igualitário, a arte moderna, os valores esportivos e, mais perto de nós, o novo ideal individualista do look jovem. As estratégias de distinção foram menos forças "criadoras" do que instrumentos desse movimento de fundo democrático, dessa constelação sinérgica de novas legitimidades que desqualificam as marcas gritantes da superioridade hierárquica. Com o voga do traje escuro masculino, a democratização da elegância, em outras palavras, a ruptura com o imperativo do dispêndio suntuário aristocrático manifestou-se inauguralmente entre os homens, precisamente os primeiros a gozar inteiramente dos direitos modernos democráticos. A moda feminina, no decorrer do século XX, vai se alinhar cada vez mais nessa lógica democrática. Com o "fim" do polo Costura sob medida, o repúdio do *conspicuous consumption* em matéria de toalete encontra sua efetivação definitiva após o momento intermediário representado, a partir de 1920, pela moda eufemizada mas todavia luxuosa da Alta Costura.

Doravante, não é mais apenas o fausto vistoso que é desaprovado; é o próprio princípio do luxo no vestuário que perdeu seu prestígio e sua legitimidade imemorial, sua capacidade de despertar a admiração e o desejo de aquisição das mulheres.

A moda feminina só pôde libertar-se do domínio da Alta Costura em razão dos novos valores ligados às sociedades liberais na etapa da produção e do consumo de massa. O universo dos objetos, dos *media*, do lazer permitiu a emergência de uma cultura de massa hedonista e juvenil que está no coração do declínio final da moda suntuária. O impulso de uma cultura *jovem* no decorrer dos anos 1950 e 1960 acelerou a difusão dos valores hedonistas, contribuiu para dar uma nova fisionomia à reivindicação individualista. Instalou-se uma cultura que exibe o não conformismo, que exalta valores de expressão individual, de descontração, de humor e de espontaneidade livre. A sensação Courrèges, o sucesso do "estilo" e dos criadores da primeira onda do prêt-à-porter dos anos 1960 são antes de tudo a tradução, no sistema da moda, da ascensão desses novos valores contemporâneos do rock, dos ídolos e estrelas jovens: em alguns anos, o "júnior" tornou-se protótipo da moda. A agressividade das formas, as colagens e justaposições de estilos, o desalinho só puderam impor-se em seguida trazidos por uma cultura onde predominam a ironia, o jogo, a emoção-choque, a liberdade das maneiras. A moda ganhou uma conotação jovem, deve exprimir um estilo de vida emancipado, liberto das coações, desenvolto em relação aos cânones oficiais. Foi essa galáxia cultural de massa que minou o poder supereminente da Alta Costura; a significação imaginária "jovem" acarretou uma desafeição pelo vestuário de luxo, assimilado ao mesmo tempo ao mundo "velho". O chique bom gosto, "classe" e distinto da Alta Costura viu-se desacreditado por valores que colocam na dianteira o rompimento das convenções, a audácia e os olhares rápidos, valorizando mais a ideia do que a realização, mais o choque emocional do que o virtuosismo, a juventude do que a respeitabilidade social. Operou-se uma inversão importante nos modelos de comportamento: "Antigamente, uma filha queria parecer-se com sua mãe. Atualmente, é o contrário que acontece" (Yves Saint-Laurent). Aparentar menos idade agora importa muito mais do que exibir uma posição social; a Alta Costura, com sua grande tradição de refinamento distinto, com seus modelos destinados às mulheres adultas e "instaladas", foi desqualificada por essa nova exigência do individualismo moderno: parecer jovem. O destino da Alta Costura não procede da dialética da pretensão e da distinção de classe; prende-se, bem ao contrário, à relegação a segundo plano do princípio multissecular da exibição da excelência social e à promoção correlativa de um código de idade que se impõe a todos em nome do culto cada vez mais enraizado do individualismo. Se, portanto, inauguralmente, os valores individualistas contribuíram de maneira determinante para o nascimento da Alta Costura, estiveram, num segundo tempo, na origem da desafeição de sua clientela tradicional.

No momento em que se eclipsa o imperativo do vestuário dispendioso, todas as formas, todos os estilos, todos os materiais ganham uma legitimidade de moda: o descuidado, o tosco, o rasgado, o descosturado, o desmazelado, o gasto, o desfiado, o esgarçado, até então rigorosamente excluídos, veem-se incorporados no campo da moda. Reciclando os signos "inferiores", a moda prossegue sua dinâmica democrática, como o fizeram, depois da metade do século XIX, a arte moderna e as vanguardas. À integração modernista de todos os assuntos e materiais no campo nobre da arte corresponde, agora, a dignificação democrática dos jeans délavés, dos pulls puídos, dos tênis gastos, dos trastes retrô, dos grafismos comics nas T-shirts, dos andrajos, do "look clochard", das derivações *high tech*. O processo de dessublimação iniciado nos anos 1920 encontra aqui seu pleno regime: a elegância se minimaliza, a artificialidade brinca de primitivismo ou de fim do mundo, o estudado não deve "parecer de cerimônia", o cuidado deu lugar ao pauperismo andrajoso, o ar "classe" cedeu o passo à ironia e ao "bizarro". O fim do *conspicuous consumption* do vestuário e o processo de humorização-dessacralização da moda caminham de comum acordo; juntos assinalam a etapa suprema da democratização da moda, o momento em que a moda zomba da moda, a elegância da elegância. Só as fotografias de moda e as apresentações de coleções, com sua dimensão feérica, escapam, em parte, à tendência em curso. Ao cerimonial silencioso dos desfiles Alta Costura sucederam os shows com som, a "festa" irreal dos manequins em grupo, o efeito pódio hiperespetacular e mágico, esse instrumento sublime e publicitário de consagração artística da grife. Essa última liturgia para o público selecionado não exclui, contudo, o processo de desidealização e de proximidade democráticas: não só alguns criadores começam a abrir seus desfiles a um público indiferenciado, fixando um preço de ingresso, mas também, aqui e ali, a ironia, as gags, a derrisão são empregadas para descontrair e dessofisticar o ritual sagrado das apresentações de coleções. Veem-se até manequins menos canônicos, menos irreais, mais próximos dos padrões comuns; a moda, embora timidamente, sai da era grandiosa do fascínio de si mesma.

Enquanto se manteve, através da Alta Costura, o prestígio do luxo no vestir-se, a moda permaneceu tributária, ao menos parcialmente, de um código social de tipo holista, pelo primado concedido de fato à afirmação da posição hierárquica sobre a afirmação individual. A partir do momento em que esse princípio viu-se desqualificado, não só esteticamente mas também socialmente, a moda entrou com facilidade numa nova fase, comandada dessa vez integralmente pela lógica individualista: o vestuário é cada vez menos de honorabilidade social; surgiu uma nova relação com o Outro, na qual a sedução prevalece sobre a representação social. "As pessoas já não têm vontade de ser elegantes, querem seduzir" (Yves Saint-Laurent); o importante não é estar o mais próximo possível dos últimos cânones da moda, menos ainda exibir uma excelência social, mas valorizar a si mesmo, agradar, surpreender, perturbar, parecer jovem.

Um novo princípio de imitação social se impôs, o do modelo jovem. Procura-se menos dar uma imagem da própria posição ou de nossas aspirações sociais do que parecer "na jogada".

Poucos se preocupam em exibir nas roupas seu "sucesso", mas quem não se empenha, de alguma maneira, em oferecer de si próprio uma imagem jovem e liberada, em adotar não certamente a última moda júnior, mas o ar, a *gestalt* jovem? Mesmo os adultos e as pessoas idosas entregaram-se ao sportswear, aos jeans, às T-shirts engraçadas, aos tênis de cano alto, aos seios nus. Com a promoção do estilo jovem, o mimetismo democratizou-se, aliviou-se do fascínio do modelo aristocrático que o comandava desde sempre. Novo foco da imitação social, a exaltação do look jovem é inseparável da era moderna democrático-individualista, cuja lógica ela leva até seu termo narcísico: cada um é, com efeito, convidado a trabalhar sua imagem pessoal, a adaptar-se, manter-se e reciclar-se. O culto da juventude e o culto do corpo caminham juntos, exigem o mesmo olhar constante sobre si mesmo, a mesma autovigilância narcísica, a mesma coação de informação e de adaptação às novidades: "Aos quarenta anos, você se torna mais serena, mais realizada, mais exigente também. Sua pele, ela também muda. Agora tem necessidade de uma atenção toda particular e de cuidados apropriados... Para você, chegou então o momento de adotar os Tratamentos Superativos de Lancaster, especialmente concebidos para dar à sua pele um aspecto mais jovem". Agente incontestável de normalização social e de incitação à moda, o imperativo juventude é da mesma maneira um vetor de individualização, os particulares sendo obrigados a prestar uma atenção mais vigilante em si mesmos.

Mais ainda, o código jovem contribui à sua maneira para a procura da igualação das condições dos sexos; sob sua égide, os homens cuidam mais de si próprios, são mais abertos às novidades de moda, zelam por sua aparência, e com isso entram no ciclo narcísico, outrora considerado feminino: "Yves Saint--Laurent para Homem. Um homem elegante, viril, um homem preocupado com seu bem-estar, com sua aparência. Ele cuida especialmente de seu rosto com a emulsão facial de limpeza e a emulsão facial hidratante, seguidas de toda a gama perfumada". Os tempos consagrados aos cuidados do corpo e da aparência são agora muito próximos para os dois sexos: uma pesquisa revela que as mulheres dedicam sempre mais tempo a isso, mas a diferença é apenas de cerca de dez minutos por dia para uma média de nove horas por semana, e a diferença mais importante reside não entre as mulheres e os homens, mas entre os homens idosos (12h35) e os jovens estudantes (6h20). Surpreendente inversão: os homens idosos dedicam agora mais tempo aos cuidados pessoais do que as mulheres idosas.[10] Homens e mulheres deixam de ter comportamentos antinômicos em matéria de cuidados pessoais e de aparência; a fase da disjunção máxima dos sexos foi superada em favor de uma democratização narcísica, e isso especialmente por intermédio do imperativo juventude.

A MODA NO PLURAL

O fim da moda de cem anos não coincide apenas com a queda da posição hegemônica da Alta Costura, mas também com o aparecimento de novos focos criativos e simultaneamente com a multiplicação e descoordenação dos critérios de moda. O sistema anterior caracterizara-se por uma forte homogeneidade de gosto, pela existência de tendências anuais relativamente unificadas, em virtude da função e da preeminência da Alta Costura. Os ódios e rivalidades legendárias entre grandes costureiros, os estilos reconhecíveis próprios a cada um deles, a diversidade dos modelos não devem ocultar o consenso profundo sobre o qual a moda funcionou durante todo esse tempo. Sob a égide da Alta Costura impuseram-se uma mesma estética da graça, um mesmo imperativo da delicadeza, do que fica bem, do bem cuidado, uma mesma busca da "grande classe" e do charme feminino. A ambição comum era encarnar de forma suprema a elegância de luxo, o chique refinado, valorizar uma feminilidade preciosa e ideal. Ao longo dos anos 1960 e 1970, esse consenso estético foi pulverizado com o impulso do sportswear, das modas jovens marginais, dos criadores do prêt-à-porter: a homogeneidade da moda de cem anos deu lugar a um patchwork de estilos díspares. O fenômeno é patente no nível das criações sazonais: sem dúvida encontram-se aqui e ali, nas coleções, certos elementos similares quanto a largura de ombros ou comprimento de vestidos, mas, de imperativos que eram, tornaram-se facultativos, inessenciais, tratados livremente "à la carte", segundo o traje e o criador. Assiste-se à liquefação suave da ideia de tendência sazonal, esse fenômeno tão notável da fase precedente. A moda de cem anos liberara a criatividade dos costureiros, enquadrada, no entanto, por critérios de ofício e de "esmero", por princípios estéticos de distinção, por linhas que se impunham a todos regularmente. Um passo suplementar foi transposto na autonomização criadora dos profissionais da moda: estamos na era da multiplicação e da fragmentação dos cânones do parecer, da justaposição dos estilos mais heteróclitos. São simultaneamente legítimos o modernismo (Courrèges) e o sexy (Alaïa), as amplas superposições e o ajustado ao corpo, o curto e o longo, a elegância clássica (Chanel) e a vampe hollywoodiana (Mugler), o monacal ascético (Rei Kawakubo) e a mulher "monumental" (Montana), o *look clochard* (*Comme des Garçons*, *World's End*) e o refinamento (Saint-Laurent, Lagerfeld), as misturas irônicas de estilos (Gaultier) e o *look japonês* (Miyake, Yamamoto), as cores vivas exóticas (Kenzo) e os tons poeirentos. Nada mais é proibido, todos os estilos têm direito de cidadania e se expandem em ordem dispersa. Já não há uma moda, há modas.

Tal é o estágio último do processo de personalização da moda cedo instalado pela Alta Costura, mas freado pelos valores dominantes de luxo e de refinamento de "classe". Um novo lance na individualização da criação surgiu, trazido pelos novos valores de humor, de juventude, de cosmopolitismo, de desalinho, de pauperismo ostensivo. A moda irrompe em coleções singulares e incomparáveis, cada criador prossegue sua trajetória própria, avançando seus próprios critérios. A moda aproximou-se ao mesmo tempo da lógica da arte moderna, de sua experimentação multidirecional, de sua ausência de regras estéticas comuns. Criação livre em todas as direções, na arte como na moda: da mesma maneira que os encenadores contemporâneos apropriam-se livremente do repertório oficial e o transgridem, abolindo a autoridade do texto e os princípios exteriores à criação do "palco", assim também os criadores liquidaram a referência implícita a um gosto universal e reinvestem ironicamente, anarquicamente, nos estilos do passado. O teatro de texto cedeu lugar a um teatro de imagens, de intensidades e de choques poéticos; a moda, por seu lado, relegou os desfiles discretos dos salões Alta Costura em favor do "efeito pódio", dos shows de som e luz, do espetáculo da surpresa: "A moda só tem realidade na estimulação", escreve Rei Kawakubo.

Mesmo as coleções particulares não são mais comandadas por essa unidade de estilo, de localização, de comprimento, tão nitidamente aparente no *New-Look*, nas linhas A ou Y de Dior, na linha *trapézio* de Saint-Laurent. Assim, por exemplo, o "estilo" Kenzo: "Há quatro looks que voltam o tempo todo. Em primeiro lugar, as grandes blusas que compõem igualmente minivestidos; em seguida, a moda *vitoriana*, feminina, antidecotada, suave. Depois o look *boneca*, divertido, bonito, alegre, e a moda *garçonne*, esportiva e masculina. Em cada coleção, esses quatro looks são a base" (Kenzo). O ecletismo, etapa suprema da liberdade criadora: o curto não exclui mais o longo, cada criador pode jogar à vontade com formas, comprimentos e amplidões; a unidade "exterior" não é mais requerida numa coleção do que numa encenação contemporânea, com suas "leituras" múltiplas e embaralhadas, com suas referências de todos os lados e de todos os tempos, com suas "colagens" heterogêneas. Certamente permanece o princípio, lançado por Dior, dos *temas* das coleções, mas estes agora se limitam a funcionar como motivo de inspiração livre ou metafórica e não mais como regra formal exclusiva. Só importam o espírito das coleções, a poética da grife, o campo livre da criatividade de artista.

A fragmentação do sistema da moda liga-se, ainda, à emergência de um fenômeno historicamente inédito: as modas de jovens, modas marginais, que se apoiam em critérios de ruptura com a moda profissional. Após a Segunda Guerra Mundial aparecem as primeiras modas jovens minoritárias (*zazous*,* Saint--Germain-des-Prés, beatniks), primeiras "antimodas" que, a partir dos anos 1960, ganharão uma amplitude e uma significação novas. Com as vogas hippie, "baba", punk, new-wave, rasta, ska, skinhead, a moda viu-se desestabilizada, os códigos foram multiplicados pela cultura anticonformista jovem, manifestando-se em todas as direções na aparência do vestuário, mas também nos valores, gostos e comportamentos. Anticonformismo exacerbado, que encontra sua origem não apenas nas estratégias de diferenciação em relação ao mundo dos adultos e de outros jovens, mas mais profundamente no desenvolvimento dos valores hedonistas de massa e no desejo de emancipação dos jovens, ligado ao avanço do ideal individualista democrático. O mais importante historicamente é que essas correntes foram impulsionadas fora do sistema burocrático característico da moda moderna. Frações da sociedade civil reapropriaram-se, assim, da iniciativa da aparência; conquistaram uma autonomia no parecer que revela uma admirável criatividade do social em matéria de moda, na qual os criadores profissionais se inspiraram amplamente para renovar o espírito de suas coleções.

Com as modas jovens, a aparência registra um forte ímpeto individualista, uma espécie de onda neodândi consagrando a importância extrema do parecer, exibindo o afastamento radical com a média, arriscando a provocação, o excesso, a excentricidade, para desagradar, surpreender ou chocar. A exemplo do dandismo clássico, trata-se sempre de aumentar a distância, de se separar da massa, de provocar o espanto, de cultivar a originalidade pessoal, com a diferença de que agora já não se trata de desagradar para agradar, de se fazer reconhecer nos círculos mundanos pelo escândalo e pelo inesperado, mas de ir até o fim da ruptura com os códigos dominantes do gosto e da conveniência. Acabado o traje sóbrio e rigoroso de um Brum-

---

* Jovens que se destacavam por sua paixão pelo jazz e pela elegância espalhafatosa. (N. T.)

mell, acabada a busca *high life* do refinamento e da nuança na escolha da gravata ou das luvas, o neodandismo jovem funcionou na marginalidade desabusada, no exotismo e no folclórico (hippie), na confusão dos sexos (cabelos compridos para os homens), na negligência, no excesso do feio e do repulsivo (punk), na afirmação étnica (rasta, afro). O parecer não é mais um signo estético de distinção suprema, uma marca de excelência individual, mas tornou-se um símbolo total que designa uma faixa de idade, valores existenciais, um estilo de vida deslocado, uma cultura em ruptura, uma forma de contestação social. Sem dúvida essas modas, por seus excessos, representam um abismo em relação à aparência mediana; num sentido, contudo, não fizeram senão antecipar ou acompanhar de uma maneira espetacular a tendência geral para uma vontade de menor dependência em relação aos ditames oficiais da moda. É preciso ver nessas modas de jovens menos um desvio absoluto do que o espelho deformante de uma vaga de individualização geral dos comportamentos de moda próprios à nova era das aparências.

Falamos a esse respeito de "antimodas", mas a expressão não passa sem dificuldades. Com certeza, normas francamente hostis aos cânones oficiais ganharam corpo socialmente mas, longe de destruir o princípio da moda, só tornaram mais complexa e diversificaram sua arquitetura geral. O novo lance é o acúmulo de critérios absolutamente incompatíveis, a coexistência de parâmetros profissionais e de critérios "selvagens", o desaparecimento de uma norma legítima impondo-se a todo o conjunto social. É o fim da era consensual das aparências. Assim, não é mais possível nem mesmo definir a moda como um sistema regido por um acúmulo de pequenas nuanças, já que códigos radicalmente dissidentes, podendo reivindicar até a feiura, justapõem-se ao sistema dos inúmeros pequenos detalhes diferenciais da elegância. De um lado, há cada vez menos diferenças nítidas entre os vestuários das classes e dos sexos, mas, do outro, dessemelhanças extremas ressurgem, em particular nas modas minoritárias de jovens e nas dos estilistas "aventureiros". À diferença da arte de vanguarda, não há perda de inspiração na moda contemporânea; a homogeneidade ou o repisamento não são seu horizonte.

Fim das tendências imperativas, proliferação dos cânones da elegância, emergência de modas jovens, o sistema evidentemente saiu do ciclo normativo e unanimista que ainda ligava a moda de cem anos à era disciplinar-panóptica, mesmo a despeito do processo de diversificação estética desencadeado pela Alta Costura. Com sua fragmentação polimorfa, o novo sistema da moda acha-se em perfeita concordância com a *open society*, que institui um pouco por toda parte o reino das fórmulas à la carte, das regulamentações flexíveis, da hiperescolha e do self-service generalizado. O imperativo "dirigista" das tendências sazonais deu lugar à justaposição dos estilos; o dispositivo injuntivo e uniforme da moda de cem anos cedeu o passo a uma lógica opcional e lúdica, onde se escolhe não só entre diferentes modelos de roupas, mas entre os princípios mais incompatíveis do parecer. Tal é a *moda aberta*, a segunda fase da moda moderna, com seus códigos heteromorfos, sua não diretividade, tendo por ideal supremo o que hoje se chama de *look*. Contra todas as "modas alinhadas", contra o código esterilizado BCBG* ou a negligência, o gosto "por dentro" nos anos 1980 convida à sofisticação das aparências, a inventar e mudar livremente a imagem do sujeito, a reinsuflar artifício, jogo, singularidade.[11] É preciso, por isso, falar de "revolução copernicana do look"?[12] Na realidade, a era do look não é nada mais que o terminal da dinâmica individualista consubstancial à moda desde seus primeiros balbucios; ela não faz senão levar ao seu extremo limite o gosto da singularidade, da teatralidade, da diferença, que as épocas anteriores igualmente manifestaram, ainda que, evidentemente, de uma maneira muito diferente e em limites mais estreitos. Dos favoritos de Henrique III aos dândis do século XIX, das "leoas" às egérias da moda moderna, o anticonformismo, a fantasia, o desejo de fazer-se notar não careceram de adeptos nas camadas

---

* Abreviação de *bon chic, bon genre*. (N. T.)

superiores da sociedade. O look é menos uma ruptura com essa "tradição" individualista secular do que sua exacerbação. Agora, todo mundo é convidado a retirar barreiras e a misturar os estilos, a liquidar os estereótipos e cópias, a sair das regras e das convenções fossilizadas. Há aí o registro, na ordem da moda, da ética hedonista e hiperindividualista gerada pelos últimos desenvolvimentos da sociedade de consumo. O look e sua embriaguez dos artifícios, do espetáculo, da criação correspondem a uma sociedade em que os valores culturais primordiais são o prazer e a liberdade individuais. O que é valorizado é o desvio, a personalidade criativa, a imagem surpreendente, e não mais a perfeição de um modelo. Ligado ao impulso do psicologismo, aos desejos de maior independência e de expressão de si, o look representa a face teatralizada e estética do neonarcisismo alérgico aos imperativos padronizados e às regras homogêneas. De um lado, Narciso está em busca de interioridade, de autenticidade, de intimidade psi; do outro, tende a reabilitar o espetáculo de si mesmo, o exibicionismo lúdico e deslocado, a festa das aparências. Com o look, a moda recupera sua juventude; basta brincar com o efêmero, brilhar sem complexo no êxtase de sua própria imagem inventada e renovada à vontade. Prazeres da metamorfose na espiral da personalização fantasista, nos jogos barrocos da superdiferenciação individualista, no espetáculo artificialista de si oferecido aos olhares do Outro.

MASCULINO-FEMININO

A moda de cem anos repousava sobre uma oposição acentuada dos sexos, oposição do parecer duplicada por um sistema de produção onde a criação para mulher e para homem não obedecia aos mesmos imperativos; o polo do feminino aí encarnava em letras douradas a essência versátil da moda. Depois dos anos 1960, apareceram diversas transformações de importância desigual, modificando essa distribuição secular do masculino e do feminino. Assim, no plano organizacional, a Alta Costura, esse santuário feminino, investiu, no começo dos anos 1960, no setor "homens". Por seu lado, certos criadores e estilistas fazem agora um prêt-à-porter masculino de vanguarda. Enquanto, em certas coleções, manequins femininos e masculinos desfilam juntos, indistintamente, as grifes mais prestigiosas da Alta Costura lançam campanhas publicitárias para as águas-de--colônia e produtos de beleza masculinos. Depois de um longo momento de exclusão sob o signo do preto e do compassado, "o homem volta à moda".

Mas a verdadeira novidade reside sobretudo no formidável desenvolvimento do que se costuma chamar de *sportswear*. Com o vestuário de lazer de massa, o traje masculino fez sua verdadeira entrada no ciclo da moda com suas mudanças frequentes, seu imperativo de originalidade e de jogo. Depois da rigidez austera, das cores escuras ou neutras, o vestuário masculino deu um passo em direção à moda feminina ao integrar a *fantasia* como um de seus parâmetros de base. As cores vivas e alegres já não são inconvenientes: roupas de baixo, camisas, blusões, trajes de tênis deixam agora as cores brincarem livremente em suas combinações múltiplas. T-shirts e moletons exibem inscrições e grafismos engraçados; o que é divertido, infantil, pouco sério já não é proibido aos homens. "A vida é muito curta para se vestir tristemente": enquanto os signos da morte desaparecem do espaço público, o vestuário dos dois sexos se põe em dia com a felicidade de massa própria à sociedade de consumo. O processo de disjunção, constitutivo da moda de cem anos, foi substituído por um processo de redução da diferença dos sexos no vestir que se lê, por um lado, na inclusão, ainda que parcial, do vestuário masculino na lógica eufórica da moda, e, por outro, na adoção cada vez mais ampla, pelas mulheres, desde os anos 1960, de trajes de tipo masculino (calça, jeans, blusão, smoking, gravata, botas). A divisão enfática e imperativa no parecer dos sexos se esfuma; a igualdade das condições prossegue sua obra, pondo fim ao monopólio feminino da moda e "masculinizando" parcialmente o guarda-roupa feminino.

Isso não significa de modo algum que a moda tenha deixado de encontrar seu lugar de eleição no feminino. Sem dúvida a Alta Costura e os criadores apresentam coleções para homem, mas são as coleções para mulher que fazem sempre o renome das casas e dos estilistas, são elas essencialmente que são comentadas e difundidas nas revistas especializadas. Criadores como Jean-Paul Gaultier esforçam-se por acelerar a promoção do "homem-objeto", criando uma moda masculina de vanguarda livre dos tabus, mas esta permanece circunscrita, de qualquer modo menos variada, menos espetacular do que a das mulheres. O vestuário masculino vê coexistirem duas lógicas antinômicas: a moda do sportswear e a "não-moda" do traje clássico; a fantasia para o lazer, a seriedade e o conservantismo do terno-gravata para o trabalho. Essa dissociação não se encontra como tal entre as mulheres, onde a fantasia moda goza de uma legitimidade social muito mais ampla; a oposição que regula a moda feminina é menos a da roupa de lazer e da roupa de trabalho do que a dos trajes de dia, mais ou menos "práticos", e das toaletes de noite, mais cerimoniosas ou sofisticadas. Se o vestuário masculino registra em cheio a oposição, própria às sociedades neocapitalistas, entre os valores hedonistas e os valores tecnocráticos, entre as mulheres o privilégio da moda afasta essa disjunção em favor de um direito permanente à frivolidade, ainda que ele seja, no mundo do trabalho, seguramente mais moderado.

Menos austeridade no vestuário masculino, mais signos de origem masculina na moda feminina: isso não autoriza a diagnosticar a uniformização da moda, o desaparecimento mais ou menos a longo prazo das modas do sexo. Que os homens possam usar cabelos compridos, que as mulheres adotem em massa trajes de origem masculina, que haja roupas e magazines unissex, tudo isso está longe de ser suficiente para acreditar na ideia de uma unificação final da moda. O que vemos? Evidentemente, um movimento de redução da diferença enfática entre o masculino e o feminino, movimento de natureza essencialmente democrática. Mas o processo de "igualação" do vestuário logo revela seus limites, não prossegue até a anulação de toda diferença;

seu ponto final não se identifica, como logicamente se poderia pensar extrapolando a dinâmica igualitária, a uma similitude unissex radical. Enquanto as mulheres têm acesso em massa aos trajes de tipo masculino e os homens reconquistam o direito a uma certa fantasia, novas diferenciações surgem, reconstituindo uma clivagem estrutural das aparências. A homogeneização da moda dos sexos só tem existência para um olhar superficial; na realidade a moda não deixa de organizar signos diferenciais, por vezes menores, mas não inessenciais, num sistema em que precisamente é "o nada que faz tudo". Da mesma maneira pela qual um traje está fora de moda, agrada ou desagrada por uma nuança mínima, assim também um simples detalhe basta para discriminar os sexos. Os exemplos são inúmeros: homens e mulheres usam calças, mas os cortes e muitas vezes as cores não são semelhantes, os sapatos não têm nada em comum, um chemisier de mulher se distingue facilmente de uma camisa de homem, as formas dos maiôs de banho são diferentes, assim como as das roupas de baixo, dos cintos, das bolsas, dos relógios, dos guarda-chuvas. Um pouco em toda parte, os artigos de moda reinscrevem, por intermédio dos pequenos "nadas", a linha divisória da aparência. É por isso que os cabelos curtos, as calças, paletós e botas não conseguiram de modo algum dessexualizar a mulher; são, antes, sempre adaptados à especificidade do feminino, reinterpretados em função da mulher e de sua diferença. Se a divisão nítida do parecer entre as classes se esfuma, em compensação a dos sexos permanece, à exceção talvez de certas categorias de adolescentes e de jovens de aparência mais francamente andrógina. Mas à medida que a idade avança, a linha divisória tende a reafirmar-se. A representação da diferença antropológica resistiu muito mais do que a das classes sociais. A determinação da identidade social através do vestuário confundiu-se, não a da própria identidade sexual, se é verdade que o dimorfismo sexual já não tem o caráter acentuado que tinha na moda de cem anos. Tal é, precisamente, a originalidade do processo em curso: o trabalho progressivo, incontestável, de diminuição dos extremos não tem por termo a unificação das aparências mas a *diferenciação sutil*, algo como a menor oposição distintiva dos sexos. A divisão no parecer dos sexos perde seu impacto, mas à medida que se opera a diminuição das distâncias, oposições discretas surgem. Nada seria mais falso do que pensar o horizonte democrático sob os traços da indistinção-indiferenciação dos sexos: a democratização da moda funciona na reprodução interminável de pequenas oposições disjuntivas, de diferenciações codificadas que, por serem por vezes menores e facultativas, são contudo capazes de assinalar a identidade antropológica e de erotizar os corpos.

Paralelamente ao trabalho da disjunção mínima dos sexos, perpetua-se um processo de *diferenciação ostensiva* deles através desses signos *exclusivamente femininos* que são os vestidos, saias, tailleurs, meias, escarpins, maquiagem, depilação etc. Com geometria variável, doravante a moda deixa que coabitem um sistema de oposições maiores e um sistema de oposições menores; é essa lógica dual que caracteriza a moda aberta, não a pretensa generalização unissex cuja esfera, em sentido estrito, permanece circunscrita, e cujos elementos se associam muitas vezes, de maneira diversa, a signos sexuados. Nada de pânico, o terminal da era democrática não é o Uno andrógino; com a justaposição dos códigos da diferenciação minúscula e da diferenciação maiúscula, a separação dos sexos no vestir permanece, colocou-se em dia com os sistemas opcionais à la carte.

Na nova constelação da aparência dos sexos, mulheres e homens não ocupam uma posição equivalente; uma dissimetria estrutural organiza continuamente o mundo da moda. Se as mulheres podem permitir-se usar quase tudo, incorporar a seu guarda-roupa peças de origem masculina, os homens, em compensação, são submetidos a uma codificação implacável, fundada na exclusão redibitória dos emblemas femininos. O fato maior está aí, os homens não podem usar em nenhum caso vestidos e saias, assim como não podem maquiar-se. Por trás da liberalização dos costumes e da desestandardização dos papéis, um interdito *intocável* continua sempre a organizar, no plano mais profundo, o sistema das aparências, com uma força de interiorização subjetiva e de imposição social que tem pouco equivalente em outras partes: vestidos e maquiagem são apanágio do feminino, são rigorosamente prescritos aos homens. Prova de que a moda não é esse sistema de comutação generalizada onde tudo se troca na indeterminação dos códigos, onde todos os signos são "livres para comutar, para permutar sem limites".[13] A moda não elimina todos os conteúdos referenciais, não faz flutuar as referências na equivalência e na comutabilidade total: a antinomia do masculino e do feminino aí está em vigor como uma oposição estrutural estrita, onde os termos são tudo salvo substituíveis. O tabu que regulamenta a moda masculina está a tal ponto integrado, goza de uma legitimidade coletiva tal, que ninguém pensa em recolocá-lo em causa; ele não dá lugar a nenhum gesto de protesto, a nenhuma tentativa verdadeira de derrubada. Só J.-P. Gaultier aventurou-se a apresentar saias-calças para homem, mas antes golpe publicitário-provocador do que busca de uma moda masculina nova, a operação não teve nenhuma repercussão no vestuário real. Não podia ser diferente: o uso da saia por um homem aparece imediatamente como signo "perverso", o efeito é inelutavelmente burlesco, paródico. O masculino está condenado a desempenhar indefinidamente o masculino.

Vestígio fadado a desaparecer na medida do aprofundamento do trabalho da igualdade e do impulso dos valores de autonomia individual? Nada é menos seguro. Certamente, a aparência dos sexos, desde os anos 1960, aproximou-se consideravelmente: além da adoção generalizada da calça feminina, os homens agora podem usar cabelos compridos, cores outrora proibidas, brincos. Mas esse movimento de convergência não abalou em nada a interdição de fundo que pesa sobre a moda masculina. A lógica não igualitária em matéria de aparência permanece a regra; há reconhecimento social do *boy look* para as mulheres, mas os homens, salvo para afrontar o riso ou o desprezo, não podem adotar os emblemas do feminino. No Ocidente, o vestido está identificado às mulheres há seis séculos; esse fator multissecular não deixa de produzir efeito.

Se o vestido está excluído para os homens, isso se deve ao fato de que está *associado* culturalmente à mulher, e portanto para nós à moda, enquanto o masculino, desde o século XIX, define-se, pelo menos em parte, *contra* a moda, contra os signos de sedução, contra o fútil e o superficial. Adotar o símbolo de vestuário feminino seria transgredir, no parecer, o que faz a identidade viril moderna; não chegamos a isso. E nenhum signo do momento permite prever qualquer mudança de tendência. A despeito das formas múltiplas da democratização, a moda, ao menos sobre a base dos sexos, permanece essencialmente não igualitária; o polo masculino ocupa sempre a posição inferior, estável, em face da mobilidade livre e proteiforme do feminino. O novo sistema, por mais aberto que seja, está longe de ter-se desprendido do ordenamento anterior; continua de uma outra maneira a preeminência feminina da moda de cem anos. Hoje como ontem, os jogos do charme e das metamorfoses extremas são proibidos aos homens; o masculino permanece inseparável de um processo de identificação individual e social que exclui o princípio do artifício e do jogo, na linha direta da "grande renúncia" do século XIX.

A essa continuidade do masculino corresponde uma continuidade ainda mais profunda do feminino. Sem dúvida, depois dos anos 1960, a silhueta feminina conheceu uma "revolução" decisiva com a generalização do uso da calça. Mas, por mais importante que seja, o fenômeno não desqualificou os signos tradicionais do enxoval feminino. Em 1985, foram vendidos na França 19,5 milhões de calças femininas, mas 37 milhões de vestidos e saias. Em dez anos, o ritmo médio de compra de calças aumenta (em 1975, o consumo elevava-se a 13 milhões de peças), mas o mesmo acontece com os vestidos e saias (em 1975, o consumo elevava-se a 25 milhões de peças). Depois de 1981, as vendas de vestidos diminuem, mas as das saias estão em progressão. Vestidos e saias representavam 13,4% das compras de vestuário em 1953 e 16% em 1984: por terem adotado maciçamente o uso da calça, as mulheres não renunciaram de modo algum à parte propriamente feminina de seu guarda-roupa. A calça não substitui progressivamente os trajes arquetípicos da mulher, mas doravante figura ao lado deles, como opção suplementar. Persistência de um guarda-roupa especificamente feminino, que não deve ser apreendida como sobrevivência inerte destinada a desaparecer, mas como condição de uma liberdade de vestuário maior e mais variado. É por isso que, a despeito do impulso da calça, o vestido continua a prosseguir sua carreira: a manutenção do vestido não exprime de maneira alguma a continuidade dos signos da mulher menor, mas, bem ao contrário, a aspiração a mais escolha e autonomia de vestuário, na linha direta, certamente, das paixões "clássicas" femininas pela mudança das aparências, mas também do individualismo opcional contemporâneo. Ao mesmo tempo, o vestido permite valorizar de maneira específica o corpo feminino, torná-lo "aéreo", sensato ou sexy, exibir as pernas, sublinhar os atrativos da silhueta — torna possível o "grande jogo" assim como a discrição. Se o vestido não experimenta desafeição coletiva é porque é uma "tradição" aberta, continuamente posta em movimento pela moda, correspondendo às aspirações mais fundamentais das mulheres em matéria de aparência: a sedução, a metamorfose do parecer.

A continuidade na qual a moda feminina se inscreve é ainda mais manifesta se se consideram a maquiagem e os cuidados de beleza. Desde o fim da Primeira Guerra Mundial, as sociedades modernas conhecem um crescimento constante do consumo dos produtos cosméticos, uma extraordinária democratização dos produtos de beleza, uma voga sem precedente da maquiagem. Batons, perfumes, cremes, pinturas, esmaltes, produzidos industrialmente em massa e a baixo preço, tornaram-se artigos de consumo corrente,[14] cada vez mais utilizados em todas as classes da sociedade, depois de terem sido durante milênios artigos de luxo reservados a um pequeno número. Sem dúvida há modificações no mercado dos produtos de beleza, que agora registram uma preferência maior pelos produtos de cuidado e tratamento do que pelos produtos de maquiagem. Ocorre que uma forte demanda de massa dirige-se sempre para as bases, produtos para unhas, lábios e olhos. As águas-de-colônia para homem e as loções antes e após barba conhecem um sucesso crescente, mas os produtos "homem" não representavam ainda em 1982 senão 1 bilhão sobre os 11 bilhões de francos da cifra de negócios na França dos produtos de perfumaria, beleza e toalete. Quaisquer que sejam as evoluções das preferências femininas e a parcela crescente do "homem", a maquiagem permanece uma prática exclusivamente feminina, alcançando até as garotas muito jovens que, há alguns anos, maquiam os olhos e os lábios cada vez mais cedo. No encalço dos valores hedonistas e narcísicos, a maquiagem adquiriu uma legitimidade social ampliada; já não é considerada, nas jovens, sinônimo de "más maneiras", mas quando muito "mau gosto"; não é mais condenada nas garotas do que nas mulheres idosas. Em compensação, o uso do kajal pelos homens permanece um fato muito marginal, limitado a alguns jovens. O natural, o descontraído, o prático se impõem cada vez mais na moda, mas simultaneamente as maquiagens são objeto de uma demanda sempre mantida: prova não da força do matracar publicitário mas da pregnância da valorização imemorial da beleza feminina. De maneira nenhuma a emancipação social das mulheres conduziu o "segundo sexo" a renunciar às práticas cosméticas; quando muito assiste-se a uma tendência crescente à discrição na maquiagem e no desejo de embelezamento da maioria.

A perenidade dos cuidados de beleza, da maquiagem, da coqueteria feminina é o fato maior; o parêntese hiperfeminista denunciando a submissão do segundo sexo às armadilhas da moda só teve efeitos de superfície, não conseguiu abalar as estratégias milenares da sedução feminina. Hoje, a denúncia da "mulher-objeto" já não faz sucesso, não produz mais eco social verdadeiro. Mas alguma vez o produziu? Retorno ao ponto de partida? Na realidade, a frivolidade feminina perpetua menos agora uma imagem tradicional do que contribui para compor uma nova figura do feminino, em que a reivindicação do charme não exclui a do trabalho nem a da responsabilidade. As mulheres conquistaram o direito de voto, o direito ao sexo, à procriação livre, a todas as atividades profissionais, mas ao mesmo tempo conservam o privilégio ancestral da coqueteria e da sedução. É esse patchwork que define a "mulher maior", feita de uma justaposição de princípios outrora antinômicos. Amar a moda já não tem o sentido de um destino sofrido; enfeitar-se, "fazer-se bela" não têm mais nada a ver com alienação: como obstinar-se em falar de manipulação ou de reificação quando uma ampla maioria de mulheres declara que a multiplicação dos cosméticos, longe de "oprimi-las", lhes dá mais independência, mais liberdade para agradar a quem querem, quando querem, como querem?[15] Fazer-se bela tornou-se um jogo do feminino com o arquétipo da feminilidade, uma frivolidade de segundo grau onde desejo de agradar e olhadelas distanciadas se tocam. O "glamour" se liberta do ritual cerimonial, põe-se em festa numa fantasia deliberada de referências e evocações múltiplas. Através do enfeite e da maquiagem, a mulher brinca de vampe, de estrela, de egéria da moda, de "mulher-mulher"; reapropria-se, à vontade, dos estilos, dos ares, dos mitos, das épocas; a sedução se diverte consigo mesma e com o espetáculo que oferece, acreditando nele só parcialmente. A exemplo do destino das mensagens na sociedade de consumo, a moda e a sedução abandonaram sua gravidade anterior, funcionando doravante em grande parte por humor, por prazer, por espetáculo lúdico.

A persistência da disjunção dos sexos tem ecos até na nova figura dominante da individualidade contemporânea, partilhada agora pelos dois sexos: o narcisismo psi e corporal. Com o neonarcisismo, há confusão dos papéis e identidades anteriores dos sexos em favor de uma imensa vaga "unissex" de autonomia privada e de atenção a si, de hiperinvestimento no corpo, na saúde, nos problemas relacionais. Mas essa desestabilização da divisão antropológica não significa simplesmente um narcisismo homogêneo, a partir do momento em que se leva em consideração, precisamente, a relação com a *estética* das pessoas. O neonarcisismo masculino investe principalmente no corpo como realidade indiferenciada, imagem global a ser mantida em boa saúde e em boa forma; pouco interesse pelo detalhe, raras são as regiões parciais do corpo que mobilizam o cuidado estético, à exceção desses incontornáveis pontos críticos: as rugas do rosto, "a barriga", a calvície. É antes de tudo a *gestalt* de um corpo jovem, esbelto, dinâmico que se trata de conservar através do esporte ou dos regimes dietéticos: o narcisismo masculino é mais sintético do que analítico.

Em compensação, na mulher, o culto de si é estruturalmente fragmentado; a imagem que ela tem de seu corpo é raramente global: o olhar analítico prevalece sobre o sintético. Tanto a mulher jovem como a mulher "madura" se veem em "fragmentos"; para se convencer disso, basta ler a correspondência das leitoras das revistas: "tenho dezesseis anos, uma pele horrível, cheia de pontos pretos e de espinhas"; "quarenta recém-feitos, realmente não pareço ter minha idade, a não ser pelas pálpebras superiores — ligeiramente murchas, me dão um olhar triste"; "meço 1,57 metro e peso 49 quilos, mas tenho muita barriga e quadris largos". Investe-se em todas as regiões do corpo; o narcisismo analítico detalha o rosto e o corpo em elementos distintos, cada um deles afetado por um valor mais ou menos positivo: nariz, olhos, lábios, pele, ombros, seios, quadris, nádegas, pernas são objeto de uma autoapreciação, de uma autovigilância que acarretam "práticas de si" específicas, destinadas a valorizar e a corrigir tal ou tal parte do físico. Narcisismo analítico que se prende essencialmente à força preponderante do código da beleza feminina: o valor atribuído à beleza feminina desencadeia um inevitável processo de comparação com as outras mulheres, uma observação escrupulosa de seu físico em função dos cânones reconhecidos, uma avaliação sem descanso que se liga a todas as partes do corpo. Se a moda do vestuário é agora polimorfa, se as normas têm um caráter muito menos coercitivo, em compensação, a celebração da beleza física feminina não perdeu nada de sua força de imposição, sem dúvida reforçou-se, generalizou-se e universalizou-se, paralelamente ao desenvolvimento dos trajes à vontade e de praia, do esporte, das estrelas e pin up exibidas na mídia, do desejo de parecer jovem. *Fat is beautiful, Ugly is beautiful*, tais são os novos slogans da reivindicação minoritária, os últimos avatares democráticos da busca da personalidade. Que seja, mas quem os assume realmente? Quem acredita neles? As possibilidades que têm de ultrapassar o estágio do sintoma dissidente ou do gadget são quase nulas quando se veem a amplitude da fobia de engordar, o sucesso crescente dos produtos cosméticos, das técnicas e regimes de emagrecimento: a paixão de ser bela acaba sendo a coisa mais partilhada. Não há dúvida de que os homens estão agora mais preocupados com a linha, a pele, a aparência; é essa transformação que, entre outras, confirma a hipótese do neonarcisismo masculino. Ocorre que o ideal da beleza não tem o mesmo vigor para os dois sexos, os mesmos efeitos sobre a relação com o corpo, a mesma função na identificação individual, a mesma valorização social e íntima. A exaltação da beleza feminina reinstitui no próprio coração do narcisismo móvel e "transexual" uma divisão importante dos sexos, uma divisão não apenas estética, mas cultural e psicológica.

Dissimetria na aparência do masculino e do feminino: é preciso voltar a essa divisão que, mesmo facultativa e esfumada, permanece enigmática em relação ao desígnio histórico das democracias modernas. A significação social da igualdade destruiu a ideia de que os seres eram fundamentalmente heterogêneos; ela está na base da representação do povo soberano e do sufrágio universal, contribuiu para emancipar as mulheres, para desestabilizar os papéis, estatutos e identidades. No entanto, não conseguiu desarraigar a "vontade" dos sexos de manifestar pelos signos frívolos suas diferenças. À medida que os símbolos mais ostensivos da divisão se atenuam (aparecimento de uma moda feminina dando lugar às linhas lisas, aos cabelos curtos, à calça), outros surgem, opondo-se à tendência democrática de aproximar os extremos: furor do batom após a Grande Guerra, dos esmaltes depois de 1930, da maquiagem dos olhos a partir dos anos 1960. Tudo se passa como se a igualdade não conseguisse ultrapassar um limiar, como se o ideal democrático tropeçasse no imperativo da diferenciação estética dos sexos. Aparece aqui um dos limites históricos do imaginário da igualdade das condições e de sua obra de redução progressiva das formas substanciais da dessemelhança humana.[16] Reconhecemo-nos todos de essência idêntica, reivindicamos os mesmos direitos e no entanto não queremos parecer com o outro sexo. Tocqueville escrevia que "nos tempos da democracia, aqueles que naturalmente não se parecem só pedem para se tornar semelhantes e se copiam".[17] No que diz respeito à moda dos sexos, a afirmação evidentemente não é aceitável; quando as mulheres usam calças, não procuram ficar parecidas com os homens, procuram oferecer uma imagem diferente da mulher, mais livre em seus movimentos, mais sexy ou mais descontraída. Não mimetismo do Outro, mas reafirmação de uma diferença mais sutil sublinhada pelo corte específico dos trajes ou pelos signos da maquiagem. Sem dúvida, numerosas são as manifestações de moda que testemunham a reabsorção democrática das formas da alteridade social. Contudo, com a persistência da disjunção do parecer dos sexos, há como um fracasso da dinâmica igualitária, que não pode chegar até o fim da anulação das dessemelhanças.

Resistência obstinada ao trabalho da igualdade, que revela a força de um princípio social antinômico arraigado no fundo das eras: a sacralização da beleza feminina. Desde a Antiguidade egípcia e depois grega, em que o uso estético das maquiagens é atestado, as mulheres sem dúvida jamais deixaram, embora em proporções variáveis, de utilizar produtos de beleza para sua toalete. A maquiagem torna-se um ritual feminino para embelezar-se, ser desejável, encantar, no momento mesmo em que as pinturas são regularmente objeto de difamação e de reprovação. O espantoso é que, a despeito das incessantes denúncias religiosas e morais despertadas durante milênios pela utilização dos cosméticos, esta continuou a ser valorizada e praticada pelas mulheres, não apenas entre as cortesãs e as mulheres idosas, mas por uma população feminina ampliada. Nem a misoginia dos costumes, nem o dogma do pecado cristão impediram as mulheres de ser coquetes, de querer parecer belas e agradar.

Por que milagre a igualdade poderia conseguir pôr fim a um fenômeno de tão longa duração, cujo curso não foi detido por nada? Por que as mulheres renunciariam aos rituais imemoriais da sedução, quando desde a Idade Média e a Renascença a beleza feminina viu-se cada vez mais reabilitada e exaltada? Com o culto da beleza feminina e o repúdio da imagem da mulher como agente de Satã, o desejo feminino de embelezar-se, de agradar, vai poder adquirir uma profunda legitimidade social. Por isso, as sociedades modernas repousam não apenas no princípio de igualdade entre os sexos, mas também no princípio não igualitário do "belo sexo": a beleza permanece um atributo, um valor particular do feminino; é admirada, encorajada, exibida em profusão entre as mulheres, pouco entre os homens. A marcha democrática das sociedades parece impotente para deter essa vocação de agradar, essa celebração não igualitária da beleza feminina, assim como os meios ancestrais de realçá--la. Assistiu-se até, nas sociedades modernas, ao reforço do prestígio e do imperativo da beleza feminina com as estrelas, o culto da pin up e do sex appeal, com a produção em massa dos cosméticos, a proliferação dos institutos de beleza e dos conselhos estéticos prodigalizados pelas revistas, com os concursos de beleza nacionais e internacionais que se desenvolvem depois da Primeira Guerra Mundial. A desigualdade persistente nos meios de sedução e na aparência dos sexos prende-se essencialmente a essa valorização não igualitária da estética feminina. Com efeito, como uma cultura do "belo sexo" poderia não acarretar desejos de pôr em cena a beleza assim como as modas específicas destinadas a valorizar o corpo e o rosto feminino? Momento transitório antes que chegue um definitivo triunfo da igualdade do parecer? A se observar a prosperidade das indústrias cosméticas, os recentes desenvolvimentos da moda, as imagens publicitárias, nada autoriza a pensá-lo. Tem-se toda a razão de imaginar, ao contrário, a perpetuação de um sistema com duas lógicas antinômicas, igualitária e não igualitária, permitindo uma maior personalização da aparência feminina, de acordo com os valores hiperindividualistas de nosso tempo.

A igualdade empenha-se certamente em dissolver dessemelhanças, mas o ideal da individualidade trabalha para reinscrever diferenças; o código do "belo sexo", que contribui precisamente para produzir a diferença e para valorizar a individualidade estética, ainda tem belos dias pela frente. Se a igualdade continuará, sem nenhuma dúvida, a aproximar o parecer dos sexos, a sacralização da beleza feminina, por seu lado, terá por efeito reproduzir novas diferenciações em matéria de moda e de rituais de sedução.

Limite da dinâmica igualitária que vai além da esfera da moda, já que diz respeito à representação subjetiva do Ego. Na era moderna, mulheres e homens reconhecem-se todos seguramente como semelhantes, com a condição de acrescentar que essa identidade de essência não exclui, paradoxalmente, um sentimento de alteridade antropológica. Não é verdade que, sob o efeito da igualdade, as identidades de sexo tenham sido marginalizadas, relegadas a segundo plano em relação a uma identidade substancial fundamental. Se ideologicamente, poderíamos dizer, somos semelhantes, íntima ou psicologicamente cada um de imediato se identifica com seu sexo, se vê em primeiro lugar em sua diferença como mulher ou homem. Isto não é superficial, mesmo comparado ao imenso abalo da organização social democrática: trata-se, aqui, da própria imagem de Si, de sua própria identidade, de suas referências mais íntimas em relação aos outros, a seu corpo, a seus desejos. A reabsorção, pela igualdade democrática, da alteridade social aqui marca passo, a ponto de se poder duvidar do poder real de penetração da ideia igualitária no âmago da existência subjetiva. O neofeminismo e suas reivindicações específicas, a explosão da escrita feminina, os inúmeros discursos e "palavras de mulheres" não são os sintomas sociais desse limite da igualdade? A particularidade da igualdade não é ordenar simplesmente uma identidade profunda antropológica, mas engendrar uma similitude de essência entre os sexos acompanhada, contudo, de um sentimento privado de dessemelhança. Somos semelhantes e não semelhantes indissociavelmente, sem poder determinar em que reside a diferença antropológica, sem poder fixar nitidamente a linha divisória. Tal é o espantoso destino da igualdade, que nos consagra não à similitude, mas à indeterminação, à justaposição íntima dos contrários, ao questionamento interminável da identidade sexual.

UMA MODA PARA VIVER

Paralelamente à disseminação das referências da aparência legítima, aparecem gostos, comportamentos individuais e coletivos em ruptura com o momento anterior. Mudanças de atitudes testemunham, na esfera da moda, a emergência da dominante neonarcísica das personalidades contemporâneas. Ainda que tenha favorecido a ampliação dos gostos de originalidade e multiplicado o número dos modelos de vestuário, a moda de cem anos expandiu-se em ordem agrupada, deu continuidade à tradicional primazia do conformismo estético de conjunto, o clássico "despotismo" da moda. Sob a autoridade da Alta Costura e das revistas de moda, as tendências anuais e sazonais impuseram-se como ditames: para ser chique era preciso adotar o mais depressa possível a última linha em voga, mudar o guarda-roupa no ritmo dos caprichos dos grandes costureiros e das mulheres *up to date*. A moda aberta significa precisamente o fim desse "dirigismo" unanimista e disciplinar, o desacordo inédito existente entre a inovação e a difusão, a vanguarda criativa e o público consumidor. Doravante, a "rua" está emancipada do fascínio exercido pelos líderes de moda, já não assimila mais as novidades senão em seu próprio ritmo, "à escolha". No público apareceu um poder fortemente ampliado de filtragem e de distanciamento em matéria de aparência, significativo da escalada individualista das vontades de autonomia privada.

O furor da minissaia na metade dos anos 1960 foi, sem dúvida, o primeiro elo desse processo de autonomização. Eis aí uma moda que já não tinha por modelo, como classicamente, a mulher de trinta anos, mas a garota de quinze a vinte anos.

A clivagem entre a última moda e a grande difusão tornava-se inelutável, já que as mulheres, a partir de uma certa idade, consideram que um traje desse tipo evidentemente não era feito para elas, desfavorecendo-as muito. Em seguida, o fenômeno de independência em relação aos últimos cânones só ampliou-se: a "máxi", no final dos anos 1960, não chegou realmente a "pegar" e as inovações mais marcantes dos anos 1970 não saíram das fronteiras de um pequeno grupo. Onde foram vistos os ombros muito largos lançados na segunda metade dos anos 1970 por Mugler e Montana? Quem usou depois as amplas superposições dos criadores japoneses? Agora, mais nenhum estilo novo consegue propagar-se imediatamente na rua. A extrema diversificação dos criadores, as aspirações aumentadas à autonomia privada acarretaram comportamentos mais soltos, mais relativistas em relação à moda-farol. Conhecemos mais ou menos o último look em moda, mas não o copiamos fielmente; adaptamo-lo ou até o ignoramos em favor de um estilo diferente. Paradoxo: enquanto a criação de vanguarda é cada vez mais espetacular, a difusão de massa é cada vez mais "tranquila", sendo afetada lentamente pelas inovações no topo: só dez anos depois é que os ombros largos começam a fazer sua aparição um pouco em toda parte. O que caracteriza a moda aberta é a *autonomização* do público em relação à ideia de tendência, a queda do poder de imposição dos modelos prestigiosos.

Assim, a propagação de moda, curiosamente, *diminuiu* seu ritmo após uma longa fase de aceleração e de adoção sincrônica. No que diz respeito à moda, o fato é suficientemente incomum para dever ser sublinhado: doravante ela avança sem agitação, sem febre de assimilação instantânea. Não nos enganemos, a moda não sofre de falta de fôlego ou de déficit criativo. O que surgiu é menos radical: instituiu-se uma dupla lógica, uma espécie de sistema dual na ordem das aparências. De um lado, uma oferta sempre muito precipitada e inconstante; do outro, uma demanda sem fidelidade e "emancipada", que não anda a passo cadenciado. Um ciclo está fechado: a moda de vestuário, há séculos o próprio símbolo das mudanças rápidas de adoção e de difusão, colocou-se em velocidade de cruzeiro, a autonomização individualista, longe de conduzir à mudança cada vez mais rápida de gostos e de estilos, tende mais para uma certa "sabedoria" frívola, para um certo poder moderador entre os consumidores.

Com a era da pequena velocidade de moda, a marcada oposição anterior, fora de moda/"na moda", esfuma-se, suas fronteiras se confundem. Sem dúvida há sempre uma última moda, mas sua percepção social é mais vaga, perdida que está na confusão pletórica dos criadores e dos diversos looks. Já não é o tempo em que uma tendência dominante se impunha a todos sob a autoridade da Alta Costura, das revistas e das estrelas; hoje, o *must* quase só é conhecido por um público circunscrito de profissionais ou de iniciados, a maioria não sabe mais exatamente o que está na ponta do novo, a moda se assemelha cada vez mais a um conjunto vago, cujo conhecimento é distante e incerto. Simultaneamente, o fora de moda perde sua radicalidade; ainda que não desapareça, é mais impreciso, menos rápido, menos ridículo. Quando todos os comprimentos e amplidões são possíveis, quando uma multidão de estilos fica lado a lado, quando o retrô está em voga, quando parecer "imprestável" é o fino do fino new wave, torna-se difícil, com efeito, estar absolutamente fora de moda. Na nova configuração da moda, o novo não desqualifica mais subitamente o antigo; as injunções drásticas da moda se apagam, paralelamente ao impulso dos valores psi, comunicacionais e humorísticos. A despeito de sua ampla democratização, a moda de cem anos funcionava ainda como um grande sistema de exclusão "autoritária". Esse momento está terminado, acabados a "ditadura" da moda e o descrédito social do fora de moda; o novo dispositivo é aberto, sem barreiras, não diretivo. Varrendo a culpabilidade e a depreciação que se ligavam ao fora de moda, a democratização da moda entrou em sua fase final; os indivíduos adquiriram uma liberdade de vestuário muito grande; a pressão conformista do social é cada vez menos pesada, homogênea, permanente. Da mesma maneira que quase já não se zomba das taras do Outro, também já não se ri muito dos trajes fora de moda: pacificação da moda, que traduz e faz parte da suavização e da tolerância crescente dos costumes. A moda flexível, a alergia profunda em relação à violência e à crueldade, a nova sensibilidade em relação aos animais, a importância da escuta do Outro, a educação compreensiva, o apaziguamento dos conflitos sociais — uns tantos aspectos do mesmo processo geral da "civilização" moderno--democrática. Assim se instaura essa moda de "fisionomia humana" onde se aceitam quase todos os trajes, onde cada vez menos se julga o Outro em relação a uma norma oficial. Não há euforia do look senão sobre o fundo dessa tolerância geral de vestuário, sobre o fundo de descontração e despassionalização social da moda.

Falar de autonomização do público em relação à moda não equivale, evidentemente, a considerar que haja desaparecimento dos códigos sociais e dos fenômenos miméticos. Coações sociais continuam claramente a exercer-se sobre os particulares, mas são menos uniformes, permitem mais iniciativa e escolha. Pouco se avança na compreensão do que muda no mundo moderno denunciando invariavelmente a autonomia privada como uma ilusão da consciência pré-sociológica. É preciso sair da querela estéril entre o determinismo e a liberdade metafísica. Se está claro que a independência individual, no absoluto, é um mito, daí não se segue que não haja *graus* na autonomia das pessoas que vivem em sociedade. Ainda que, evidentemente, permaneçam as obrigações sociais, ainda que numerosos códigos e modelos estruturem a apresentação de si, as pessoas têm doravante uma margem de liberdade muito maior do que antigamente: não há mais uma norma única da aparência legítima, os indivíduos têm a possibilidade de optar entre vários modelos estéticos. As mulheres continuam atentas à moda, mas de uma outra maneira: seguem-na de modo menos fiel, menos escrupuloso, mais livre. O mimetismo diretivo próprio da moda de cem anos cedeu o passo a um mimetismo de tipo opcional e flexível; imita-se quem se quer, como se quer; a moda já não é injuntiva, é incitativa, sugestiva, indicativa. Na época do indivídualismo consumado, o look funciona à la carte, na mobilidade, no mimetismo aberto.

Ao mesmo tempo, a moda não desperta mais o mesmo interesse nem as mesmas paixões. Como o poderia a partir do momento em que reina uma ampla tolerância coletiva em matéria de vestuário, em que os estilos mais heterogêneos coexistem, em que não há mais moda unitária? Num tempo em que as mulheres têm cada vez mais uma ambição e uma atividade profissional, em que têm gostos intelectuais, culturais, esportivos, próximos ou semelhantes aos dos homens, o interesse pela moda é, sem dúvida, mais geral mas menos intenso, menos "vital" do que nos séculos aristocráticos, em que os jogos do parecer tinham uma significação crucial nas existências. O individualismo narcísico conduz à descontração-relaxamento da preocupação de moda: o tempo do êxtase encantado (*New Look*), assim como o dos escândalos e indignações (*La Garçonne*), que escandiram a moda de cem anos, estão findos; mais nenhuma novidade chega realmente a provocar uma comoção coletiva, mais nada choca nem desencadeia controvérsias maiores. Desde a revolução Courrèges, sem dúvida o último acontecimento a ser acompanhado de uma certa efervescência, a moda se expande num clima distendido, semiadmirativo, semi-indiferente, e isso a despeito da cobertura midiática abundante das revistas especializadas. Contudo, a moda prossegue com sucesso sua dinâmica criativa: as coleções de um Montana, de um Mugler, de um Gaultier, de um Rei Kawakubo alteraram fortemente a imagem da elegância e do arquétipo feminino. Isso não bastou para tonificar significativamente a recepção social da moda; mesmo as novidades reais, espetaculares, já não conseguem abalar fortemente o grande público, ultrapassar o círculo dos iniciados. Tudo se passa como se, numas duas décadas, a moda houvesse perdido seu poder de transportar e de inflamar as multidões. A moda continua a despertar interesse e atração, mas à distância, sem magnetismo desenfreado. A lógica cool conquistou o espaço da moda assim como ganhou o espaço ideológico e a cena política. A moda entrou na era relativamente desapaixonada do consumo, na era da curiosidade descontraída e divertida.

Por seu lado, a relação com o vestir sofreu notáveis mudanças. Há mais de trinta anos, a parte do vestuário nos orçamentos familiares dos países ocidentais desenvolvidos está em baixa constante. Na França, caiu de 16% em 1949 para 12% em 1959 e 8,7% em 1974. As famílias consagravam 9,7% de seu orçamento aos artigos de vestuário em 1972 e não mais do que 7,3% em 1984. Com certeza esse declínio não é uniforme e atinge mais as categorias sociais desfavorecidas do que os meios abastados; são os operários e os inativos que doravante mais reduzem a parcela de suas despesas de vestuário. Agora, sem que se saiba se se trata de uma tendência maciça ou de um fenômeno provisório, constata-se uma disparidade maior no consumo de vestuário dos diferentes grupos socioprofissionais. Em 1956, os lares operários dedicavam ao vestuário 12,3% de seu orçamento contra 11,4% para as profissões independentes ou liberais. Em 1984, os operários não destinavam mais do que 6,8% de seu orçamento às despesas de vestuário, enquanto as profissões independentes e liberais lhes consagravam 9,3%. Com exceção dos inativos, doravante são os operários que gastam menos em vestuário. Mas, mesmo desigualmente repartida, a parcela do vestuário nos orçamentos diminuiu em um terço em trinta anos, todas as categorias socioprofissionais levadas no mesmo movimento de baixa. O item vestuário representava, para uma família de nível superior, 12,5% de seu orçamento em 1956; em 1984, não representava mais do que 8,7%; os empregados destinavam 13,1% de seu orçamento ao vestuário em 1956 contra 8,4% em 1984. Nem por serem reais, as disparidades sociais devem esconder o fenômeno de fundo geral: o decréscimo da parcela dos orçamentos consagrada ao vestuário, a desafeição em relação ao consumo de roupas.

Diminuição das despesas que não pode ser separada nem do desenvolvimento do prêt-à-porter nem do fato de que os preços do vestuário aumentaram menos rapidamente do que os de outros bens ou serviços necessários à vida dos lares. O desaparecimento do sob medida, a possibilidade de comprar roupas da moda a preços acessíveis ou de diferentes séries, a baixa do preço relativo dos artigos de vestuário permitiram incontestavelmente o decréscimo regular da parcela do item vestuário nos orçamentos. Isso posto, esses fenômenos não explicam tudo. Não houve apenas declínio do item "vestuário" nas despesas das famílias; houve, ao mesmo tempo, uma nova distribuição das compras, uma nova configuração do guarda-roupa, tanto para o homem como para a mulher. Foi essa distribuição nova das compras, esses gastos novos que contribuíram igualmente para o desinvestimento no consumo de vestuário. Em trinta anos, a provisão de roupas reorganizou-se profundamente. A tendência mais significativa é, por um lado, a desafeição por aquilo que se chama de "grandes peças" (mantôs, impermeáveis, tailleurs, ternos), e, por outro, o impulso das "pequenas peças", das roupas esporte e descontraídas. Em 1953, os homens compravam um terno a cada dois anos; em 1984, não compravam mais do que um a cada seis anos. Os "artigos pesados" de exterior representavam, em 1953, 38% das despesas masculinas contra 13% em 1984. Os trajes esporte e de lazer representavam 4% das compras masculinas em 1953 e 31% em 1984. Uma mesma tendência comanda a evolução do enxoval feminino: o mantô de lã ou de pele, o impermeável e o tailleur representavam, em 1953, 33% das despesas do vestuário feminino contra 17% em 1984. Em compensação, as compras de trajes "médios" (pulls, blusões, trajes de esporte, jeans, calças) passaram de 9% do orçamento de vestuário feminino para 30%.[18]

Sem dúvida seria preciso mostrar como essa tendência repercute nas diversas categorias socioprofissionais. As pesquisas sobre as despesas de vestuário revelam, assim, que os lares operários preferem a quantidade à qualidade, compram essencialmente na escala "barato", à diferença dos assalariados mais abastados, que se voltam mais para as roupas mais caras e de boa qualidade. Os operários usam pouco o terno-gravata, enquanto os funcionários, chefes de empresa, profissionais liberais compram com muito mais frequência ternos, blazers, camisas sociais. As mulheres dos chefes de empresa e dos profissionais liberais compram mais frequentemente artigos clássicos, tailleurs, vestidos de meia estação, sapatos de saltos, a preço alto, enquanto as mulheres de funcionários e técnicos consagram mais dinheiro aos artigos de última moda.[19] Contudo, essas diferenças não devem ocultar o movimento global, a tendência do mercado para o descontraído, o "prático", o sportswear. Ainda que a provisão do guarda-roupa não seja idêntica em todas as camadas sociais, ainda que as compras variem em preço e em qualidade, globalmente, o gosto pelo "relax", pela fantasia e pelas roupas esportivas se difunde em todos os meios. As roupas "pesadas" vendem mal, enquanto os artigos "leves" (blusões, abrigos, moletons e T-shirts etc.) saem cada vez mais. Em todas as idades, em todas as camadas sociais, usam-se cada vez mais roupas descontraídas — trajes de esporte e lazer, impermeáveis curtos com capuz, abrigos e tênis agora até se tornaram trajes urbanos. Em 1985, foram vendidas 1,7 milhão de calças sociais femininas, mas 12 milhões de calças de lazer e esporte. Em 1975, as mulheres compraram 4,5 milhões de calças esportivas e jeans; dez anos mais tarde, o número elevava-se a 18 milhões. Por toda parte, prevalece o sportswear. Uma tendência que não abole, evidentemente, nem os trajes mais cerimoniosos ou mais clássicos de noite ou de trabalho, nem a manutenção dos trajes propriamente femininos.

A inclinação para o "relax" é sintomática da nova era do individualismo. Da mesma maneira que se assiste a uma explosão de reivindicações de autonomia no casal, no sexo, no esporte, no tempo de trabalho, assim também há, na esfera do parecer, aspiração a trajes soltos, trajes *livres*, que não entravam o movimento e o conforto das pessoas. A voga do sportswear traduz na aparência essa reivindicação a mais liberdade privada, liberdade que, na moda, se traduz pela comodidade, pela descontração, pela maleabilidade, pelo humor dos desenhos e inscrições. O sportswear e o recuo das "grandes peças" são o registro na moda da ascensão do neonarcisismo, de uma personalidade mais em busca de autonomia individual, menos dependente do código da honorabilidade social, menos tributária das normas da exibição prestigiosa, menos preocupada com competição e diferenciação social ostensiva na ordem das aparências. A "roupa de domingo" desapareceu, o fascínio exercido pelo traje rico das classes superiores eclipsou-se; o traje de moda perde cada vez mais seu caráter de marca de excelência e de honorabilidade social, é cada vez menos percebido como signo de opulência e de posição. Exprime menos um lugar na hierarquia social do que um desejo de personalidade, uma orientação cultural, um estilo de vida, uma disposição estética. Desde sempre, o traje de moda foi um signo de classe e um instrumento de sedução. O individualismo contemporâneo é, antes de tudo, o que reduz a dimensão do símbolo hierárquico no vestuário em benefício do prazer, da comodidade e da liberdade. Hoje se quer menos despertar a admiração social do que seduzir e estar à vontade, menos exprimir uma posição social do que exibir um gosto estético, menos significar uma posição de classe do que parecer jovem e descontraído.

Nesse contexto, o fenômeno do *jeans* merece uma atenção particular. O *boom* do jeans em todas as classes e em todas as idades, seu sucesso há trinta anos fazem com que não seja exagerado reconhecer aí um dos símbolos mais característicos dos gostos de moda dessa segunda parte do século XX. Sem dúvida, desde o começo dos anos 1980, as vendas de jeans estão em baixa regular: de 8,8 milhões de peças vendidas (para mulheres) em 1982, passou-se para 5,8 milhões em 1985, recuo sensível em razão especialmente dos veludos e tecidos que não o índigo. Mas os brins já sobem de novo lentamente o declive, a odisseia do jeans está longe de ter terminada; já não se trata nem mesmo de uma voga mas de um estilo que faz eco aos valores mais caros ao indivíduo contemporâneo: "faça parte da história", diz bem a publicidade Levi's. Sublinhou-se muitas vezes a impressão de uniformidade e de conformismo dada por esse tipo de roupa:

todo mundo se parece, os jovens e os menos jovens, as moças e os rapazes já não se diferenciam, o jeans consagraria a padronização de massa das aparências, a negação do individualismo no vestuário. Ilusão de perspectiva; com isso se deixa escapar o que há de mais específico no fenômeno. O jeans, como toda moda, é um traje escolhido, de maneira nenhuma imposto por uma tradição qualquer; depende, por isso, da livre apreciação das pessoas, que podem adotá-lo, rejeitá-lo, combiná-lo à vontade com outros elementos. A grande propagação social do jeans não diz sobre esse ponto nada mais do que isto: a moda conjuga sempre o individualismo e o conformismo, e o individualismo só se manifesta através dos mimetismos. Mas as pessoas sempre têm disponibilidade de aceitar ou não a última moda, de adaptá-la a si mesmas, de exercer um gosto particular entre diferentes marcas, diferentes formas e cortes. Individualismo reduzido a porção bem exígua, pode-se objetar. É não dar importância a tudo que o jeans significou e ainda significa em matéria de liberdade propriamente individualista: aí está com efeito uma roupa que suja pouco, que pode ser usada nas circunstâncias mais variadas, que não exige uso constante de ferro nem limpeza meticulosa, que suporta o desgaste, o desbotado, o rasgado. Carregado intrinsecamente de uma conotação anticonformista, o jeans foi adotado em primeiro lugar pelos jovens, refratários às normas convencionais sempre em vigor, mas antinômicas aos novos valores hedonistas das sociedades liberais voltadas para o consumo. A rejeição dos códigos rigoristas e conformistas foi ilustrada diretamente pela música rock e pela roupa descontraída; a inclinação pelo jeans antecipou, guardadas as proporções, a irrupção da contracultura e da contestação generalizada do final dos anos 1960. Expressão das aspirações a uma vida privada livre, menos opressora, mais maleável, o jeans foi a manifestação de uma cultura hiperindividualista fundada no culto do corpo e na busca de uma sensualidade menos teatralizada. Longe de ser uniformizante, o jeans sublinha de perto a forma do corpo, valoriza os quadris, o comprimento das pernas, as nádegas — as últimas publicidades Lee Cooper exploram alegremente esse registro sexy —, desenha o que há de singular na individualidade física. Ao invés de um traje de dissimulação e de charme discreto, aparece um traje de ressonância mais "tátil", mais imediatamente sexual. De uma sensualidade de representação passou-se a uma sensualidade mais direta, mais "natural", mais viva. A sedução feminina no jeans é tudo menos relegada; ela abandona sua afetação anterior em benefício de signos mais tônicos, mais provocantes, mais jovens. O jeans ilustra na sedução e na moda "o eclipse da distância" empregado na arte moderna, na literatura de vanguarda, no rock; a sedução se desprende da sublimação dos artifícios, requer a redução das mediações, o imediatismo, os signos democráticos da estimulação, do natural, da proximidade, da igualdade. Com o jeans, o parecer democrático-individualista deu um novo salto para a frente, tornando-se a expressão da individualidade desprendida do estatuto social; o refinamento distinto e distante cedeu o passo à ostentação da simplicidade, à igualação extrema dos signos no vestuário, ao imediatismo do corpo, à descontração das atitudes e das poses. Um certo unissex conquistou o mundo sem por isso destruir a sexualização e a sedução das aparências.

Expulsando os signos sofisticados das estratégias de charme, o sportswear modificou profundamente o registro da sedução. Não o desaparecimento da sedução, mas um lance no qual o gosto do parecer se acha menos alienado pelo olhar do Outro, menos tributário do imperativo de subjugar. Agradar estando à vontade; a sedução conquistou uma autonomia maior, concedendo uma prioridade ao conforto, ao prático, ao "pronto num instante". Entramos na era da *sedução expressa*: encantar sempre mas sem consagrar a isso um tempo impossível, sem que isso prejudique outras atividades. Uma sedução instantânea *quase* imperceptível, tal é a moda do descontraído. A moda contemporânea não trabalha para eliminar as estratégias de sedução, mas trabalha, de dia, para torná-las cada vez mais discretas, quase invisíveis. É o tempo da sedução mínima, que coexiste muito bem, de resto, com os rituais mais elaborados da noite, quando as mulheres querem pôr-se em festa para agradar. A sedução, permanecendo um código do feminino, torna-se cada vez mais uma escolha e um prazer; numa pesquisa recente, 70% das mulheres interrogadas consideravam que manter o corpo e embelezá-lo era antes de tudo um prazer. A sedução reciclou--se, recompôs-se parcialmente sob o ângulo do individualismo neonarcísico, na exploração da estética à la carte e da autonomia subjetiva.

A nova distribuição do guarda-roupa testemunha do mesmo modo o impulso dos valores hedonistas e psi próprios às nossas sociedades. Um número crescente de pessoas prefere comprar frequentemente a comprar caro, prefere comprar pequenas peças a "grandes roupas" — esta é uma expressão de vestuário típica da nova era do individualismo. Com a compra de pequenas peças, não só temos ocasião de exercer a escolha mais frequentemente, como também nos damos prazer mais vezes. Mudar frequentemente pelo prazer da mudança, pela festa do disfarce e da metamorfose de si, não pelo desejo de ostentação. A compra de vestuário com certeza não é estritamente egocêntrica, está sempre ligada à relação com o Outro, ao desejo de sedução, mas uma sedução em dia com a cultura hedonista democrática. O objetivo do status se eclipsa em favor da renovação lúdica, do prazer da mudança. Uma renovação de guarda-roupa comandada cada vez mais pelo que se ama mas também pelo desejo de "mudar de pele". Inúmeras mulheres não escondem isso, não compram tal ou tal artigo porque é a moda ou porque precisam dele, mas porque estão sem moral, porque estão deprimidas, porque querem mudar de estado de espírito. Indo ao cabeleireiro, comprando isto ou aquilo, têm a impressão de "fazer alguma coisa", de ficar outra, de rejuvenescer, de se dar um novo começo. "Retoque meu moral": à medida que a moda deixa de ser um fenômeno diretivo e unanimista, torna-se um fenômeno mais frequentemente *psicológico;* a compra de moda já não é orientada apenas por considerações sociais e estéticas, mas torna-se, ao mesmo tempo, um fenômeno terapêutico.

Com a moda aberta e o processo de redução da consideração social consagrado ao vestuário, começa um novo regime da imitação de moda. Durante séculos, a difusão de moda foi essencialmente feita a partir da corte e da aristocracia, as camadas inferiores copiavam invariavelmente as maneiras e as toaletes das classes superiores; G. de Tarde podia, assim, falar da "lei de propagação imitativa de cima para baixo" como de uma lei que regulamentava a própria marcha da imitação social. A moda de cem anos não infringiu de modo algum essa lei, sendo os modelos de imitação aqueles lançados pela Alta Costura e pelas mulheres da alta sociedade. Mas o que se passa hoje, quando o descontraído e o esporte estão na moda, quando até as estrelas se vestem como "todo mundo"? Operou-se uma mudança que destrói radicalmente a lei secular do contágio imitativo: já não se imita o superior, imita-se o que se vê em torno de si, os trajes simples e divertidos, os modelos não caros apresentados cada vez mais nas revistas. A lei vertical da imitação foi substituída por uma imitação horizontal, de acordo com uma sociedade de indivíduos reconhecidamente iguais. Como já o notava Tocqueville a respeito das opiniões e das crenças, a evolução democrática conduz ao poder da maioria, à influência do maior número; a moda não escapa a isso, agora é a influência da massa mediana que se exerce de maneira preponderante. O que é atestado pelo sucesso cada vez mais confirmado das "pequenas peças", dos trajes de lazer e esporte.

Os dados estatísticos relativos à evolução da provisão de vestuário revelam, de uma outra maneira, que a difusão de moda obedece cada vez menos ao esquema clássico do "estar no encalço" das classes superiores pelas classes inferiores. O modelo piramidal segundo o qual os artigos novos difundem-se a partir das classes superiores e ganham progressivamente as categorias inferiores já não é mais globalmente pertinente. Assim, o pulôver, no começo dos anos 1950 e durante vinte anos, foi de início comprado de maneira dominante pelos funcionários e pelos profissionais independentes. Mas sua difusão não se fez segundo a ordem hierárquica das categorias sociais. Após 1972, os empregados superam o nível de consumo das camadas superiores, mas "os meios operários e camponeses não apenas não seguem os empregados, como até abandonam esse artigo antes que as categorias superiores se cansem dele".

Do mesmo modo, o jeans não obedeceu, em sua difusão, ao princípio da hierarquia descendente: não começou sua carreira nas classes superiores, foram os jovens que o adotaram em primeiro lugar. No começo dos anos 1970, foram as mulheres dos quadros superiores que mais compraram esse artigo. Mas, nos anos que se seguiram, não foram os quadros médios e as profissões independentes que consagraram a despesa mais importante a esse artigo, e sim as mulheres de empregados e os exploradores agrícolas.[20] A imitação de moda obedece, doravante, a lógicas complexas, já não se ordena "mecanicamente" segundo o princípio do encalço social. Mais geralmente, adota-se um artigo não porque está em uso no topo da pirâmide social, mas porque é novo; veste-se moda não tanto para distinguir-se das camadas subalternas ou para exibir uma posição quanto para mudar, ser moderno, agradar, exprimir uma individualidade. Certamente, desde que existe, a motivação de moda jamais identificou-se inteiramente à exclusiva busca da distinção social; sempre agiu, paralelamente, o gosto pelas novidades e o desejo de manifestar uma individualidade estética. Mas não se pode duvidar de que o desejo de diferenciação social tenha sido, durante séculos, um móvel preponderante, particularmente intenso. Aquilo a que assistimos é a recomposição do espaço das motivações de moda. A dimensão distintiva de classe não desaparece, mas perde importância e peso em benefício dos desejos de novidades, de sedução e de individualidade. Em nossos dias, ama-se o Novo por ele mesmo; não é mais um álibi de classe, é um valor em si que, além disso, permite exibir uma individualidade estética, moderna, mutável. O vestuário de moda é cada vez menos um meio de distanciamento social e cada vez mais um instrumento de distinção individual e estética, um instrumento de sedução, de juventude, de modernidade emblemática.

Desde seu começo, a moda une o conformismo e o individualismo. Por ser aberta, a moda contemporânea não escapa a essa "estrutura" de fundo. Com a diferença de que o individualismo tornou-se globalmente menos competitivo, menos preocupado com o julgamento do Outro, menos exibicionista. Sem dúvida, veem-se minorias jovens excêntricas: não fazem senão sublinhar mais acentuadamente a tendência da maioria, menos preocupada com originalidade do que com elegância modesta, conforto e descontração. Excesso de extravagância para um pequeno número, discrição crescente da massa. Tudo é admitido e, no entanto, a rua parece apagada, sem grande originalidade; às "loucuras" dos criadores corresponde a monotonia da aparência cotidiana — tais são os paradoxos da moda aberta no próprio momento em que são exaltados o look e a fantasia desenfreada. A privatização das existências, o impulso dos valores individualistas, a diversificação do prêt-à-porter, longe de conduzir, como se teria podido esperar, a uma explosão de originalidade individualista, levaram à neutralização progressiva do desejo de distinção no vestuário. Nesse sentido, sem dúvida é verdade que há "menos" individualismo do que nos séculos anteriores, em que a busca da diferenciação social e pessoal era febril, fonte de rivalidade e de inveja, em que era imperativo demarcar-se através dos detalhes, dos enfeites, dos coloridos, em que era insuportável que duas mulheres estivessem vestidas de maneira semelhante.

Mas, por outro lado, é com certeza ainda mais verdadeiro dizer que o individualismo no vestuário aumentou notavelmente: em nossos dias, a gente se veste mais para si mesmo, mais em função dos próprios gostos do que em função de uma norma imperativa e uniforme. Durante séculos, a autonomia individual não pôde afirmar-se senão na escolha dos modelos e das variantes, escapando a norma estética de conjunto à liberdade dos particulares. Agora, a autonomia pessoal se manifesta até na escolha dos critérios da aparência. O individualismo é menos visível porque a preocupação de originalidade é menos espalhafatosa; na realidade, ela é mais fundamental porque pode investir nas próprias referências do parecer. O individualismo na moda é menos glorioso mas mais livre, menos decorativo mas mais opcional, menos ostentatório mas mais combinatório, menos espetacular mas mais diverso.

Segunda Parte
A MODA CONSUMADA

Onde começa, onde termina a moda, na era da explosão das necessidades e da mídia, da publicidade e dos lazeres de massa, das estrelas e dos sucessos musicais? O que não é, ao menos parcialmente, comandado pela moda quando o efêmero ganha o universo dos objetos, da cultura, dos discursos de sentido, quando o princípio de sedução reorganiza em profundidade o contexto cotidiano, a informação e a cena política? Explosão da moda: doravante ela já não tem epicentro, deixou de ser o privilégio de uma elite social, todas as classes são levadas pela embriaguez da mudança e das paixonites, tanto a infraestrutura como a superestrutura estão submetidas, ainda que em graus diferentes, ao reino da moda. É a era da *moda consumada*, a extensão de seu processo a instâncias cada vez mais vastas da vida coletiva. Ela não é mais tanto um setor específico e periférico quanto uma *forma* geral em ação no todo social. Estamos imersos na moda, um pouco em toda parte e cada vez mais se exerce a tripla operação que a define propriamente: o *efêmero*, a *sedução*, a *diferenciação marginal*. É preciso deslocalizar a moda, ela já não se identifica ao luxo das aparências e da superfluidade, mas ao processo de três cabeças que redesenha de forma cabal o perfil de nossas sociedades.

Com a extraordinária dilatação dessa estrutura tripolar, as sociedades modernas operaram uma reviravolta maior que as separa radicalmente do tipo de sociedade instalado a partir dos séculos XVII e XVIII. Uma nova geração de sociedades burocráticas e democráticas fez sua aparição, com dominante "leve" e frívola. Não mais a imposição coercitiva das disciplinas, mas a socialização pela escolha e pela imagem. Não mais a Revolução, mas a paixonite do sentido. Não mais a solenidade ideológica, mas a comunicação publicitária. Não mais o rigorismo, mas a sedução do consumo e do psicologismo. Desprendemo-nos em algumas décadas do primado das ideologias rígidas e do esquema disciplinar característico da fase heroica das democracias; as sociedades contemporâneas reciclaram-se em *kit* e em serviço expresso. O que não significa, evidentemente, que tenhamos rompido todos os elos que nos ligam a nossas origens: a sociedade frívola não sai do universo competitivo e burocrático, entra em seu momento flexível e comunicacional; não sai da ordem democrática, realiza-a na febre do espetacular, na inconstância das opiniões e das mobilizações sociais.

A supremacia da *forma moda* não tem nada a ver com qualquer "decadência" do Ocidente entregue aos gozos privados, esvaziado de toda fé em ideais superiores. Nada a ver com o "esnobismo" pós-histórico, esse fim hegeliano-marxista da história tal como o analisava Kojève no final dos anos 1950.[1] A moda consumada não significa desaparecimento dos conteúdos sociais e políticos em favor de uma pura gratuidade "esnobe", formalista, sem negatividade histórica. Significa uma nova relação com os ideais, um novo investimento nos valores democráticos e, no mesmo passo, aceleração das transformações históricas, maior abertura coletiva à prova do futuro, ainda que nas delícias do presente. Dissolução dos grandes referentes proféticos, fim das formas tradicionais da socialização, colocação em circulação permanente das coisas e do sentido, o terminal da moda faz regredir as resistências sociais à mudança, impulsiona uma humanidade mais deliberadamente histórica e mais severa em matéria de exigência democrática.

Tranquilizemo-nos: não pretendemos, de maneira nenhuma, definir nossas sociedades por um supersistema homogêneo e único. É uma evidência, aspectos essenciais da vida coletiva têm pouco a ver com a forma moda: espiral na economia e na tecnologia da guerra, atentados terroristas, catástrofe nuclear, desemprego, trabalho parcelado, xenofobia, uns tantos fenômenos díspares nos antípodas de uma imagem frívola de nosso tempo — a euforia da moda está longe de ser onipresente, a era da sedução coabita com a corrida aos armamentos, com a insegurança cotidiana, com a crise econômica e subjetiva. É preciso reafirmá-lo, nossa sociedade não é um todo inteligível à exclusiva luz do processo de moda. As ciências, as tecnologias, a arte, as lutas de interesses, a nação, a política, os ideais sociais e humanitários repousam sobre critérios específicos e têm uma autonomia própria; a forma moda pode cruzá-los, por vezes rearticulá-los, mas não os absorve em sua exclusiva lógica. Tratou-se, aqui, não de homogeneizar o diverso, mas de apreender uma tendência histórica dominante reestruturando planos inteiros de nosso universo coletivo.

A ideia de que as sociedades contemporâneas ordenam-se sob a lei da renovação imperativa, do desuso orquestrado, da imagem, da solicitação espetacular, da diferenciação marginal foi bem cedo desenvolvida, em níveis diferentes e com talento, nos EUA, em autores como Riesman, V. Packard, Boorstin, Marcuse, e mais tarde na França, entre os situacionistas e T. Baudrillard. Desde os anos 1960, a percepção de uma "nova sociedade", comandada, diríamos nós, pelo processo de moda, está presente entre os teóricos mais atentos à modernidade, com a particularidade de que permanecia, contudo, analisada no quadro conceitual herdado do espírito revolucionário. Denunciou-se, num excesso crítico, a hegemonia alienante da moda, permanecendo-se cego ao fato de que a própria perspectiva radical-subversiva se tornava uma voga para o uso da classe intelectual. Nenhum *leitmotiv* teórico mais em evidência: o devir moda de nossas sociedades identifica-se à institucionalização do desperdício, à criação em grande escala de necessidades artificiais, à normalização e ao hipercontrole da vida privada. A sociedade de consumo é programação do cotidiano: ela manipula e quadricula racionalmente a vida individual e social em todos os seus interstícios; tudo se torna artifício e ilusão a serviço do lucro capitalista e das classes dominantes. Os *swinging sixties* deleitaram-se em estigmatizar o império da sedução e da obsolescência: racionalidade da irracionalidade (Marcuse), organização totalitária da aparência e alienação generalizada (Debord), condicionamento global (Galbraith), sociedade terrorista (H. Lefebvre), sistema fetichista e perverso prorrogando a dominação de classe (Baudrillard), foi à luz do esquema da luta das classes e da dominação burocrático-capitalista que a supremacia da moda foi lida. Por trás da ideologia da satisfação das necessidades, denunciava-se o condicionamento da existência, a "sobrevivência aumentada" (Debord), a racionalização e a extensão da dominação. Reforçado pelas ferramentas conceituais do marxismo, o reflexo clássico da condenação das aparências e da sedução funcionou a todo vapor; encontrou, na escala do todo social, sua expressão última.

O dossiê deve ser reaberto de um lado a outro. Na obsessão do inferno cloroformizado e na febre denunciadora, a obra histórica do reino da moda foi no essencial ignorada; seus efeitos reais na longa duração a mil léguas daqueles que foram e ainda são fustigados pelos pensamentos em revolta e, sob muitos aspectos, pelo próprio senso comum. Com a moda total, a astúcia da razão é chamada como nunca ao pódio da história: sob a sedução operam as Luzes, sob a escalada do fútil prossegue a conquista plurissecular da autonomia dos indivíduos.

I. A SEDUÇÃO DAS COISAS

Pode-se caracterizar empiricamente a "sociedade de consumo" por diferentes traços: elevação do nível de vida, abundância das mercadorias e dos serviços, culto dos objetos e dos lazeres, moral hedonista e materialista etc. Mas, *estruturalmente*, é a generalização do processo de moda que a define propriamente. A sociedade centrada na expansão das necessidades é, antes de tudo, aquela que reordena a produção e o consumo de massa sob a lei da *obsolescência*, da *sedução* e da *diversificação*, aquela que faz passar o econômico para a órbita da forma moda. "Todas as indústrias se esforçam em copiar os métodos dos grandes costureiros. Essa é a chave do comércio moderno": o que escrevia L. Cheskin nos anos 1950 não foi desmentido pela evolução futura das sociedades ocidentais, o processo de moda não cessou de alargar sua soberania. A lógica organizacional instalada na esfera das aparências na metade do século XIX difundiu-se, com efeito, para toda a esfera dos bens de consumo: por toda parte são instâncias burocráticas especializadas que definem os objetos e as necessidades; por toda parte impõe-se a lógica da renovação precipitada, da diversificação e da estilização dos modelos. Iniciativa e independência do fabricante na elaboração das mercadorias, variação regular e rápida das formas, multiplicação dos modelos e séries — esses três grandes princípios inaugurados pela Alta Costura não são mais apanágio do luxo do vestuário, são o próprio núcleo das indústrias de consumo. A ordem burocrático-estética comanda a economia do consumo agora reorganizada pela sedução e pelo desuso acelerado. A indústria leve é uma indústria estruturada com a moda.

UM OBJETO DO SEU AGRADO

Forma moda que se manifesta em toda a sua radicalidade na cadência acelerada das mudanças de produtos, na instabilidade e na precariedade das coisas industriais. A lógica econômica realmente varreu todo ideal de permanência, é a regra do efêmero que governa a produção e o consumo dos objetos. Doravante, a temporalidade curta da moda fagocitou o universo da mercadoria, metamorfoseado, desde a Segunda Guerra Mundial, por um processo de renovação e de obsolescência "programada" propício a revigorar sempre mais o consumo. Pensamos menos em todos esses produtos estudados para não durar — lenços de papel, fraldas, guardanapos, garrafas, isqueiros, aparelhos de barbear, roupas baratas — do que no processo geral que obriga as firmas a inovar, a lançar continuamente novos artigos, ora de concepção realmente inédita, ora — e é o mais frequente — comportando simples pequenos aperfeiçoamentos de detalhe que dão um "mais" aos produtos na competição de mercado. Com a moda consumada, o tempo breve da moda, seu desuso sistemático tornaram-se características inerentes à produção e ao consumo de massa. A lei é inexorável: uma firma que não cria regularmente novos modelos perde em força de penetração no mercado e enfraquece sua marca de qualidade numa sociedade em que a opinião espontânea dos consumidores é a de que, por natureza, o novo é superior ao antigo. Os progressos da ciência, a lógica da concorrência, mas também o gosto dominante pelas novidades concorrem para o estabelecimento de uma ordem econômica organizada como a moda. A oferta e a procura funcionam pelo Novo; nosso sistema econômico é arrastado numa espiral onde a inovação grande ou pequena é rainha, onde o desuso se acelera: certos especialistas em marketing e em inovação podem assegurar que, em dez anos, 80 a 90% dos produtos atuais estarão desclassificados, serão apresentados sob uma forma nova e em nova embalagem. "É novo, é Sony": todas as publicidades lançam toda a luz na novidade dos produtos — "Novo Pampers", "Novo Ford Escort", "Novos pudins com ovos de Francorusse" — o novo aparece como o imperativo categórico da produção e do marketing, nossa economia-moda caminha no *forcing* e na sedução insubstituível da mudança, da velocidade, da diferença.

Símbolo da economia frívola: o *gadget* e sua loucura tecnológica. Faca elétrica para ostras, lava-vidros elétrico, barbeador eletrônico com três posições de corte — estamos mergulhados no excesso e na profusão dos automatismos, num meio de deslumbramento instrumental. Muito se denunciou, ao longo dos anos 1960 e 1970, a ascensão dessa economia neokitsch consagrada ao desperdício, ao fútil, à "patologia do funcional".[1] O gadget pôde aparecer como a essência e a verdade do objeto de consumo, utensílio nem realmente útil nem realmente inútil: tudo desemboca potencialmente no gadget, do tostador de pão elétrico com nove posições ao aparelho de som estéreo sofisticado, todos os nossos objetos são destinados à moda, ao espetacular fútil, à gratuidade técnica mais ou menos ostensiva. Com a hegemonia do gadget, o meio material se torna semelhante à moda, as relações que mantemos com os objetos já não são de tipo utilitário mas de tipo *lúdico*,[2] o que nos seduz são, antes de tudo, os jogos a que dão ensejo, jogos dos mecanismos, das manipulações e performances. Sem de modo algum recolocar em causa o lugar do lúdico em nossa relação com o meio técnico, pode-se perguntar se esse gênero de análise continua apreendendo o universo contemporâneo do consumo, se é legítimo considerar o gadget como o paradigma do objeto de consumo? Não há, oculta atrás dessas denúncias, uma das formas típicas da atitude antimoderna, que considera que as inovações programadas são vãs, inautênticas, artificiais, comparadas à era do artesanato "selvagem" e imprevisível? Não se quer ver que, para além de algumas dessas novas preciosidades ridículas, está em marcha um processo constante de progressos objetivos, de conforto e de eficácia maiores. "A inutilidade funcional" não é o que representa nosso universo técnico cada vez mais atraído para o high tech alta-fidelidade e informática; o gadget se esfuma em benefício dos "terminais inteligentes", das videocomunicações maleáveis, das programações autônomas e sob encomenda. O triunfo intelectual do gadget não terá sido, sem dúvida, senão a tradução desse momento inaugural do consumo de massa atordoado pelo chamariz tecnológico. Presentemente os ataques contra os gadgets ficaram abafados, eles são menos objetos de escândalo do que objetos engraçados, vivemos o tempo da reconciliação dos homens com seu meio material. Os consumidores estão menos deslumbrados com o estardalhaço dos utensílios, informam-se mais sobre a qualidade dos produtos, comparam seus méritos, buscam a operatividade ótima. O consumo torna-se mais adulto, a atitude lúdica já não é preponderante — algum dia o foi? —, não exclui o desejo aumentado de funcionalidade e de independência individual. Não mais o culto das manipulações gratuitas, mas o do conforto e da habitabilidade; queremos objetos confiáveis, "carros para viver". A moda nos objetos entrou em regime de cruzeiro, aceitamo-la como um destino pouco trágico, fonte de bem-estar e de pequenas excitações bem-vindas no ramerrão da vida cotidiana.

O imperativo industrial do Novo se encarna agora numa política de produtos coerente e sistemática, a da diversificação e da desmassificação da produção. O processo de moda despadroniza os produtos, multiplica as escolhas e opções, manifesta-se em políticas de linhas que consistem em propor um amplo leque de modelos e versões construídos a partir de elementos-padrão e que só se distinguem ao termo da linha de montagem por pequenas diferenças combinatórias. Se desde a década de 1920, com o *sloanismo** a produção de massa começou, pelo menos nos EUA e no setor automobilístico, a empregar o princípio das linhas completas de produtos e da renovação anual dos modelos,[3] o processo só ganhou toda sua extensão após a Segunda Guerra Mundial. Com a multiplicação das linhas, versões,

---

* Referente a Sloane Square, local de Londres onde se concentram lojas de consumo sofisticado. (N. E.)

opções, cores, séries limitadas, a esfera das mercadorias entrou na ordem da personalização, vê generalizar-se o princípio da "diferenciação marginal",[4] por muito tempo apanágio da produção de vestuário. A forma moda é aí soberana: trata-se por toda parte de substituir a unicidade pela diversidade, a similitude pelas nuanças e pequenas variantes, compatível com a individualização crescente dos gostos. Todos os setores são tomados pelo processo moda da variedade e das diferenças secundárias; 22 versões Supercing em um ano, a que se acrescentam as cores e acessórios opcionais, cerca de 200 mil veículos diferentes na Renault, todos os modelos e opções confundidos. Nike e Adidas propõem cada uma várias dezenas de modelos *training* de diferentes cores. A Sony propunha, em 1986, cinco novos aparelhos de som portáteis de alta-fidelidade, nove novos toca-discos laser, dezenas de caixas acústicas, amplificadores, toca-fitas. Os soft drinks pegaram o trem andando: a Coca-Cola criou uma verdadeira linha de refrigerantes — Classic Coke, New Coke, Diet Coke, Cafeine Free Coke, Cafeine Free Diet Coke, Cherry Coke — vendidos em diferentes embalagens e volumes. A moda consumada assinala a generalização do sistema das pequenas diferenças supermultiplicadas. Paralelamente ao processo de miniaturização técnica, a forma moda engendra um universo de produtos ordenado pela ordem das microdiferenças.

Com a extensão das políticas de linhas, a oposição modelo/ série, tão ostensiva ainda durante os primeiros tempos do consumo de massa, não domina mais o estatuto do objeto moderno:[5] se a disjunção objeto de luxo/modelo de grande série está sempre presente, já não é o traço marcante do universo dos objetos. A série foi oposta ao modelo de luxo por dois traços principais: de um lado, o "déficit técnico", que destina o objeto serial à mediocridade funcional e a ser posto de lado rapidamente; por outro, o "déficit de estilo", que condena o objeto para grande público ao mau gosto, à ausência de coerência formal, de estilo e de originalidade.[6] Mas como não ver as mudanças que se operaram tanto nas qualidades técnicas quanto nas qualidades estéticas dos objetos de massa? A ideia, amplamente difundida, segundo a qual a produção de massa trabalha sistematicamente para reduzir a duração de vida dos produtos através de defeitos de construção voluntários e da degradação da qualidade[7] precisa ser seriamente reexaminada. Atestado verdadeiro para alguns pequenos aparelhos, não o é para outros, de duração de vida estável ou mesmo em alta (aparelhos de televisão, motores de veículos etc.).[8] Uma pesquisa de 1983 revelava que 29% dos refrigeradores possuídos pelas pessoas entrevistadas tinham mais de dez anos, o mesmo ocorrendo com um quarto dos moedores de café, dos secadores de cabelo e dos aspiradores. O objeto de massa não está condenado a ver sua confiabilidade e sua durabilidade declinarem continuamente, a desqualificação técnica não é um destino inexorável, a tendência é de preferência para o "mais" nos acabamentos, para os produtos de "defeito zero". A mesma reserva se impõe a respeito da estética dos objetos: com o impulso do design e das políticas de linhas, veem-se aparecer cada vez mais produtos para grande público de uma incontestável qualidade formal. O tempo do 2 CV, robusto mas no grau zero da pesquisa plástica, está terminado; modelos de veículos tendo um preço por vezes 50% inferior a outras versões de uma mesma série têm rigorosamente a mesma linha. O cuidado empregado na aparência externa dos produtos para grande público é o mesmo daquele em vigor nas altas linhas, os "pequenos carros" são modelos de silhuetas elegantes e aerodinâmicas muito pouco diferentes em sua concepção formal dos "grandes carros". Nossa sociedade não é dominada pela lógica kitsch da mediocridade e da banalidade. O que faz a diferença é cada vez menos a elegância formal e cada vez mais as performances técnicas, a qualidade dos materiais, o conforto, a sofisticação dos equipamentos. O estilo original não é mais privilégio do luxo, todos os produtos são doravante repensados tendo em vista uma aparência sedutora, a oposição modelo/série turvou--se, perdeu seu caráter hierárquico e ostentatório. A produção industrial prossegue o trabalho democrático de igualação das condições na esfera dos objetos: ao invés de um sistema feito de elementos heterogêneos, expande-se um sistema graduado, constituído de variações e de pequenas nuanças. Os extremos não desapareceram, deixaram de exibir orgulhosamente sua diferença incomparável.

UM CHARME CHAMADO DESIGN

Com a incorporação sistemática da dimensão estética na elaboração dos produtos industriais, a expansão da forma moda encontra seu ponto de realização final. Estética industrial, design, o mundo dos objetos está doravante inteiramente sob o jugo do estilismo e do imperativo do charme das aparências. O passo decisivo nesse avanço remonta aos anos 1920-1930 quando, após a grande depressão nos EUA, os industriais descobriram o papel primordial que podia ganhar o aspecto externo dos bens de consumo no aumento das vendas: *good design, good business*. Impôs-se cada vez mais o princípio de estudar esteticamente a linha e a apresentação dos produtos de grande série, de embelezar e harmonizar as formas, de seduzir o olho segundo o célebre slogan de R. Loewy: "A feiura vende mal". Revolução na produção industrial: o design tornou-se parte integrante da concepção dos produtos, a grande indústria adotou a perspectiva da elegância e da sedução. Com o reino do design industrial, a forma moda não remete mais apenas aos caprichos dos consumidores, passa a ser uma estrutura constitutiva da produção industrial de massa.

As modificações frequentes empregadas na estética dos objetos são um correlato do novo lugar atribuído à sedução. Introduzindo periodicamente mudanças na silhueta dos modelos, as indústrias de consumo, desde os anos 1950, alinharam-se abertamente nos métodos da moda feminina: mesma inconstância formal, mesma obsolescência "dirigida", permitindo tornar prescrito um produto por simples mudança de estilo e de apresentação. A era do consumo coincide com esse processo de renovação formal permanente, tendo como objetivo provocar uma dinâmica do desenvolvimento e revigorar o mercado. Economia frívola voltada para o efêmero e a última moda, de que encontramos a descrição feroz mas arquetípica em V. Packard:[9] carros, artigos domésticos, louça, roupa de cama, mobiliário, o mundo dos objetos valsa no ritmo do *styling*, das mudanças anuais de linhas e de cores.

Não seria muito difícil mostrar tudo o que nos liga ainda a esse universo do "complô da moda": a aparência dos produtos e sua renovação estilística continuam tendo um lugar determinante na produção industrial, a apresentação dos objetos continua sendo crucial para impor o sucesso no mercado. As publicidades são estranhamente semelhantes em sua chamada insistente do look moda. Há umas três décadas, podia-se ler "o carro mais bem vestido do ano" (De Soto) ou "o último grito da moda" (Ford). Agora, vemos "um estilo Alta Costura, um preço de prêt-à-porter" (Peugeot), "o sucesso musical do ano, o Fiesta Rock. Look de estrela" (Ford). Enquanto as grandes empresas automobilísticas propõem regularmente modelos de linhas novas, os mais diversos produtos entram no ciclo interminável da operação moda e design. Mesmo os produtos alimentícios começam a ser submetidos ao imperativo da estética industrial: assim, o designer italiano Giugiaro pôde desenhar a forma de novas massas alimentícias. Cada vez mais, pequenos objetos — relógios, óculos, isqueiros, lápis, canetas, cinzeiros, cadernos — perdem sua característica tradicionalmente austera e tornam-se acessórios alegres, lúdicos, cambiantes. A indústria do relógio particularmente conseguiu seu *aggiornamento* moda: a Swatch lança a cada ano uns vinte modelos fantasia em cores e apresentação plástica; chegamos ao relógio clipe, que "se usa por toda parte menos no pulso", aos relógios-gadgets cujos ponteiros giram ao contrário.

Qualquer que seja o gosto contemporâneo pela qualidade e pela confiabilidade, o sucesso de um produto depende em grande parte de seu design, de sua apresentação, de sua embalagem e acondicionamento. Se R. Loewy, nos anos 1940, conseguiu revigorar a venda dos Lucky Strike renovando sua apresentação, mais próximo de nós, Louis Cheskin deu um novo começo ao Marlboro ao conceber seu célebre maço duro, vermelho e branco. O *packaging* pode melhorar, diz-se, em 25% a distribuição de um produto, muitas vezes basta uma nova embalagem para recuperar um produto desaquecido. Ontem como hoje, o cliente é determinado em parte em função do aspecto exterior das coisas: o design de maquiagem e de moda tem uma longa carreira pela frente.

O que não quer dizer que nada mudou desde a era heroica do consumo. A época da "arte do desperdício", do carro rei da moda, quando todas as carrocerias General Motors eram mudadas a cada ano, quando as variações adotavam o ritmo e as excentricidades da moda, quando a qualidade técnica parecia destinada a uma degradação irresistível, não teve prosseguimento sem algumas transformações significativas. O momento presente é mais de valorização do conforto, do natural, da maneabilidade, da segurança, da economia, da performance: "O novo Escort chegou! Novo look, nova tecnologia, novas performances. Mais eficaz com as novas suspensões Mac Pherson independentes nas quatro rodas: estabilidade e conforto fenomenais. Mais caloroso, com um interior completamente redesenhado: painel de alta legibilidade, assentos ergonômicos de grande conforto, arranjos muito práticos, vasto porta-malas modulável, sem contar o espaço interno recorde". Valores menos tributários da embriaguez das aparências impuseram-se maciçamente. Que a Renault tenha podido lançar em 1984 o Supercinq, de concepção inteiramente nova mas de linha muito semelhante ao do R5 nascido em 1972, é revelador da mudança em curso. Por ser atípico, o caso do Supercinq é instrutivo. "Não se muda um modelo que está ganhando", dizia-se a seu respeito; mas tal fenômeno pôde produzir-se unicamente em virtude de uma moderação da febre de renovação formal. Aqui, a lógica da produção para grande público aproximou-se da alta linha em sua recusa das variações aceleradas e sistemáticas.

Já não é mais possível sustentar, ao menos na Europa, que os aparelhos eletrodomésticos sejam desclassificados por simples pequenas novidades de formas ou de cores. Em numerosos ramos, como o eletrônico para grande público, o eletrodoméstico ou o mobiliário, o classicismo das formas é dominante, as variações na aparência, discretas. A forma dos barbeadores elétricos, dos aparelhos de televisão ou dos refrigeradores muda pouco, nenhuma introdução estilística consegue torná-los obsoletos. Quanto mais a complexidade técnica aumenta, mais o aspecto externo dos objetos se torna sóbrio e depurado. As formas ostentatórias dos para-lamas de carro e o brilho dos cromados deram lugar à compacidade e às linhas integradas; os aparelhos de som, os videocassetes, os microcomputadores aparecem com formas depuradas e sérias. A sofisticação frívola das formas foi substituída por um superfuncionalismo high tech. A moda é lida menos no chamariz decorativo do que no luxo de precisão, de visores e teclas sensíveis. Menos jogo formal, mais tecnicidade, a moda tende ao BCBG.

No centro do redesdobramento moda da produção, o *industrial design*. O que não deixa de ser de alguma forma paradoxal quando nos reportamos às intenções iniciais do movimento, expressas e concretizadas no início do século XX na Bauhaus e mais tarde nas posições do design ortodoxo. O design, com efeito, desde a Bauhaus, opõe-se frontalmente ao espírito de moda, aos jogos gratuitos do decorativo, do kitsch, da estética supérflua. Hostil por princípio aos elementos acrescentados, às ornamentações superficiais, o design estrito busca essencialmente a melhoria funcional dos produtos; trata-se de conhecer configurações formais econômicas definidas antes de tudo por sua "riqueza semântica ou semiológica". Idealmente, o design não se atribui a tarefa de conceber objetos agradáveis ao olho, mas a de encontrar soluções racionais e funcionais. Não arte decorativa mas "design informacional",[10] visando criar formas adaptadas às necessidades e às funções, adaptadas às condições da produção industrial moderna.

Sabe-se que de fato essa oposição à moda foi muito menos

radical. Em primeiro lugar porque ali onde o design industrial se desenvolveu mais rapidamente, nos EUA, ele se atribuiu, antes de tudo, o objetivo de embelezar os objetos e seduzir os consumidores: *styling*, design de adorno, de revestimento, de maquiagem. Por outro lado, porque passadas as concepções intransigentes e puritanas da Bauhaus, o design fixou-se tarefas menos revolucionárias: após o projeto de sanear em profundidade a concepção dos produtos industriais na via purista, o projeto mais modesto de "ressemantizar"[11] o mundo dos objetos correntes, isto é, de integrar a retórica da sedução. O programa funcionalista humanizou-se e relativizou-se, abriu-se às necessidades múltiplas do homem, estéticas, psíquicas, emotivas; o design abandonou o ponto de vista da racionalidade pura, em que a forma seria deduzida rigorosamente das exclusivas exigências materiais e práticas do objeto, "o valor estético é parte inerente da função".[12] Se a ambição suprema do design é criar objetos úteis adaptados às necessidades essenciais, sua outra ambição é que o produto industrial seja "humano", devendo-se dar lugar à busca do encanto visual e da beleza plástica. Assim, o design se insurge menos contra a moda do que institui uma moda específica, uma *elegância* nova, caracterizada pelo aerodinamismo e pela depuração das formas, uma beleza abstrata feita de rigor e de coerência arquitetônica. Moda de um gênero à parte pois que unidimensional, funcional, ao menos se se excetuam as fantasias do *new design* destes últimos anos. À diferença da *fashion*, que só conhece as reviravoltas de estilo, o design é homogêneo, reestrutura o meio com um espírito constante de simplificação, de geometria, de lógica. O que de modo algum impede os objetos de constituírem-se em estilos característicos de uma mesma época e de conhecerem o destino do fora de moda.

Insurgindo-se contra a sentimentalidade irracional dos objetos, utilizando materiais brutos, consagrando o despojamento ortogonal e o aerodinamismo, o design não sai da ordem da sedução, mas inventa uma nova modalidade dela. A encenação e o artificialismo não desapareceram, chega-se a eles pela via inédita do mínimo e da "verdade" do objeto:[13] é o charme discreto do despojamento, da economia dos meios e da transparência. Sedução fria, unívoca, modernista, após a teatralidade caprichosa e ornamental. Com o design, o mundo dos objetos se desprende da referência ao passado, põe fim a tudo que pertence a uma memória coletiva para não ser mais que uma presença hiperatual. Criando formas contemporâneas sem laços com um outrora (cópia dos modelos antigos) ou um alhures (estética floral, por exemplo, e seus motivos inspirados na natureza), o design é um hino à estrita modernidade, conota e valoriza, como a moda, o presente social. O objeto design aparece sem raiz, não induz nenhum mergulho em um imaginário alegórico e mitológico, mas oferece-se numa espécie de presença absoluta sem apontar para alguma coisa que não ele mesmo, sem outra temporalidade que não o *presente*. Mostra-se no aqui e no agora; seu atrativo se sustenta nessa carga de modernidade pura que o constitui e que ele legitima. Hostil ao fútil, o design é, no entanto, sustentado pela mesma lógica temporal da moda — a do contemporâneo; ele aparece como uma das figuras da soberania do presente.

É preciso acrescentar ainda que o design não está, de modo algum, preso em essência à estética geométrica e racionalista. Não só se impôs há muito tempo um design estilo artesanal, de formas e de materiais mais íntimos, mais quentes (design escandinavo *Habitat* etc.), mas surgiu, no final dos anos 1970, uma nova tendência que reabilita o emocional, a ironia, o insólito, o fantástico, o desvio de objeto, a colagem heteróclita. Em reação contra o modernismo racional e austero herdado da Bauhaus, o *Nuovo design* (Memphis, Alchimia) apresenta objetos "pós-modernos", improváveis, provocadores, quase inutilizáveis; os móveis tornam-se brinquedos, gadgets, esculturas de caráter lúdico e expressivo. Com a tendência poetizada e pós-funcionalista, o design, ao operar uma reviravolta espetacular, não faz senão exibir mais abertamente sua essência moda. A fantasia, o jogo, o humor, esses princípios constitutivos da moda agora têm direito de cidadania no ambiente modernista, conseguiram imiscuir-se no próprio design. Assim, estamos destinados à justaposição dos contrários estilísticos: formas lúdicas/formas funcionais. De um lado, cada vez mais fantasia e ironia; do outro, cada vez mais funcionalidade minimalista. O processo está só começando, a uniformidade não está no horizonte do mundo dos objetos.

A ruptura introduzida pelo design e pela Bauhaus pode ser colocada em paralelo com a realizada pela Alta Costura: o design e a moda moderna participam paradoxalmente da mesma dinâmica histórica. Recusando a ornamentação gratuita, redefinindo os objetos em termos de ordenamentos combinatórios e funcionais, a Bauhaus consagrava, no rigorismo e no ascetismo formal, a autonomia daquele que concebe na elaboração das coisas, estabelecia no domínio dos objetos o que os costureiros haviam realizado, de maneira diferente, no vestuário: a independência de princípio em relação aos gostos espontâneos do cliente, a liberdade demiúrgica do criador. Ainda que, diferentemente da Bauhaus — inteiramente ligada a um racionalismo funcionalista e utilitário —, a Alta Costura tenha perpetuado a tradição elitista e ornamental, estruturalmente o design é para os objetos o que a Alta Costura foi para o vestuário. Na base, há o mesmo projeto moderno de fazer tábula rasa do passado, de reconstruir completamente um meio liberto da tradição e dos particularismos nacionais, de instituir um universo de signos compatível com as necessidades novas. A Alta Costura permaneceu fiel à tradição do luxo, da gratuidade e do trabalho artesanal, enquanto a Bauhaus se atribuiu a tarefa de ser "útil" levando em conta as sujeições da indústria. Mas juntas contribuíram para revolucionar e desnacionalizar os estilos, para promover o cosmopolitismo das formas.

Radicalidade do design que impede de reduzi-lo a uma ideologia de classe, de assimilá-lo a um puro e simples efeito das novas condições do capitalismo voltado para o consumo de massa e o esforço para vender. Toda uma literatura de inspiração marxista empenhou-se à saciedade em desmistificar a ideologia criativa e o humanismo do design, enfatizando sua submissão aos imperativos da produção mercantil e à lei do lucro. Crítica parcialmente justa, mas que deixa na sombra os fatores historicamente complexos da emergência do design. Se as novas tecnologias, as novas condições da produção (produtos estandardizados, fabricados industrialmente em grande série) e do mercado não podem ser subestimadas no impulso do fenômeno, não podem esclarecer por si só o aparecimento da estética funcionalista. Não se trata de empreender, nos limites deste estudo, o exame detalhado das causas de tal mutação; não podemos senão ressaltar muito esquematicamente em que o design não é separável das pesquisas dos plásticos modernos e mais subterraneamente dos valores do universo democrático. Impossível, com efeito, não ver tudo o que a estética *design* deve aos trabalhos dos pintores e escultores das vanguardas: cubismo, futurismo, construtivismo, "de Stijl".[14] Da mesma maneira que a arte moderna conquistou uma autonomia formal libertando-se da fidelidade ao modelo e da representação euclidiana, assim também a Bauhaus aplicou-se em produzir formas definidas essencialmente por sua coerência interna, sem referência a normas outras que não a funcionalidade do objeto. A pintura moderna criou obras que valem por si mesmas; a Bauhaus, por seu lado, prolongou esse gesto concebendo objetos estritamente combinatórios. Em sua exaltação do despojamento, do ângulo reto, da simplicidade das formas, o estilo funcional é de fato o resultado do espírito artístico moderno em revolta contra a estética do brilho, da ênfase, da ornamentação. O ambiente funcional não faz senão rematar a revolução artística moderna de essência democrática, desencadeada por volta de 1860, expulsando a solenidade majestosa, o anedótico, a idealização. Toda a arte moderna, como negação das convenções e reabilitação do prosaico, é inseparável de uma cultura da igualdade que dissolve as hierarquias de gêneros, de assuntos, de materiais. Assim, a estética funcionalista é sustentada pelos valores modernistas revolucionários e democráticos: arrancar os objetos à prática ornamental, pôr fim aos modelos poéticos do passado, utilizar materiais "vulgares" (projetores e lâmpadas de mesa de aço cromado ou alumínio, cadeiras, poltronas e banquetas de tubos metálicos de Bauer em 1925); o trabalho da igualdade eliminou os signos da dessemelhança ostentatória, legitimou os novos materiais industriais não nobres, permitiu promover os valores de "autenticidade" e de "verdade" do objeto. A celebração da beleza funcional deve pouco às diversas estratégias sociais da distinção; antes enraíza-se nas técnicas industriais da produção de massa, na efervescência vanguardista e na revolução dos valores estéticos próprios à era democrática.

A FEBRE CONSUMIDORA OU A RACIONALIDADE AMBÍGUA

Entre os trabalhos teóricos que analisaram a extensão da forma moda nas sociedades contemporâneas, um lugar particular deve ser dado aos de J. Baudrillard, cujo mérito é nela ter visto, muito cedo, não um epifenômeno, mas a espinha dorsal da sociedade de consumo. Conceitualizando a moda e o processo de consumo fora do esquema da alienação e das pseudonecessidades, tendo-os analisado como lógica social e não como manipulação das consciências, nenhuma dúvida de que tenha contribuído para abalar os dogmas marxistas e conseguido devolver uma vitalidade, uma nobreza teórica à questão. Radicalidade das hipóteses, atenção ao concreto, os textos de Baudrillard permanecem um ponto de partida obrigatório para toda teorização da moda em nossas sociedades.

Acontece que o abalo do catecismo marxista e a vontade de apreender o novo não se efetuaram sem dar continuidade à chave de todas as problemáticas da moda desde o século XIX: as classes e suas competições estatutárias. Na base das análises de Baudrillard há o esforço de desmistificar a ideologia do consumo como comportamento utilitarista de um sujeito individual, finalizado pelo gozo e satisfação de seus desejos. Ideologia enganosa, a seus olhos, pelo fato de que, longe de remeter a uma lógica individual do desejo, o consumo repousa sobre uma lógica do tributo e da distinção social. A teoria cara a Veblen, a do consumo ostentatório como instituição social encarregada de significar a posição social, torna-se uma referência importante, adquire um valor de modelo interpretativo insuperável para apreender no consumo uma estrutura social de segregação e de estratificação. Assim, jamais se consome um objeto por ele mesmo ou por seu valor de uso, mas em razão de seu "valor de troca signo", isto é, em razão do prestígio, do status, da posição social que confere. Para além da satisfação espontânea das necessidades, é preciso reconhecer no consumo um instrumento da hierarquia social e nos objetos um lugar de produção social das diferenças e dos valores estatutários.[15] Desse modo, a sociedade de consumo, com sua obsolescência orquestrada, suas marcas mais ou menos cotadas, suas gamas de objetos, não é senão um imenso processo de produção de "valores signos" cuja função é conotar posições, reinscrever diferenças sociais em uma era igualitária que destruiu as hierarquias de nascimento. A ideologia hedonista que sustenta o consumo é só um álibi para uma determinação mais fundamental que é a lógica da diferenciação e superdiferenciação sociais. A corrida para o consumo, a febre das novidades não encontram sua fonte na motivação do prazer, mas operam-se sob o ímpeto da competição estatutária.

Em tal problemática, o valor de uso das mercadorias não é o que motiva profundamente os consumidores; o que é visado em primeiro lugar é o *standing*, a posição, a conformidade, a diferença social. O objetos não passam de "expoentes de classe", significantes e discriminantes sociais, funcionam como signos de mobilidade e de aspiração social. É precisamente essa lógica do objeto signo que impulsiona a renovação acelerada dos objetos mediante sua reestruturação sob a égide da moda: só há efemeridade e inovação sistemática a fim de reproduzir a diferenciação social. A teoria mais ortodoxa da moda volta a galope, o efêmero encontra seu princípio na concorrência simbólica das classes; as novidades audaciosas e aberrantes da moda têm por função recriar distância, excluir a maioria, incapaz de assimilá--las imediatamente, e distinguir, ao contrário, por um tempo, as classes privilegiadas que podem, estas sim, apropriar-se delas: "A inovação formal em matéria de objetos não tem por fim um mundo de objetos ideal, mas um ideal social, o das classes privilegiadas, que é de reatualizar perpetuamente seu privilégio cultural".[16] O novo de moda é antes de tudo um signo distintivo, um "luxo de herdeiros": longe de destruir as disparidades sociais diante dos objetos, a moda "fala a todos para melhor recolocar cada um em seu lugar. É uma das instituições que melhor recupera, que funda, sob pretexto de aboli-la, a desigualdade cultural e a discriminação social".[17] Ainda mais, a moda contribui para a inércia social pelo fato de que a renovação dos objetos permite compensar uma ausência de mobilidade social real e uma aspiração decepcionada ao progresso social e cultural.[18] Instrumento de distinção de classes, a moda reproduz segregação social e cultural, participa da mitologia moderna mascarando uma igualdade que não pode ser encontrada.

Essas análises clássicas levantam inúmeras questões. Qualquer que seja seu interesse, não se deve esconder que, em nossa opinião, elas perderam o essencial do que se produziu com a explosão da moda consumada, ficaram cegas à verdadeira função histórica do novo tipo de regulação social à base de inconstância, de sedução e de hiperescolha. Não pensamos de maneira nenhuma em negar que os objetos possam ser, aqui ou ali, significantes sociais e signos de inspiração, mas contestamos a ideia de que o consumo de massa seja comandado principalmente por um processo de distinção e de diferenciação estatutária, que ele se identifique a uma produção de valores honoríficos e de emblemas sociais. A grande originalidade histórica do impulso das necessidades é precisamente ter desencadeado um processo tendencial de *dessocialização do consumo*, de regressão do primeiro imemorial do valor estatutário dos objetos em favor do valor dominante do prazer individual e do objeto-uso. É essa inversão de tendência que define propriamente a obra da moda consumada. É cada vez menos verdadeiro que adquirimos objetos para obter prestígio social, para nos isolar dos grupos de estatuto inferior e filiar-nos aos grupos superiores. O que se busca, através dos objetos, é menos uma legitimidade e uma diferença social do que uma satisfação *privada* cada vez mais indiferente aos julgamentos dos outros. O consumo, no essencial, não é mais uma atividade regrada pela busca do reconhecimento social; manifesta-se, isso sim, em vista do bem-estar, da funcionalidade, do prazer para si mesmo. O consumo maciçamente deixou de ser uma lógica do tributo estatutário, passando para a ordem do utilitarismo e do privatismo individualista.

É verdade que, na aurora do impulso do consumo de massa, certos objetos, os primeiros carros, os primeiros aparelhos de televisão, tenham podido ser elementos de prestígio, mais investidos de valor social distintivo do que de valor de uso. Mas quem não vê que esse tempo está findo? O que se passa hoje, quando os indivíduos consideram os novos objetos como um direito natural? Quando não conhecemos nada mais que a ética do consumo? Mesmo os novos bens que surgem no mercado (videocassete, microcomputador, toca-discos laser, forno micro-ondas, videotexto) não chegam a impor-se como material carregado de conotações de *standing*; cada vez mais rapidamente são absorvidos por uma demanda coletiva ávida não de diferenciação social mas de autonomia, de novidades, de estimulações, de informações. É o pior dos contrassensos interpretar a paixonite rápida das classes médias e populares pelo videocassete ou pelo windsurf a partir da lógica social da diferença e da distinção: a pretensão social não está em jogo, mas sim a sede de imagens e de espetáculos, o gosto pela autonomia, o culto do corpo, a embriaguez das sensações e do novo. Consome-se cada vez menos para ofuscar o Outro e ganhar consideração social e cada vez mais para si mesmo. Consome-se pelos serviços objetivos e existenciais que as coisas nos prestam, por seu self-service; assim caminha o individualismo narcísico, que não corresponde apenas ao desenvolvimento do furor psi e corporal, mas também a uma nova relação com os outros e com as coisas. Doravante é tão inexato representar o consumo como um espaço regido pela coação da diferenciação social quanto por uma "rivalidade mimética" desenfreada e pela guerra invejosa de todos contra todos.[19] A liberação das correntes de imitação e a igualação das condições não conduzem a mais concorrência e competição entre os homens; ao contrário, assiste-se à redução da importância do olhar do Outro no processo de aquisição das coisas, à pacificação-neutralização do universo do consumo. O neonarcisismo reduz nossa dependência e nosso fascínio em relação às normas sociais, individualiza nossa relação com o *standing*; o que conta é menos a opinião dos outros do que a gestão sob medida de nosso tempo, de nosso meio material, de nosso próprio prazer.

Isso não significa, evidentemente, que os objetos já não tenham valor simbólico e que o consumo esteja livre de toda competição por status. Em inúmeros casos, a compra de um carro, de uma segunda residência, de artigos de grifes de alta linha remete a uma vontade explícita de demarcar-se socialmente, de exibir uma posição. Como se sabe, os artigos de luxo não sofreram com a crise; sempre procurados e valorizados, revelam, entre outras, a persistência do código de diferenciação social pelo meio indireto de certos produtos. Mas o consumo prestigioso não deve ser tomado como modelo do consumo de massa, que repousa bem mais nos valores privados de conforto, de prazer, de uso funcional. Vivemos o tempo da desforra do valor de uso sobre o valor de status, do gozo íntimo sobre o valor honorífico. Atestam-no não só o aparecimento do consumismo contemporâneo mas também a própria publicidade, que enfatiza mais as qualidades do objeto, o sonho e a sensação do que os valores de *standing*: "Possuir a estrada, dominá-la, subjugá-la pela formidável potência da máquina, mas sobretudo por sua prodigiosa inteligência... Tocar, acariciar o volante e sentir reagir um belo animal impetuoso e dócil... Deslizar no espaço com a soberba serenidade do prazer total, é tudo isso o Golf GTI". Houve uma ilusão da crítica da crítica da economia política: longe de engendrar a "relegação do valor de uso", a moda consumada o realiza. O fetichismo do objeto signo pertence mais ao passado do que ao presente, estamos à vontade na era do valor de uso, da confiabilidade, das garantias de uso, dos testes, das relações qualidade-preço. Queremos antes de tudo aparelhos que funcionem, que assegurem uma boa qualidade de conforto, de durabilidade, de operatividade. O que não quer dizer que o consumo não esteja associado a inúmeras dimensões psicológicas e *imagens*. A imagem de produto, não o signo de classe que não é senão um traço de imagem entre outros. Consumimos, através dos objetos e das marcas, dinamismo, elegância, poder, renovação de hábitos, virilidade, feminilidade, idade, refinamento, segurança, naturalidade, umas tantas imagens que influem em nossas escolhas e que seria simplista reduzir só aos fenômenos de vinculação social quando precisamente os gostos não cessam de individualizar-se. Com o reino das imagens heterogêneas, polimorfas, multiplicadas, sai-se do primado da lógica das classes; é a era das motivações íntimas e existenciais, da gratificação psicológica, do prazer para si mesmo, da qualidade e da utilidade das coisas que assume o posto. Mesmo a boa qualidade dos produtos de griffe não se explica simplesmente pela coação do *standing*, mas dá testemunho também da tendência neonarcísica de se dar prazer, de um apetite crescente de qualidade e de estética em categorias sociais ampliadas, que se privam em certos domínios e se oferecem, por outro lado, uma "extravagância", o prazer da excelência técnica, da qualidade e do conforto absolutos.

Lamenta-se frequentemente o materialismo de nossas sociedades. Por que não se ressalta que, ao mesmo tempo, a moda consumada contribui para desprender o homem de seus objetos? No império do valor de uso, não nos ligamos mais às coisas, muda-se facilmente de casa, de carro, de mobiliário; a era que sacraliza socialmente as mercadorias é aquela na qual nos separamos sem dor de nossos objetos. Já não gostamos das coisas por elas mesmas ou pelo estatuto social que conferem, mas pelos serviços que prestam, pelo prazer que tiramos delas, por uma funcionalidade perfeitamente permutável. Nesse sentido, a moda desrealiza as coisas, *dessubstancializa-as* através do culto homogêneo da utilidade e da novidade. O que possuímos, nós o mudaremos: quanto mais os objetos se tornam nossas próteses, mais somos indiferentes a eles; nossa relação com as coisas depende agora de um amor abstrato, paradoxalmente desencarnado. Como continuar a falar de alienação num tempo em que, longe de serem desapossados pelos objetos, são os indivíduos que se desapossam deles? Quanto mais o consumo se desenvolve, mais os objetos se tornam meios desencantados, instrumentos, nada mais que instrumentos: assim caminha a democratização do mundo material.

Isso contribui para adotar uma perspectiva diferente sobre o papel histórico da moda consumada. Longe de aparecer como um vetor de reprodução das diferenciações e segregações sociais, o sistema da moda ampliada permitiu, mais que qualquer outro fenômeno, prosseguir a trajetória secular da conquista da autonomia individual. Instrumento de individualização das pessoas, não continuação da distância social. Institucionalizando o efêmero, diversificando o leque dos objetos e dos serviços, o terminal da moda multiplicou as ocasiões da escolha individual, obrigou o indivíduo a informar-se, a acolher as novidades, a afirmar preferências subjetivas: o indivíduo tornou-se um centro decisório permanente, um sujeito aberto e móvel através do caleidoscópio da mercadoria. No momento mesmo em que o meio cotidiano é cada vez mais pensado e produzido de fora por instâncias burocráticas especializadas, cada um, sob o governo da moda, é mais sujeito de sua existência privada, operador livre de sua vida por intermédio da superescolha na qual estamos imersos. O império da moda significa universalização dos padrões modernos, mas em benefício de uma emancipação e de uma despadronização sem precedente da esfera subjetiva. Absorvida pelo projeto de desmistificar a ideologia do consumo, a tradição crítica revolucionária não viu o poder de autonomia individual impulsionado ineluta-velmente pelo hedonismo de massa, esse epicentro cultural da moda consumada. Que erro não ter visto no neo-hedonismo senão um instrumento de controle social e de supermanipulação, enquanto ele é antes de tudo um vetor de indeterminação e de afirmação da individualidade privada. Marcuse podia escrever sem nuança: "A dominação da sociedade sobre o indivíduo é infinitamente maior do que nunca... Já não há oposição entre a vida privada e a vida pública, entre as necessidades sociais e as necessidades individuais",[20] no momento mesmo em que ia desencadear-se uma explosão hiperindividualista afetando todos os domínios da vida privada. Análise particularmente cega no movimento da modernidade social, quando se observa hoje o extraordinário processo de emancipação privada dos indivíduos nas relações sexuais, na vida familiar, nos comportamentos femininos, na procriação, no vestuário, no esporte e nas relações inter-humanas. A aspiração de realizar-se, de gozar imediatamente a existência não é um simples equivalente do adestramento do *homo consumans*: longe de embrutecer os seres no divertimento programado, a cultura hedonista estimula cada um a tornar-se mais senhor e possuidor de sua própria vida, a autodeterminar-se em suas relações com os outros, a viver mais para si próprio. A absorção eufórica dos modelos dirigidos é só uma das manifestações da moda; do outro lado, há a indeterminação crescente das existências, a *fun morality* trabalha na afirmação individualista da autonomia privada.

A economia frívola desarraigou definitivamente as normas e os comportamentos tradicionais, generalizou o espírito de curiosidade, democratizou o gosto e a paixão do Novo em todos os níveis da existência e em todas as camadas sociais: daí resulta um tipo de individualidade profundamente lábil. À medida que o efêmero invade o cotidiano, as novidades são cada vez mais rápida e cada vez mais bem aceitas; em seu apogeu, a economia-moda engendrou um agente social à sua imagem: o próprio *indivíduo-moda*, sem apego profundo, móvel, de personalidade e de gostos flutuantes. Tal disponibilidade dos agentes sociais para as mudanças exige que se reabra o processo intentado contra a sociedade frívola, acusada de desperdício organizado e de irracionalidade burocrático-capitalista. Os argumentos são conhecidos, os exemplos, inúmeros: por que dez marcas de detergentes equivalentes? Por que despesas de publicidade? Por que as arengas de modelos e versões de automóveis? A bela alma se lamenta, uma imensa irracionalidade está no centro do universo tecnológico. Feiticeira enfeitiçada, a inteligência crítica é aqui, paradoxalmente, vítima do mais superficial. A árvore esconde a floresta: como avaliar, com efeito, tudo o que representa para uma sociedade moderna o desenvolvimento de um *ethos* flexível, de um novo tipo de personalidade cinética e aberta? Não é disso que as sociedades em movimento perpétuo têm mais necessidade? Como nossas sociedades poderiam colocar-se em dia com as mudanças incessantes e operar as adaptações sociais necessárias se os indivíduos estivessem cimentados em princípios intocáveis, se o Novo não houvesse amplamente conquistado uma legitimidade social? As sociedades de inovação engajadas na competição internacional têm imperativamente necessidade de atitudes maleáveis, de mentalidades desenrijecidas: o reino da moda, precisamente, trabalha nesse sentido, tanto pela economia dos objetos quanto pela da informação (voltaremos a isso). Deve-se superar a vituperação moralizante contra a moda; para além de sua irracionalidade e de seu desperdício aparente, ela contribui para uma edificação mais racional da sociedade porque socializa os seres na mudança, preparando-os para a reciclagem permanente. Abrandar as rijezas e as resistências, a forma moda é um instrumento de racionalidade social, *racionalidade invisível*, não mensurável, mas insubstituível para adaptar-se rapidamente à modernidade, para acelerar as mutações em curso, para constituir uma sociedade armada em face das exigências continuamente variáveis do futuro. O sistema consumado da moda instala a sociedade civil em estado de abertura diante do movimento histórico, cria mentalidades desentravadas, de dominante fluida, prontas *em princípio* para a aventura deliberada do Novo.

É verdade que ao mesmo tempo o terminal da moda está na origem de dificuldades de adaptação social, de disfunções mais ou menos crônicas das democracias. Os indivíduos habituados à ética hedonista estão pouco inclinados a renunciar às vantagens adquiridas (salários, aposentadorias, horários de trabalho), a ver baixar seu nível de vida, a aceitar sacrifícios; tendem a encarquilhar-se em reivindicações puramente categoriais. Exacerbando as paixões individualistas, a moda consumada tem como tendência a indiferença pelo bem público, a propensão ao "cada um por si", a prioridade atribuída ao presente sobre o futuro, a ascensão dos particularismos e dos interesses corporativistas, a desagregação do senso do dever ou da dívida em relação ao conglomerado coletivo. Movimento de corporativização social que corresponde certamente a um contexto de crise econômica, mas igualmente à nova era do individualismo remodelado pela forma moda. As lutas sociais mais duras que se desenvolvem em nossos dias não são mais orientadas para objetivos globais de interesse geral, mas para a conquista ou a defesa de vantagens muito localizadas; traduzem a pulverização da consciência e das ideologias de classes, a preponderância dos egoísmos categoriais sobre a busca de um progresso social de conjunto. A aspiração neoindividualista dissolve as identidades de grupo e as solidariedades de classe, dá as costas às coações macroeconômicas, avança a despeito de tudo na defesa dos interesses segmentários, no protecionismo estatutário, na recusa da mobilidade; não hesita, no setor protegido da economia, em paralisar setores inteiros da vida nacional, em usar como reféns os usuários e a sociedade em nome de uma reivindicação salarial limitada. Neocorporativismo salarial ou estudantil, corporativismo das profissões protegidas por velhas legislações, umas tantas manifestações que não devem ser subestimadas em sua capacidade de bloquear a dinâmica da mudança, de perpetuar o idêntico, de retardar as inelutáveis transformações exigidas pela modernização das democracias e pela competição internacional. É preciso tomar nota da natureza contraditória do trabalho histórico da moda consumada: por um lado, ela gera uma atitude positiva diante da inovação; por outro, congela a ductilidade do social. A sociedade-moda acelera e enrijece no mesmo passo as tendências à mobilidade social, impulsiona paradoxalmente tanto o modernismo quanto o conservantismo.

Contradição que talvez não seja absolutamente insuperável desde que se recoloque o fenômeno na escala dos diferentes níveis da temporalidade histórica: os efeitos culturais e sociais da moda consumada aparecem sob aspectos diferentes segundo as referências temporais em questão. Sem dúvida é verdade que, a curto prazo, a Moda contribui para a imobilidade, para as atitudes defensivas, para o reforço dos arcaísmos. O mesmo não se dá a médio e a longo prazos: mais profundamente, a era frívola das sociedades liberais abranda os comportamentos, legitima maciçamente a modernização, a adaptação, a mutabilidade. A acolhida geral reservada aos diferentes planejamentos básicos, bem como às medidas de desbastamento dos efetivos nos setores industriais em declínio, revela, *grosso modo*, a "sabedoria" das nações contemporâneas, a relativa lucidez dos agentes sociais diante da crise econômica, ainda que essa consciência se tenha produzido com atraso. Quaisquer que sejam os bloqueios e as resistências que não deixam de se produzir, o reino terminal da moda permite às democracias acelerar a dinâmica da modernização.

O problema, na escala das nações, é que, diante dessa mobilidade exigida pela concorrência internacional, todas não a abordam com armas iguais, nem todas têm a mesma capacidade de ser ofensivas nessa nova forma de guerra que é a guerra do tempo, o *avanço* no tempo. Os interesses corporativistas, a aspiração ao bem-estar, a exigência de segurança e de proteção estatal não têm em toda parte o mesmo peso, não freiam em toda parte da mesma maneira a dinânima da mudança. Em teoria, a forma moda orienta as sociedades contemporâneas na boa direção histórica; na prática, atola certas nações no imobilismo dos interesses particulares e das vantagens adquiridas, desencadeia um *atraso* carregado de consequências para a construção do futuro. Cabe à instância política gerir a natureza contraditória dos efeitos da moda consumada: otimizar seu potencial moderno, reduzir sua face conservadora. Nas nações sem forte tradição liberal, o Estado tem a responsabilidade histórica de levar a bom termo essa promessa vital nos prazos mais curtos:

governar o déficit de modernidade utilizando a forte legitimidade da mudança que existe, ao mesmo tempo que sua apreensão coletiva. Passar, o mais depressa possível, de uma modernização desejada mas temida a uma modernização efetiva e sem ruptura social maior, essa é a mais alta tarefa de nossos governos se não quisermos ser os últimos da classe na guerra do tempo, se quisermos participar da competição do futuro. Modernização que, evidentemente, nas sociedades fortemente individualistas estruturadas sobre o culto do presente, não poderá ser feita em marcha forçada e decretada soberanamente do alto. O poder público deve preparar o futuro levando em conta as aspirações do presente — aliás necessárias, a longo prazo, ao crescimento de nossas sociedades —, deve encontrar um equilíbrio social entre as necessidades do futuro e as reivindicações do presente. Destinado imperativamente a acelerar a flexibilidade e a competitividade de nossas sociedades, o Estado, nas nações europeias, só tem possibilidade de levar a bom termo essa obra gerindo com maleabilidade, mas sem hesitação, as diferentes resistências do corpo coletivo, imaginando soluções novas entre a urgência de estar bem colocado na guerra do tempo e a exigência da vida no presente dos indivíduos. De um lado, forjar a Europa, fortalecer a competitividade de nossas indústrias, favorecer os investimentos; de outro, negociar a paz social, inventar compromissos razoáveis para os parceiros sociais. Empresa difícil, incerta, mas não intransponível, porque sustentada coletivamente pela revolução das subjetividades da moda consumada.

PODER DO NOVO

Do lado "oferta", as razões do *boom* da economia moda não são muito difíceis de esclarecer. O impulso dos progressos científicos, aliado ao sistema da concorrência econômica, está evidentemente na raiz do mundo do efêmero generalizado. Sob a dinâmica do imperativo do lucro, as indústrias criam novos produtos, inovam continuamente para aumentar sua penetração de mercado, para ganhar novos clientes e revigorar o consumo. A moda consumada é bem filha do capitalismo. Do lado "procura", o problema é mais complexo. Desde que não nos contentemos com um determinismo mecânico pela produção e pela publicidade, tipo "fileira invertida" (Galbraith), o desenvolvimento dos desejos de moda pede uma investigação mais aprofundada. Por que as inumeráveis pequenas novidades agem sobre os consumidores, o que faz com que sejam aceitas pelo mercado? O que faz com que uma economia possa caminhar para a obsolescência rápida e para as pequenas diferenças combinatórias? A resposta sociológica dominante tem ao menos o mérito de ser clara: são a concorrência das classes e as estratégias de distinção social que sustentam e acompanham a dinâmica da oferta. Esse tipo de análise está na base dos primeiros trabalhos de Baudrillard, assim como nos de Bourdieu. Para este, não é de se espantar que as novidades encontrem sempre uma clientela. Nem condicionamento pela produção, nem submissão desta aos gostos do público, a "correspondência quase miraculosa" que se estabelece entre os produtos oferecidos pelo campo da produção e o campo do consumo é o resultado da "orquestração objetiva de duas lógicas relativamente independentes" mas funcionalmente homólogas: de um lado, a lógica da concorrência inerente ao campo da produção; de outro, a lógica das lutas simbólicas e das estratégias de distinção das classes que determinam os gostos de consumo.[21] Tanto a oferta como a procura são estruturadas por lutas de concorrência relativamente autônomas, mas estritamente homólogas, que fazem com que os produtos encontrem em cada momento seu consumo adequado. Se os novos produtos elaborados no campo da produção são imediatamente ajustados às necessidades, isso não se deve a um efeito de imposição, mas "ao encontro entre dois sistemas de diferenças", ao encontro entre a lógica das lutas internas no campo da produção, por um lado, e a lógica das lutas internas no campo do consumo, por outro. A moda resulta dessa correspondência entre a produção diferencial dos bens e a produção diferencial dos gostos, que encontra seu lugar nas lutas simbólicas entre as classes.[22]

Mesmo combinadas ao processo da produção capitalista, as estratégias distintivas das classes não são suficientes para se compreender a expansão de uma economia reestruturada pela forma moda. Como explicar as milhares de versões de automóveis, as inumeráveis linhas de soft drink, aparelhos de som, cigarros, esquis, armações de óculos, a partir dos mecanismos de distinção entre as diferentes classes? Como explicar a multiplicação dos ídolos e discos comerciais segundo a dinâmica da diferenciação e da ostentação social? A tentativa se arrisca a recorrer a contorções acrobáticas. A qual fração dominante ou dominada vai corresponder tal ou tal cor, tal ou tal motor, tal ou tal linha, tal ou tal categoria de cigarro ou de tênis? A lógica da distinção apreende a economia moda com uma chave pesada, incapaz de dar conta da escalada sem fim da diversificação e da superescolha industrial. Jamais se compreenderá a instalação permanente da moda consumada em nossas sociedades sem devolver aos *valores culturais* o papel que lhes cabe e que tanto o marxismo como o sociologismo não cessaram de ocultar. Não há economia frívola sem a ação sinérgica dessas finalidades culturais maiores que são o conforto, a qualidade estética, a escolha individual, a novidade. Como os inúmeros aperfeiçoamentos, pequenos ou grandes, do setor eletrodoméstico teriam podido conhecer tal impulso se também não tivessem correspondido aos desejos de bem-estar das pessoas, aos gostos modernos pelas facilidades materiais, à satisfação de ganhar tempo[23] e fazer menos esforço? Como compreender o sucesso da tevê em cores, do hi-fi, dos toca-discos laser sem ligá-los aos desejos de massa da qualidade de imagem e da qualidade musical? Como compreender as políticas de linhas sem levar em consideração o valor democrático atribuído às escolhas privadas, à individualização dos gostos, ao desejo das pessoas de ter artigos sob medida, adaptados às suas preferências idiossincrásicas? Ainda que todas essas disposições e significações tenham se difundido inicialmente nas camadas sociais superiores, mais tarde adquiriram uma autonomia própria, uma legitimidade difusa em todos os estratos da sociedade. O processo de moda que governa nossa economia é menos dependente, "em última análise", das oposições de classes do que de *orientações comuns* a todo o corpo social, orientações que visam possibilitar socialmente uma dinâmica interminável de renovação e de diversificação. As rivalidades simbólicas de classes são secundárias em relação ao poder dessas significações imaginárias infiltradas em todas as classes e que agora têm um poder próprio.

Como não insistir sobretudo naquilo que, no império da moda, cabe ao poder cultural do *Novo*? A concorrência das classes é pouca coisa comparada aos efeitos dessa significação social que impulsiona, por si mesma, o gosto pelo diferente, que precipita o tédio do repetitivo, fazendo amar e desejar quase *a priori* aquilo que muda. A obsolescência "dirigida" dos produtos industriais não é o simples resultado da tecnoestrutura capitalista, tendo-se, antes, enxertado numa sociedade em grande parte entregue aos arrepios incomparáveis do novo. Na raiz da demanda de moda há cada vez menos o imperativo de demarcar-se socialmente e cada vez mais a sede do Novo. A moda consumada, da mesma maneira que as primeiras manifestações históricas da moda no final da Idade Média, é profundamente tributária do impulso de um certo número de significações sociais em cuja primeira fila se encontram a exaltação e a legitimidade das novidades. Se, durante séculos, esse *ethos* não foi partilhado senão pela elite social aristocrática e burguesa, hoje vigora em todas as categorias do social. E se não há nenhuma dúvida de que a produção de massa contribuiu para desenvolver a aspiração do Novo, outros fatores contribuíram fortemente para isso. O código do Novo nas sociedades contemporâneas é particularmente inseparável do avanço da igualização das condições e da reivindicação individualista. Quanto mais os indivíduos se mantêm à parte e são absorvidos por si próprios, mais há gostos e abertura às novidades. O valor do Novo caminha paralelamente ao apelo da personalidade e da autonomia privada. Já no final da Idade Média a moda viu-

-se ligada à aspiração à personalidade individual, à afirmação da pessoa singular em um mundo social e ideológico aristocrático. O processo só se exacerbou com o reino da igualdade e do individualismo democrático. Tocqueville sublinhou-o fortemente, o individualismo democrático é o túmulo do reino do passado: cada um reconhecido como livre aspira a desprender-se dos elos opressores e imperativos que o ligam ao passado. A submissão às regras indiscutidas da tradição é incompatível com o indivíduo senhor de si mesmo. "Esquece-se facilmente aqueles que nos precederam": enquanto o legado ancestral é desqualificado pela era do *homo aequalis*, veem-se dignificados, correlativamente, o presente e as normas cambiantes que aparecem como umas tantas condutas escolhidas, impondo-se não mais por autoridade mas por persuasão. Submetendo-se aos decretos novos, "o concidadão dos novos tempos vangloria-se de fazer uma *livre escolha* entre as proposições que lhe são feitas";[24] enquanto a obediência às prescrições antigas é antinômica à afirmação do indivíduo autônomo, o culto das novidades favorece o sentimento de ser uma pessoa independente, livre em suas escolhas, determinando-se não mais em função de uma legitimidade coletiva anterior mas em função dos movimentos de seu coração e de sua razão. Com o individualismo moderno, o Novo encontra sua plena consagração: por ocasião de cada moda, há um sentimento, ainda que tênue, de liberação subjetiva, de alforria em relação aos hábitos passados. A cada novidade, uma inércia é sacudida, passa um sopro de ar, fonte de descoberta, de posicionamento e de disponibilidade subjetiva. Compreende-se por que, numa sociedade de indivíduos destinados à autonomia privada, o atrativo do Novo é tão vivo: ele é sentido como instrumento de "liberação" pessoal, como experiência a ser tentada e vivida, pequena aventura do Eu. A sagração do Novo e o individualismo moderno caminham de comum acordo: a novidade se coaduna à aspiração à autonomia individual. Se a moda consumada é levada pela lógica do capitalismo, ela o é igualmente por valores culturais que encontram sua apoteose no estado social democrático.

II. A PUBLICIDADE MOSTRA SUAS GARRAS

A publicidade tem algumas razões para ver seu futuro cor-de-rosa. Enquanto o volume global das despesas publicitárias está em aumento constante, ela não cessa de invadir novos espaços: televisões estatais, colóquios, manifestações artísticas e esportivas, filmes, artigos de todos os gêneros, das T-shirts às velas de windsurfe, o nome das marcas é exibido um pouco em toda parte em nosso meio cotidiano. Publicidade sem fronteiras: conheceu-se a campanha dos "produtos livres" para os produtos sem marca, hoje se faz publicidade para uma "transa" no videotexto ou pelo telefone, anuncia-se a instalação de locais de reza em supermercados, inserem-se spots nos silêncios das 33 voltas, organizam-se campanhas para vender ao grande público as ações das empresas desnacionalizadas. Delira, a publicidade. A essa lógica expansiva corresponde uma espécie de estado de graça: as crianças são loucas por ela, os mais idosos deixaram em surdina os anátemas com que a cumulavam ainda há pouco, um número crescente de pessoas tem dela uma imagem antes positiva. Comunicação socialmente legítima, atinge a consagração artística: a publicidade entra no museu, organizam-se exposições retrospectivas de cartazes, distribuem-se prêmios de qualidade, é vendida em cartões-postais. Fim da era do reclame, viva a comunicação criativa, a publicidade cobiça a arte e o cinema, põe-se a sonhar em abarcar a história.

Os partidos políticos, as grandes administrações de Estado, os próprios governos adotam-na alegremente: desde 1980, na França, o Estado podia ser considerado como o primeiro anunciante. Desenvolve-se cada vez mais, ao lado da publicidade de marcas, uma publicidade de serviço público e de interesse geral; vastas campanhas foram lançadas para a segurança nas estradas, o emprego, as mulheres, a economia de energia, as pessoas idosas. A SNCF,* o telefone, o metrô, o correio gozam agora das últimas delícias das redes de comunicação. A publicidade, uma estratégia que faz carreira. A publicidade, não a propaganda: um universo separa essas duas formas de comunicação de massa que tendemos a ver como uma só. Com a publicidade, a comunicação adota um perfil completamente original, é presa nas malhas da forma moda: nos antípodas da lógica totalitária, ela nada no elemento do superficial e da sedução frívola, na fantasia dos *gimmicks*;** nos antípodas de controle total que se atribui bem levianamente às formas insensatas da razão comercial e política, começa-se a compreender a posição e o efeito profundamente democráticos do lance publicitário.

PUBLICIDADE CHIQUE E CHOQUE

Arma-chave da publicidade: a surpresa, o inesperado. No coração da publicidade trabalham os próprios princípios da moda: a originalidade a qualquer preço, a mudança permanente, o efêmero. Tudo menos dormir no ponto e tornar-se invisível por hábito: uma campanha de cartazes na França tem uma duração média de sete a catorze dias. Criar incessantemente novos anúncios, novos visuais, novos spots. Mesmo quando há repetição de slogan ("Massas sim, mas Panzani") ou de jingle (as seis notas das meias Dim), os roteiros e as imagens mudam, é preciso "declinar" o conceito. A competição entre as marcas e a estandardização industrial impulsionam uma corrida interminável para o inédito, o efeito, o diferente, para captar a atenção e a memória dos consumidores. Imperativo do novo que respeita, contudo, a regra imprescindível da legibilidade imediata das mensagens e das conveniências do momento. O que de modo algum impede a publicidade de alterar alegremente um certo

---

* Sigla da rede ferroviária francesa. (N. E.)
** Truque, recurso publicitário para atrair a atenção. (N. E.)

número de convenções, de afastar os limites, de ser levada por uma embriaguez hiperbólica. "Toda moda termina em excesso", dizia Paul Poiret; a publicidade, por seu lado, não recua diante do exagero e dá provas de imaginação louca (Grace Jones engolindo o CX da Citroen), de ênfase ("O tempo nada pode contra nós: Cinzano"; "A América é completamente Pepsi"); é uma comunicação de excesso controlado onde o superlativo é sempre ponderado pela brincadeira e pelo humor. "Amanhã tiro a parte de baixo",* os esqueletos do *jeans* Wrangler, o cartão Visa que decola de um porta-aviões: a publicidade é discurso de moda, alimenta-se como ela do efeito choque, de mini-transgressões, de teatralidade espetacular. Só vive de "se fazer notar" sem jamais cair na provocação agressiva.

Isso não exclui numerosas campanhas menos exageradas, construídas explicitamente com o objetivo de persuadir o consumidor com base na credibilidade das mensagens. Há muito tempo, a publicidade empenhou-se em enunciar proposições de aspecto verossímil, afirmando a qualidade inigualável dos produtos ("Omo lava mais branco"), recorrendo ao testemunho das grandes vedetes ou dos indivíduos comuns em "momentos de vida". Anúncios desse tipo podiam conduzir Boorstin a sustentar que a publicidade situava-se "para além do verdadeiro e do falso", que seu registro era o da "verossimilhança",[1] não o da verdade: apresentar menos fatos verificáveis do que declarações de aparência verossímil, mais ou menos críveis. É ainda o que se vê em nossos dias com o que os anglo-saxões chamam de *reason-to-believe*:[2] "Quando você é o segundo, você se esforça mais" (Avis); "Nosso trabalho há trinta e dois anos" (Bis); trata-se de apresentar argumentos plausíveis, razões para crer. Mas tudo indica que essa tendência está em recuo: agora, a publicidade quer menos convencer do que fazer sorrir, surpreender, divertir. A "profecia realizando a si mesma", cara a Boorstin, os enunciados nem verdadeiros nem falsos foram substituídos

---

* Publicidade institucional da agência Avenir em que o modelo, só com a parte de baixo do biquíni, prometia tirá-la na semana seguinte. (N. E.)

pelos jogos de associações, e os curtos-circuitos de sentido por uma comunicação cada vez mais irrealista, fantástica, delirante, engraçada, extravagante. É a era da publicidade criativa, da festa espetacular: os produtos devem tornar-se estrelas, é preciso transformar os produtos em "seres vivos", criar "marcas pessoa" com um estilo e um caráter.[3] Não mais enumerar performances anônimas e qualidades insipidamente objetivas, mas comunicar uma "personalidade de marca". A sedução publicitária mudou de registro, agora investe-se do look personalizado — é preciso humanizar a marca, dar-lhe uma alma, psicologizá-la: o homem tranquilo de Marlboro; a mulher liberada, sensual, humorística de Dim; os sapatos despreocupados e irreverentes Éram; a loucura Perrier. Da mesma maneira que a moda individualiza a aparência dos seres, a publicidade tem por ambição personalizar a marca. Se é verdade, como diz Séguéla, que a "verdadeira" publicidade alinha-se nos métodos do star system, é ainda mais verdadeiro dizer que é uma comunicação estruturada como a moda, cada vez mais sob o jugo do espetacular, da personalização das aparências, da sedução pura.

Apoteose da sedução. Até então, o *apelo* publicitário permanecia sujeito às coações do marketing, era preciso curvar-se à racionalidade argumentativa, justificar promessas de base. Sob o reino da *copy strategy*, a sedução devia conciliar-se com o real da mercadoria, expor os méritos e a excelência dos produtos. Com seus slogans redundantes e explicativos, a sedução via seu império refreado pela preeminência do verossímil, do quantitativo, das virtudes "objetivas" das coisas. Hoje, a publicidade criativa solta-se, dá prioridade a um imaginário quase puro, a sedução está livre para expandir-se por si mesma, exibe-se em hiperespetáculo, magia dos artifícios, palco indiferente ao princípio da realidade e à lógica da verossimilhança. A sedução funciona cada vez menos pela solicitude, pela atenção calorosa, pela gratificação, e cada vez mais pelo lúdico, pela teatralidade hollywoodiana, pela gratuidade superlativa (AX: "Revolucionário!"). Acreditou-se demasiadamente que a essência da publicidade residia em seu poder de destilar calor comunicativo, que conseguia conquistar-nos por sua instância maternal cheia de pequenos cuidados por nós.[4] É verdade que, ainda hoje, apela-se para a afeição ("Você ama o Uno, o Uno ama você") e a solicitude ("Investimos toda nossa energia em acertar o menor detalhe para oferecer-lhe sempre mais liberdade. Para nós, uma viagem de negócios deve ser bem-sucedida do começo ao fim": Air Canada), mas vemos igualmente desenvolverem-se publicidades de tonalidade "cínica": assim, na campanha "UTA for USA",* se você não compreendeu de que se trata, lançam-lhe: "Consulte seu médico habitual", ou então o anúncio Epson para computador: "Inumano nosso PC AX? Perfeitamente!". O que seduz não é o fato de que se pretenda seduzir-nos, adular, valorizar (água-de-colônia Kipling: "Para os homens que movem o mundo") — é que haja originalidade, espetáculo, fantasia. A sedução provém da suspensão das leis do real e do racional, da retirada da seriedade da vida, do festival dos artifícios.

Ainda que a hora seja do "conceito" e da comunicação criativa, ainda que já não baste fazer belos e atraentes cartazes, a estética permanece um eixo primordial do trabalho publicitário. Valorização plástica do produto, fotos caprichadas, interior de luxo, refinamento dos cenários, beleza dos corpos e dos rostos, a publicidade poetiza o produto e a marca, idealiza o trivial da mercadoria. Qualquer que seja a importância tomada pelo humor, erotismo ou extravagância, a arma clássica da sedução, a beleza, não deixa de ser amplamente explorada. Os produtos cosméticos, as marcas de perfume em particular, recorrem sistematicamente a publicidades refinadas, sofisticadas, colocando em cena criaturas sublimes, perfis e maquiagens de sonho. Mas muitas outras publicidades, roupas íntimas femininas, vestuário moda, álcool, cigarros, cafés, estão igualmente à procura do efeito chique. A tecnologia de alta precisão começa: Sharp e Minolta lançaram campanhas de cartazes com imagens depuradas e design. Da mesma maneira que a moda não pode ser separada da

---

* UTA: Union de Transports Aériens. (N. E.)

estetização da pessoa, a publicidade funciona como cosmético da comunicação. Da mesma maneira que a moda, a publicidade se dirige principalmente ao olho, é promessa de beleza, sedução das aparências, ambiência idealizada antes de ser informação. Toma lugar no processo de estetização e de decoração generalizada da vida cotidiana, paralelamente ao design industrial, à renovação dos bairros antigos, à camuflagem de antenas, à decoração das vitrinas, ao paisagismo. Por toda parte se expandem a maquiagem do real, o valor acrescentado a estilo moda.

Para além do charme estético, a sedução explora as vias fantasistas do "salto criativo". Jogos de palavras ("FranChoix Ier": Darty); aliterações e reduplicações das sílabas de tipo infantil ("Qu'est-ce tu bois, doudou, dis donc": Oasis); mudanças e deturpações de sentido ("Você quer dormir comigo?": Dunlopillo); inversão ("Get 27 é o inferno"); filmes emocionais (a estátua que chora: cassetes BASF); imagens fantásticas e surrealistas (uma menina caminha sobre a água: Schneider), a publicidade não seduz o *Homo psychanalyticus* mas o *Homo ludens* — sua eficácia liga-se à sua superficialidade lúdica, ao coquetel de imagens, de sons e de sentidos que oferece sem preocupação com as coações do princípio de realidade e da seriedade da verdade. "Há Urgo no ar, há ar em Urgo", nada precisa ser decifrado, tudo está ali imediatamente na simplicidade das astúcias, na leveza das olhadelas: supressão da profundidade, celebração das superfícies, a publicidade é luxo de brincadeiras, futilidade do sentido, é a inteligência criativa a serviço do superficial. Se é verdade que a publicidade pode contribuir para lançar modas, é mais verdade ainda dizer que é a própria moda na ordem da comunicação, é antes de tudo comunicação frívola, uma comunicação na qual o "conceito" é gadget: "Paris-Bagdá: 120 francos" (Éram). E se a moda é o feérico das aparências, não há dúvida de que a publicidade é o feérico da comunicação.

Hoje, os publicitários gostam de exibir a radical novidade de seus métodos. Acabado o reclame, acabada a *copy strategy*, glória à comunicação e à ideia criativa. Sem subestimar as mudanças em curso, talvez não seja inútil sublinhar tudo o que liga o novo ao antigo. É verdade que em nossos dias a publicidade se pretende "conceitual": isso não a impede de prolongar uma lógica de mais longa duração, constitutiva da publicidade moderna — a fantasia e o jogo. Há um tempo viam-se slogans como "Dubo, Dubon, Dubonnet" ou "Le chausseur sachant chausser", agora se lê "Mini Mir, mini prix, mais il fait le maximum": para além da diferença de registro, a publicidade permanece sempre achado, astúcia, combinação lúdica, gadget de sentido. Nenhum outro motor a não ser a leveza e a superficialidade do sentido; a publicidade permanece na ordem do superficial e da comunicação eufórica. Não houve mutação absoluta, houve desvio de trajetória num processo que age continuamente para tornar a comunicação menos rígida, para eliminar a solenidade e o peso dos discursos, para promover a ordem frívola dos signos.

Deve-se ligar o *aggiornamento* atual da publicidade às transformações profundas dos costumes e da personalidade dominante de nossa época. O fenômeno faz eco às metamorfoses do indivíduo contemporâneo, menos preocupado em exibir signos exteriores de riqueza do que em realizar seu Ego. Virando as costas às promessas de base e à enumeração das qualidades anônimas dos produtos, a publicidade criativa registra na ordem da comunicação a sensibilidade neonarcísica indiferente à ética do *standing*, absorvida pela subjetividade íntima, pela "sede de viver" e pela qualidade do meio. Filmes e slogans procuram menos provar a excelência objetiva dos produtos do que fazer rir, fazer "sentir", provocar ressonâncias estéticas, existenciais, emocionais. Essa espiral do imaginário corresponde ao perfil da individualidade "pós-moderna"; ela só pôde manifestar-se sob a ação conjugada do código do Novo e dos valores hedonistas e psicológicos que favoreceu a ascensão aos extremos na busca do nunca visto. Numa era de prazer e de expressão de si, é preciso menos repetição cansativa e estereótipos, mais fantasia e originalidade. A publicidade soube adaptar-se muito depressa a essas transformações culturais, conseguiu construir uma comunicação afinada com os gostos de autonomia, de personalidade, de qualidade da vida, eliminando as formas pesadas, monótonas, infantilizantes da comunicação de massa. Wrangler exibe esqueletos; a agência Avenir-Publicité promete "Amanhã tiro a parte de baixo"; a publicidade criativa exibe um look emancipado, dirige-se a um indivíduo maior, pouco conformista, amplamente indiferente aos principais tabus, capaz de apreciar um anúncio de segundo grau. O que, contudo, não autoriza a imaginar a publicidade tomando o lugar do cinema, enfraquecido como maquinaria de mitos (Séguéla). Pelo próprio ritmo e pela percepção que incita, a publicidade cria obstáculo ao sonho e à evasão prolongada, não tem ressonância subjetiva, não produz nenhuma participação afetiva. Como a moda, é feita para ser imediatamente esquecida, entra na gama crescente dos produtos sem resíduo da cultura autodegradável. No entanto, nenhuma dúvida de que assim reoxigenada ela não tenha mais sucesso em sua tarefa: estabelecer uma imagem positiva dos produtos, não fazer o público fugir, limitar a prática do *zapping*. Não é esse o verdadeiro sonho de todo publicitário?

Por outro lado, impossível separar as novas orientações publicitárias da vontade promocional dos próprios publicitários. Numa sociedade que sacraliza o Novo, a audácia imaginativa permite melhor que qualquer meio afirmar-se no campo da cultura e da comunicação: nenhuma imagem melhor para um publicitário do que uma superprodução hiperespetacular, e isso, qualquer que seja sua eficácia comercial real, nem sempre proporcional às qualidades criativas. O devir da publicidade é em grande parte obra da própria lógica publicitária, do imperativo moda impondo a busca de uma imagem de marca artística. Paralelamente aos estilistas do prêt-à-porter e aos chefes de empresa que se tornaram "criadores", aos cabeleireiros que se designam "estilistas faciais", aos esportistas que se exprimem, aos artesãos que são todos artistas, os publicitários entraram na imensa vaga de valorização social característica das sociedades democráticas: são reconhecidos como "criativos". Assim caminha a era da igualdade: o business ganhou um suplemento de alma, as atividades lucrativas nunca são tanto elas mesmas como no momento em que conseguem elevar-se à dimensão expressiva e artística.

UMA FORÇA TRANQUILA

Por ser uma comunicação moda, a publicidade não deixa de ser uma forma típica do processo de dominação burocrática moderna. Como mensagem de persuasão elaborada por criadores especializados, a publicidade liga-se à lógica do poder burocrático próprio das sociedades modernas: embora empregando métodos suaves, trata-se sempre, como nas instituições disciplinares, de guiar de fora os comportamentos, de penetrar a sociedade até seus últimos recônditos. Figura exemplar da administração benevolente dos homens, a publicidade amplia a obra racionalizadora do poder, traduz a extensão da organização burocrática moderna que tem como traço específico produzir, recompor, programar de um ponto de vista exterior e científico o todo coletivo. A análise é agora clássica: com o desenvolvimento da "fileira invertida",[5] as necessidades são dirigidas e manobradas, a autonomia do consumidor se eclipsa em benefício de um condicionamento da demanda orquestrado pelos aparelhos tecnoestruturais. O desígnio racionalizador e planificador do poder burocrático dá um salto para a frente: depois da produção, é a própria demanda que se encontra globalmente planificada, a publicidade produz necessidades estritamente adaptadas à oferta, permite programar o mercado, apanhar na armadilha a liberdade dos consumidores, a sociedade em seu conjunto tende a tornar-se um sistema circular, sem exterioridade, sem diferença, sem acaso. Modelando cientificamente os gostos e as aspirações, condicionando as existências privadas, a publicidade não faz outra coisa senão rematar o advento de uma sociedade de essência totalitária.[6] Em sua vontade de submeter inteiramente a sociedade às normas do poder burocrático, de reorganizar um cotidiano despojado de toda densidade e de toda autonomia própria, a publicidade revelaria sua conivência com o totalitarismo, um totalitarismo compatível, por outro lado, com as eleições livres e o pluralismo dos partidos.

Essas teses tiveram sua obra de glória. Continuam em grande parte a servir de pano de fundo à apreensão do fenômeno,[7] no próprio momento em que a rejeição social da publicidade está em baixa. Aos nossos olhos, toda essa problemática precisa ser integralmente retomada, pois é exemplar da derrapagem especulativa a que podem dar lugar os fórceps do pensamento hipercrítico. Alegaremos de forma radical a falsidade de toda assimilação da ordem publicitária à lógica totalitária. A disjunção é com efeito grande: nada em comum com o trabalho de absorção da sociedade civil pelo poder político e pelo projeto ilimitado de mudar o homem, de reconstituí-lo inteiramente. Nada em comum também com o processo de controle tênue das "disciplinas" de essência igualmente totalitária, em sua pretensão de normalizar e programar os corpos. As disciplinas tais como Foucault as analisou dependem estruturalmente da lógica totalitária:[8] as instâncias de poder trabalham para reconstituir de ponta a ponta o movimento dos corpos, pensam no lugar dos sujeitos, dirigem-nos "racionalmente", orquestrando de fora os detalhes mais ínfimos dos comportamentos. Nada igual à publicidade: ao invés da coerção minuciosa, a comunicação; no lugar da rigidez regulamentar, a sedução; no lugar do adestramento mecânico, o divertimento lúdico. Ali onde as disciplinas quadriculam os corpos e barram a iniciativa do sujeito por meio dos detalhes das regulamentações, a publicidade abre um espaço de ampla indeterminação, deixa sempre a possibilidade de escapar à sua ação persuasiva: mudar de canal, virar as páginas do jornal. A forma moda está em ruptura com a lógica panóptico-totalitária: a publicidade integra em sua ordem a livre disponibilidade das pessoas e o aleatório dos movimentos subjetivos. Com ela, uma nova escala do controle se instala; já não se trata de não deixar nada na sombra administrando as menores parcelas da vida, mas trata-se de influenciar um todo coletivo deixando os átomos individuais livres para escapar à sua ação. A publicidade se exerce sobre a massa, não sobre o indivíduo; seu poder não é mecânico mas estatístico. A disciplina do ínfimo cedeu o passo a um modo de ação que negligencia o universo do minúsculo. Nem "anatomia política" nem tecnologia da sujeição, a publicidade é uma estocástica da estimulação.

Como se sabe, a empresa totalitária só encontra sua singularidade histórica quando relacionada ao desígnio de absorção plena e completa da sociedade civil pela instância estatal. Enquanto a vida coletiva se torna objeto a ser controlado e organizado pelo Estado em todos os seus interstícios, uma repressão e uma dominação sem limites são exercidas sobre todos os elementos que aparecem como exteriores ou estranhos às normas do Estado-partido. Deve ser excluído e esmagado tudo aquilo que existe fora do poder, tudo que tece um elo de sociabilidade dependente de uma humanidade passada. Como dizia Hannah Arendt, o totalitarismo encontra sua mola na crença fantasmagórica de que tudo é possível, seu desígnio é "transformar a própria natureza humana",[9] tanto o homem como a sociedade são campos experimentais, tábulas rasas, puras matérias amorfas integralmente modeláveis pelo poder ilimitado do Estado: é preciso formar e educar um espírito novo, um homem novo. Empresa verdadeiramente demiúrgica que nada tem em comum com aquela, de horizonte muito mais limitado, da publicidade e da "fileira invertida". Não foi senão por uma analogia insidiosa que se pôde ver na "programação" da vida cotidiana e na criação das necessidades uma manifestação totalitária do poder: a publicidade tem a distingui-la o fato de que não visa reformar o homem e os costumes; na realidade, toma o *homem tal como ele é*, empenhando-se apenas em estimular a sede de consumo que *já* existe. Lançando continuamente novas necessidades, a publicidade contenta-se em explorar a aspiração comum ao bem-estar e ao novo. Nenhuma utopia, nenhum projeto de transformação dos espíritos: o homem é aí considerado *no presente*, sem visão de futuro. Trata-se menos de reconstituir o homem do que de utilizar pragmaticamente os gostos existentes de gozos materiais, de bem-estar, de novidades. Dirigir a demanda, criar o desejo, a despeito dos denegridores do condicionamento generalizado, permanecem sempre em um horizonte *liberal* onde o poder continua de fato limitado. Exercem-se sobre o indivíduo, certamente, múltiplas pressões, mas sempre no quadro de uma autonomia de escolha, de recusa, de indiferença, sempre no quadro de uma permanência das aspirações humanas e dos modos de vida. É preciso insistir sobre este ponto: a publicidade é renúncia ao poder total, não se empenha em refabricar de cabo a rabo os pensamentos e as atitudes, reconhece uma espontaneidade humana que escapa às intrigas dominadoras da onipotência. A administração burocrática da cotidianidade destaca-se paradoxalmente sobre um fundo humano irredutível com o qual a publicidade coabita em perfeito entendimento.

É verdade que a publicidade se exerce em outros domínios que não o do consumo; ela é cada vez mais mobilizada para despertar uma tomada de consciência dos cidadãos diante dos grandes problemas do momento e modificar diversos comportamentos e inclinações: alcoolismo, droga, velocidade na estrada, egoísmo, procriação etc. Mas se a publicidade por vezes ambiciona reorientar certas atitudes mesmo moral ou existenciais, nada justifica por isso ver nela uma manifestação de tipo totalitário. As campanhas publicitárias são de "sensibilização", não de doutrinação; com humor e com "pequenas frases" varrem o dirigismo ideológico, a língua árida do tribunal da história. A publicidade não diz do alto o Verdadeiro e o Justo, mas aconselha com brandura, dirige-se a indivíduos maiores capazes de compreender a gravidade dos problemas por trás do espetáculo. Nenhum recurso a traidores, a complôs, a uma epopeia histórica: a publicidade não apela para a denúncia, para a violência social, para o sacrifício de si; seu registro não é a dramatização mas a benevolência, a distensão, a sedução, em conformidade com uma sociedade pacificada que valoriza o diálogo flexível, a autonomia e o interesse privado das pessoas. Influencia mas não ameaça, sugere mas sem pretensão à dominação doutrinal, funciona sem maniqueísmo nem culpabilização, na crença de que os indivíduos são capazes de se autocorrigir *quase* por si próprios, por alerta midiático, por tomada de consciência responsável. Como para a publicidade de marcas, não se trata de modo algum, contrariamente às aparências, de inventar *ex nihilo* um homem novo a partir de exigências ideológicas e políticas na contracorrente dos desejos espontâneos de massa. Trata-se de difundir normas e ideais na realidade *aceitos por todos*, mas pouco ou insuficientemente praticados. Quem não está de acordo com os malefícios do álcool? Quem não gosta de bebês? Quem não fica indignado com a fome no mundo? Quem não se perturba com a miséria das pessoas idosas? A publicidade não se encarrega da redefinição completa do gênero humano; antes explora o que está em germe, tornando-o mais atrativo para mais indivíduos. Longe de significar a corrida exponencial para a dominação total, a extensão da publicidade traduz o reforço de uma modalidade de poder com *ideologia mínima*, com objetivo estritamente limitado.

O que não se disse e não se escreveu sobre o poder diabólico da publicidade? No entanto, observando melhor, há um poder cujo impacto seja tão módico? Pois sobre o que se exerce? No máximo ela consegue, não mecanicamente e não sistematicamente aliás, fazer comprar tal marca de preferência a tal outra, Coca-Cola de preferência à Pepsi, o 205 de preferência ao Supercinq. É pouco. Vital para as empresas, é insignificante para os indivíduos em suas vidas e em suas escolhas profundas. Tal é o paradoxo do poder publicitário: decisivo para as firmas, sem consequência maior para os particulares, só tem ação eficaz sobre o acessório e o indiferente. Correspondendo à superficialidade de suas mensagens, a própria publicidade só tem um poder de superfície, uma espécie de grau zero do poder desde que a avaliemos na medida das existências individuais. Pesa, sem nenhuma dúvida, nas decisões dos particulares, mas na ordem das coisas *equivalentes*, nesse estado de relativa indiferença gerado tendencialmente pelo impulso do universo da superescolha industrial. É preciso recolocar as coisas em seu lugar: a influência publicitária é menos abolição do reino da liberdade humana do que ação exercida nos limites de seu "mais baixo grau", ali onde reina o estado de indiferença, o embaraço da escolha entre opções pouco diferenciadas.

O fenômeno é, por fim, similar na esfera da cultura. Certamente a difusão em altas doses dos sucessos nas estações de rádio faz vender discos. Certamente os cartazes e letreiros atraem em massa o público para as salas escuras. Mas sempre com um grande coeficiente de imprevisibilidade e, de qualquer modo, com êxitos muito desiguais. É verdade que a mídia, as técnicas promocionais conseguem fazer aumentar as vendas de livros, orientar parcialmente as escolhas do público. Mas é preciso por isso denunciar a descerebração? Poder de quê? Fazer ler tal autobiografia mal acabada de preferência a tal romance bem realizado? Em que isso é um escândalo democrático? Dar a autoridade da mídia a tal ensaio trivial ou a tal autor fotogênico na televisão de preferência a tal obra maior? Mas não nos enganemos: o poder publicitário, direto ou indireto como aqui, não é senão um poder pontual, seus ecos são fundamentalmente superficiais. O público ampliado absorve o último sucesso como qualquer outra coisa, por curiosidade, para estar a par, para ver. Nada mais. Leitura vazia, sem efeito, certamente sem prolongamento intelectual durável e maior a partir do momento em que a obra não passa de poeira nos olhos. Tudo salvo um poder de direção e de formação totalitária das consciências: a publicidade é um poder sem consequência. Grande venda, repercussão intelectual nula; cobertura em estéreo da mídia para um efeito inaudível, imediatamente abafado pelo último best-seller. O fenômeno não justifica em nada a acusação de vício totalitário. Se o público não especializado é vulnerável às estridências publicitárias, isso não impede de modo algum um espaço público de pensamento, a propagação e a discussão coletiva das ideias novas. Mais ou menos rapidamente, mais ou menos indiretamente, fogos contrários se acendem, novos títulos e elogios aparecem, lançando a dúvida nos espíritos ou levando a curiosidade para outra parte. Nada é redibitório, as verdadeiras questões, as grandes obras ressurgem inelutavelmente na cena midiática, não podem jamais permanecer por muito tempo na sombra pelo próprio fato da bulimia publicitária e do espírito de moda. Pode--se deplorar o fato de nossa época colocar nas alturas obras de quinquilharia, mas que não se proclame a destruição do espaço público democrático onde não há senão complexificação e flutuação das referências intelectuais. Os efeitos da mídia são epidérmicos, a publicidade não tem a força que de bom grado se lhe empresta, a de aniquilar a reflexão, a busca da verdade, a comparação e a interrogação pessoal; ela só tem poder no tempo efêmero da moda. No máximo pode amplificar pseudovalores e retardar por um tempo curto o reconhecimento público do verdadeiro trabalho intelectual em execução. As técnicas promocionais não destroem o espaço da discussão e da crítica; antes põem em circulação as autoridades intelectuais, multiplicam as referências, nomes e celebridades, confundem os sinais tornando equivalentes o lixo e a obra-prima, igualando o superficial e o sério. No momento mesmo em que não cessam de colocar nas nuvens obras de segunda categoria, minam a antiga hierarquia aristocrática das obras intelectuais, situam no mesmo plano os valores universitários e os valores midiáticos. Mil pensadores, 10 mil obras contemporâneas incontornáveis: certamente se pode sorrir; ocorre que com isso é desencadeado um processo sistemático de *dessacralização* e de *rotação* acelerada das obras e dos autores. Não é verdade que os grandes nomes sejam ocultados pela impostura cultural; eles apenas perdem, em razão do assalto contínuo e da profusão midiática, sua aura, sua autoridade inconteste, sua posição soberana, inacessível. Nesse sentido, o marketing do "pensamento" realiza um trabalho democrático; ainda que consagre regularmente estrelinhas de quermesse, dissolve, ao mesmo tempo, as figuras absolutas do saber e as atitudes de reverência imutável em benefício de um espaço de interrogação certamente mais confuso mas mais amplo, mais móvel, menos ortodoxo.

Não há ideia mais comumente admitida do que esta: a publicidade uniformiza os desejos e os gostos, nivela as personalidades individuais; a exemplo da propaganda totalitária, é lavagem cerebral, violação das massas, atrofiando a faculdade de julgar e de decidir pessoalmente. Na verdade, é difícil contestar que a publicidade consiga fazer aumentar o volume das compras e orientar maciçamente os gostos para os mesmos produtos. Mas ater-se a esse processo de padronização oculta a outra face de sua obra, muito menos aparente mas sem dúvida muito mais decisiva em relação ao destino das democracias. Vetor estratégico da redefinição do modo de vida centrado no consumo e nos lazeres, a publicidade contribuiu para desqualificar a ética da poupança em favor da do dispêndio e do gozo imediato. Portanto, é preciso entregar-lhe o que lhe devemos: paradoxalmente, pelo ângulo da cultura hedonista que ela insemina, a publicidade deve ser vista como um agente da individualização dos seres, um agente que acelera a busca da personalidade e da autonomia dos particulares. Para além das manifestações reais de homogeneização social, a publicidade trabalha, paralelamente à promoção dos objetos e da informação, na acentuação do princípio de individualidade. No instantâneo e no visível, produz massificação; no tempo mais longo e de maneira invisível, despadronização, autonomia subjetiva. É uma peça no avanço do Estado social democrático.

Ganha-se muito em apreender o efeito publicitário através da chave psicanalítica? Por exemplo, em que se esclarece sua originalidade reconhecendo-se aí uma lógica perversa? Certamente sempre se pode dizer que ela faz alusão ao desejo para imediatamente ocultar sua fenda constitutiva, que permite velar a falta do desejo propondo a escalada dos objetos fetiches.[10] Mas com isso perde-se de vista sua eficácia muito mais significativa que é a de desestabilizar-dinamizar sistematicamente os movimentos de desejo até na esfera das necessidades do cotidiano. A publicidade contribui para agitar o desejo em todos os seus estados, para instituí-lo sobre uma base hipermóvel; desprende-o dos circuitos fechados e repetitivos inerentes aos sistemas sociais tradicionais. Paralelamente à produção de massa, a publicidade é uma tecnologia de desligamento e de aceleração dos deslocamentos de desejo. De uma ordem em que toda uma parcela dos desejos estava amplamente estacionária, passou-se a um registro aberto, móvel, efêmero. A publicidade engendra em grande escala o *desejo moda*, o desejo estruturado como a moda. No mesmo passo, a significação social do consumo transformou-se para a maioria: glorificando as novidades, desculpabilizando o ato de compra, a publicidade desculpabilizou o fenômeno do consumo, aliviou-o de uma certa gravidade contemporânea da ética da poupança. Agora, o consumo todo se manifesta sob o signo da moda, tornou-se uma prática *leve*, tendo assimilado a legitimidade do efêmero e da renovação permanente.

O POLÍTICO PERDE ALTURA

A esfera do político pegou o bonde andando; a despeito disso, logo se pôs no diapasão da publicidade e do look. Desde os anos 1950, nos EUA, desenvolveu-se uma comunicação política próxima da publicidade moderna, utilizando os princípios, as técnicas, os especialistas da publicidade: orquestração das campanhas eleitorais por agentes de publicidade e consultores de mídia, realização de spots rápidos segundo o modelo publicitário, aplicação dos métodos da pesquisa motivacional na elaboração dos discursos, do posicionamento e da imagem dos líderes. Depois do marketing comercial, o marketing político; não se trata mais de converter ideologicamente os cidadãos, mas de vender um "produto" na melhor embalagem possível. Não mais o matracar austero da propaganda, mas a sedução do contato, da simplicidade, da sinceridade; não mais a encantação profética, mas o aliciamento dos shows personalizados e a vedetização dos líderes. A política mudou de registro, foi em grande parte anexada pela sedução: tudo é feito para dar de nossos dirigentes uma imagem de marca simpática, calorosa, competente. Exibição da vida privada, pequenas entrevistas discretas ou um embate a dois, tudo é empregado para reforçar ou corrigir uma imagem, para despertar, para além dos móveis racionais, um fenômeno de atração emocional. Intimismo e proximidade, o homem político intervém nas transmissões de variedades, aparece em traje de jogging, já não hesita em subir aos palcos: outrora V. Giscard d'Estaing tocava acordeom, hoje François Léotard entoa *L'Ajacienne*, Lionel Jospin interpreta

Les Feuilles mortes, Mitterrand tenta dar uma de descolado. A cena política desprende-se das formas enfáticas e distantes em benefício do brilho e das variedades: nas campanhas eleitorais, recorre-se às vedetes da tela e do show biz, lançam-se T-shirts engraçadas, autoadesivos e gadgets de apoio. Euforia e confetes, nos meetings políticos, é a festa, assiste-se a clips, dança-se rock e *cheek to cheek*.

Os cartazes foram igualmente metamorfoseados pelo *appeal* publicitário. Os cartazes agressivos, solenes, pesadamente simbólicos, cederam lugar ao sorriso dos políticos de gravata ao vento e com a inocência das crianças. Os publicitários ganharam a partida, a expressão política deve estar "por dentro", é preciso divertimento e comunicação criativa; doravante, vemos multiplicarem-se os cartazes e slogans de tonalidade afetiva, emocional, psicológica ("A força tranquila", "Vivamente amanhã", "Não tenhamos medo da liberdade"). Já não basta dizer a verdade, é preciso dizê-la sem entediar, com imaginação, elegância e humor. As piscadelas divertidas, os pastiches vão para a linha de frente: o presidente Carter já havia contratado um *gangman* para tornar seus discursos mais atraentes; hoje o espírito *fun* é exibido nas campanhas humorísticas dos partidos, publicadas na imprensa sob a forma de histórias em quadrinhos ou nos cartazes ("Socorro, a direita está voltando!", "Diga-me, bela direita, por que você tem dentes tão grandes?", "A grande desilusão: 12 meses de exclusividade"). O processo de moda reestruturou a comunicação política: ninguém entra aqui se não for sedutor e tranquilo, a competição democrática passa pelos jogos do aliciamento, pelos paraísos artificiais do entertainment, da aparência, da personalidade midiática.

A política sedução desencadeou um fogo cruzado de reprovações mais ou menos indignadas. Conhece-se seu refrão: hipnotizada pelos líderes-estrelas, mistificada pelos jogos de imagens personalizadas, por artifícios e falsas aparências, a massa de cidadãos transformou-se em massa de espectadores passivos e irresponsáveis. A política espetáculo mascara os problemas de fundo, substitui os programas pelo charme da personalidade, entorpece a capacidade de raciocínio e de julgamento em proveito das reações emocionais e dos sentimentos irracionais de atração e de antipatia. Com a mídia-político, os cidadãos são infantilizados, já não se engajam na vida pública, são alienados, manipulados por gadgets e imagens, a democracia é "desnaturada" e "pervertida".[11] A política show não se contenta em anestesiar o cidadão pelo divertimento, transforma até os próprios conteúdos da vida política: porque é preciso visar o eleitorado mais amplo, os discursos políticos têm tendência a apagar os aspectos mais controvertidos de seus programas, a procurar uma plataforma indolor, satisfatória para quase todos. Tanto os discursos de direita como os de esquerda tornam-se, assim, cada vez mais homogêneos; assiste-se a um processo de uniformização e de neutralização do discurso político que está "talvez começando a desvitalizar e, quem sabe, a matar a política".[12] A comunicação encantada debilita o debate coletivo, está carregada de consequências para a saúde democrática.

Essas críticas não são todas sem fundamento quando se medem os efeitos da política espetáculo sobre as eleições democráticas. De fato não se pode mais sustentar como tal a tese célebre do *two step flow of communication*, a corrente dupla da comunicação, afirmando que a influência da mídia é fraca, que é menos importante do que a comunicação interpessoal, que só os líderes de opinião são verdadeiramente expostos à ação da mídia. Depois da formulação dessa teoria, que data dos anos 1940, a importância dos líderes, da família, das ideologias, foi bastante enfraquecida; em todos os Estados democráticos assiste-se a uma desestabilização do comportamento dos eleitores, os cidadãos identificam-se de maneira cada vez menos fiel com um partido, o comportamento do eleitor e o do consumidor pragmático e indeciso tendem a aproximar-se. Se há muito tempo se sabe que a mídia dificilmente consegue abalar os cidadãos convictos e que antes reforça as opiniões do que as altera, sabe-se igualmente que tem um papel não negligenciável sobre essa categoria de eleitores que são os hesitantes, os indivíduos pouco motivados pela vida política. É nessa vaga que se exerce plenamente o processo de sedução. Um certo número de pesquisas revelou que no decorrer de uma campanha eleitoral operavam-se notáveis modificações de intenção de voto entre os indecisos, que havia uma guinada dos eleitores irresolutos, aqueles mesmos que determinam o resultado do escrutínio final, a vitória ou a derrota nas eleições.[13] Numa sociedade onde a parte do eleitorado móvel tem possibilidades de aumentar, o papel do marketing político está destinado a ganhar importância. Longe de ser uma manifestação periférica, a sedução política consegue desde já pesar significativa e problematicamente nas orientações da vida política.

O que leva tantas análises a não ver sempre senão uma das faces dos fenômenos? Paradoxalmente, a denúncia da forma moda na arena política prende-se ao mais imediato, ao mais superficial, não vê que a sedução contribui ao mesmo tempo para manter, para enraizar de maneira duradoura as instituições democráticas. Adotando uma forma espetacular, o discurso político torna-se menos entediante, menos "estranho"; aqueles que não se interessam por ele podem encontrar aí um certo interesse, ainda que seja não político, alimentado pelo pega dos políticos em evidência ou pelo show do "homem na arena". Os grandes duelos eleitorais, as declarações dos líderes nos diferentes tipos de transmissões diretas de televisão são amplamente acompanhados pelo público; mesmo se são apreendidos na ordem do jogo e da distração, nenhuma dúvida de que o público, nessas ocasiões, esteja em situação de recepção e de aquisição de informações; seu nível de conhecimento das diversas posições políticas se vê aumentado, embora de maneira muito desigual. Contrariamente às teses dos acusadores do Estado-espetáculo, não há que traçar uma linha de demarcação rígida entre informação e divertimento; a forma moda, longe de ser antinômica com a abertura para o político, torna-a possível para uma parte crescente da população. A sedução torna menos rebarbativo o debate que envolve o todo coletivo, permite aos cidadãos ao menos escutar, estar mais informados sobre os diferentes programas e críticas dos partidos. É antes o instrumento de uma vida política democrática de massa do que um novo ópio do povo.

Não é verdade, por outro lado, que o processo de sedução tenda a neutralizar os conteúdos, a homogeneizar os discursos políticos. O programa da esquerda em 1981 era semelhante ao de seus adversários? Hoje, mesmo a política espetáculo não impediu de modo algum que as teses da Frente nacional fossem defendidas na cena pública. Foi no país onde o star system em política é mais desenvolvido, nos EUA, que se exibiu o programa neoliberal duro que se conhece; os talentos de "grande comunicador" de Reagan não o impediram de ser o símbolo de uma outra política. Se a sedução unifica tendencialmente a comunicação política na direção de mais cordialidade, simplicidade, personalização, deixa subsistir a clivagem das questões de fundo, possibilidades muito amplas de diferenças referenciais.

Perversão da democracia ou atualização histórica de um dos caminhos inscritos em sua dinâmica profunda? Reconhecendo na vontade coletiva a fonte da soberana política, as democracias acarretam a secularização do poder, fazem da instância política uma pura instituição humana liberta de toda transcendência divina, de todo caráter sagrado. Correlativamente, o Estado abandona os símbolos de sua supereminente superioridade sobre a sociedade que desde sempre ele não deixou de exibir. O Estado, tornado expressão da sociedade, deve cada vez mais parecer-se com ela, renunciar aos signos, rituais e aparatos de sua dessemelhança "arcaica". Nesse sentido, a política espetáculo não faz senão prolongar o processo de dessacralização política começado no final do século XVIII. Exibindo seus *hobbies*, aparecendo de gola rolê ou nas transmissões de variedades, os representantes do poder dão um passo suplementar no caminho secular de supressão da alteridade do Estado. O poder já não tem muita altivez, é feito da mesma carne que os homens, na proximidade de seus gostos e de seus interesses cotidianos: não "dessecularização cultural" prolongando os componentes irracionais e afetivos subjacentes ao poder tradicional,[14] mas, ao contrário, paroxismo do processo democrático da secularização política.

Estado-espetáculo, que seja. Ocorre que a analogia entre a cena política contemporânea e o star system tem limites. Enquanto este último cria "monstros sagrados", o espetáculo político faz as instâncias dirigentes descerem de seu pedestal, aproxima o poder dos homens. O star system produz sonho, o marketing político não cessa de banalizar a cena do poder, de esvaziá-lo de sua aura. O primeiro desencadeia paixonite; o segundo, desencanto. Quanto mais há mídia política, mais o político resvala no consumível, na indiferença de massa, na mobilidade flutuante das opiniões. Quanto mais há sedução, menos há maniqueísmo e grandes paixões políticas: ouvem-se com interesse ou distração as transmissões políticas, mas isso não transporta as massas, antes desencoraja a militância fervorosa; os cidadãos estão cada vez menos inclinados a investir emocionalmente nas causas políticas, privadas a seus olhos de grandeza superior. Aí está a grande eficácia democrática do novo registro comunicacional: incompatível com a histeria agressiva, com o apelo à violência e ao ódio, a política "leve" favorece a autodisciplina dos discursos, a pacificação do conflito político — e isso, qualquer que seja a ferocidade de certos *negative spots* —, o respeito pelas instituições democráticas. O humor, as "variedades", o *jogo* publicitário minam o espírito de cruzada e de ortodoxia, desqualificam o autoritarismo, as excomunhões, a exaltação dos valores de guerra e de revolução. Na luta política, os letreiros de cartazes devem adotar um tom moderado; os adversários na televisão são obrigados a ser calmos e sorridentes, a discutir, a reconhecer-se. A sedução é instrumento de paz civil e de reforço da ordem democrática; o espetacular só aparentemente produz o domínio do passional ou do emocional; na verdade, trabalha para desapaixonar e desidealizar o espaço político, para expurgar tendências às guerras santas. Então é patético que a propaganda dura tenha sido substituída pelo *one man show* e pela criatividade publicitária? É preciso ficar desesperado porque a política já não convida à mobilização militante, já não engendra efusão de massa? Não é, ao contrário, uma condição sem igual para a estabilidade das instituições democráticas e para a alternância legal do poder? Substituindo o discurso da guerra pela sedução, a nova comunicação não faz senão reforçar a hostilidade das massas à violência, acompanha a tendência sólida ao fair play, à calma, à tolerância das sociedades contemporâneas. Com certeza, certas manifestações podem inquietar: assim, os clipes políticos por vezes degradam excessivamente o sentido do debate político e arriscam desequilibrar a igualdade das possibilidades das formações na competição democrática, em razão de seus custos muito elevados; uma regulamentação da matéria é, nesse sentido, altamente desejável. Ocorre que, tomado globalmente, o processo frívolo não ameaça a ordem democrática; antes assenta-se em bases mais serenas, mais abertas, mais amplas mas mais lisas.

A explicação do impulso da política sedução só é aparentemente simples. É curta a reflexão que aí só vê a consequência do *boom* da televisão, das sondagens e da publicidade: tudo se passa como se o cenário da política atual se deduzisse diretamente das novas tecnologias midiáticas. Mas se o desenvolvimento da televisão, especialmente, desempenhou um papel certamente determinante, nem tudo lhe é devido. Para se convencer disso basta considerar a natureza da comunicação política nos Estados totalitários. De fato, o marketing político corresponde à instalação das sociedades democráticas na era do consumo moda: foram os valores inerentes à sua ordem, o hedonismo, o lazer, o jogo, a personalidade, o psicologismo, a cordialidade, a simplicidade, o humor, que impulsionaram a reestruturação das declarações políticas. A política-publicidade não é um efeito estritamente midiático, mas afirmou-se paralelamente aos novos códigos da sociabilidade democrático-individualista. Menos distância, mais cordialidade e distensão exibida, como não ver que essas transformações são inseparáveis de referentes culturais proporcionados pela era frívola. A classe política e a mídia não fizeram senão conformar-se às novas aspirações da massa. A moda consumada desenrijeceu as formas das relações humanas, impulsionou o gosto pelo direto, pelo natural, pelo distrativo. O intimismo que traduz a irrupção dos valores psi no relacional deve ser igualmente ligado ao terminal histórico da moda, na medida em que ela aprofundou a atomização social, desenvolveu as aspirações subjetivas, o gosto pelo conhecimento de si e pelo contato. Foi sobre a base dessa transformação cultural que puderam iluminar-se as *sunlights* da democracia espetáculo.

III. CULTURA À MODA MÍDIA

SUCESSOS EM ESTOQUE

A cultura de massa é ainda mais representativa do processo de moda do que a própria *fashion*. Toda a cultura mass-midiática tornou-se uma formidável máquina comandada pela lei da renovação acelerada, do sucesso efêmero, da sedução, da diferença marginal. A uma indústria cultural que se organiza sob o princípio soberano da novidade corresponde um consumo excepcionalmente instável; mais que em toda parte reina aí a inconstância e a imprevisibilidade dos gostos: nos anos 1950, o tempo médio de exploração de um longa-metragem era de cerca de cinco anos, agora é de um ano; o ciclo de vida médio de um sucesso musical oscila hoje entre três e seis meses; raros são os best-sellers cuja duração de vida ultrapassa um ano, e muitos sebos já nem mesmo recompram as obras cuja data de publicação excede os seis meses. Verdade que algumas séries e folhetins televisionados têm uma longevidade notável — *Gun Smoke* durou vinte anos e *Dallas* é programado desde 1978 —, mas o fenômeno é excepcional comparado à quantidade de séries de televisão lançadas a cada ano nos EUA e das quais muito poucas conseguem passar a prova dos treze primeiros episódios. É verdade que, por intermédio dos novos meios de difusão audiovisual, assiste-se ao aumento da duração de vida dos produtos culturais, podendo os filmes em particular ser vistos à escolha, independentemente das estreias e programações em salas. Mas o que vale para o cinema não vale para a música e os livros, a cada mês um disco expulsa o outro, um livro um outro livro — a obsolescência aí reina como em nenhuma outra parte.

No coração do consumo cultural, a paixonite de massa. Em alguns meses, a venda de um sucesso musical pode atingir várias centenas de milhares de exemplares e ultrapassar o milhão; dezenas de discos de platina (1 milhão de exemplares) acrescentam-se aos discos de ouro (500 mil exemplares). Em 1984, houve 20 milhões de álbuns de Michael Jackson e 10 milhões de álbuns de Prince vendidos no mundo. Durante algumas semanas, todo mundo fica louco pelo mesmo disco, as estações de FM o divulgam dez vezes por dia. Mesmo fenômeno para o cinema, onde uma estreia estrondosa se mede em milhões de ingressos: no Japão, em menos de dez semanas, E. T. atraiu 10 milhões de espectadores; em Buenos Aires, um espectador em quatro foi ver esse filme de Spielberg. A moda se traduz exemplarmente pela amplitude da paixonite, pelo sucesso de massa visível nos gráficos de discos e livros mais vendidos, filmes e programas mais vistos. Paixonite cultural que tem de particular o fato de que não fere nada, não choca nenhum tabu. Buscou-se analisar a paixonite como forma sutil da transgressão, como prazer de transgredir por algum lado as normas e as conveniências: nenhuma paixonite, diz-se, que não procuraria infringir um interdito de gosto ou de costumes, que não se apresente como "audácia".[1] Se, com efeito, diversas paixonites são inseparáveis de uma certa carga subversiva (minissaia, rock dos começos, modas vanguardistas), é impossível reconhecer aí um traço essencial. Onde há transgressão no sopro de loucura que se volta ora para tal disco de M. Jackson, ora para tal outro de Madonna ou Sade? A originalidade desse tipo de sucesso musical é, precisamente, que desperta uma loucura que não incomoda, no mais das vezes, nenhuma instituição, nenhum valor, nenhum estilo. Ele não exprime o prazer de perturbar; manifesta de maneira pura a paixão tranquila das pequenas diferenças sem desordem, sem risco: o êxtase da "mudança na continuidade". Emoção ligada à novidade reconhecível, não forma da subversão.

As indústrias culturais caracterizam-se por seu aspecto altamente aleatório. A despeito das técnicas promocionais, ninguém é capaz de prever quem será classificado no topo dos hit parades. Na França, a cada ano, no mundo do disco, apenas uma vintena de títulos vende mais de 500 mil exemplares, os hit parades só representam 7% dos números de variedades: em 24 mil números registrados em três anos, apenas 320 em 33 rotações figuraram nos *hitparades*.[2] Estima-se que nos EUA 70% dos títulos musicais produzidos a cada ano sejam deficitários, sendo as perdas compensadas pelos superlucros realizados por alguns outros em pequeno número.[3] O sucesso dos filmes também não escapa ao aleatório: para um filme lançado em Paris, o número de ingressos varia de menos de 10 mil a 2 milhões. Mesmo fenômeno no livro: quaisquer que sejam as dificuldades de verificação dos dados, estima-se que, em cem títulos de romances publicados na França, a maioria venda entre trezentos e quatrocentos exemplares. Essa incerteza consubstancial ao mercado cultural tem como resultado impulsionar a renovação permanente: multiplicando os títulos, ganha-se uma segurança contra o risco, aumentam-se as possibilidades de obter um sucesso musical ou um best-seller que permita compensar as perdas tidas com a maioria; assim, um editor de discos francês realiza 50% de sua cifra de negócios com apenas 3% de seus títulos.[4] Ainda que as grandes casas de discos e de livros não vivam unicamente de "grandes lançamentos" (há o fundo de catálogo, os clássicos etc.), todas procuram o grande sucesso multiplicando e renovando títulos, autores, criadores; todas as indústrias culturais são ordenadas pela lógica da moda, pelo objetivo do sucesso imediato, pela corrida às novidades e à diversidade: 9 mil fonogramas por ano em 1970, 12 mil em 1978 na França. No próprio momento em que a venda de discos caía, o número total de fonogramas apresentados para depósito legal aumentava ainda ligeiramente entre 1978 e 1981. Ainda que, entre 1950 e 1976, a produção americana dos grandes tenha caído fortemente de quinhentos para 138 longas-metragens por ano, ela está aumentando novamente: o número global de filmes produzidos passou de 175 em 1982 para 318 em 1984 e para 515 em 1986. Ao que se acrescenta a enorme quantidade de folhetins, séries e telefilmes que se contam em milhares de horas de programas. Sempre o novo: para limitar os riscos de lançamento dos programas e ganhar a guerra dos índices de audiência, multiplicam-se as tentativas, produzem-se "pilotos" em grande número, episódio-teste que é divulgado "experimentalmente" nas telas nos EUA antes que seja tomada a decisão de produzir uma série completa: em 1981, 23 programas realizados foram precedidos por 85 pilotos, 31 pilotos foram lançados para a temporada televisiva 1983-4 na NBC.[5] As indústrias culturais são de ponta a ponta indústrias de moda, a renovação acelerada e a diversificação são aí vetores estratégicos.

Para garantir-se contra as eventualidades inerentes à demanda, as indústrias culturais elevam seu orçamento de promoção e de publicidade. Nesse domínio, a edição do livro, ao menos na França, ainda está em atraso, mas nos EUA, para se lançar um livro como *Princesa Daisy*, de Judith Krantz, com mais de 6 milhões de exemplares vendidos, as despesas de promoção foram avaliadas em mais de 200 mil dólares. Aliás, os gastos publicitários estão aumentando por toda parte. O lançamento de um disco de variedade custa muitas vezes tão caro ou mais do que sua produção, e a tendência não fará senão acentuar-se com o desenvolvimento dos videoclipes. Um álbum na França custa hoje entre 250 e 450 mil francos na gravação, mas o preço de um clipe que garante sua promoção pode variar entre 100 mil e 400 mil francos, o custo de *Thriller* atingiu 500 mil dólares.[6] Se o orçamento médio de um filme americano é estimado agora em 100 milhões de dólares (antes da pós-produção), só as despesas publicitárias elevam-se a 6 milhões. *Star Trek* custou 45 milhões de dólares mais um orçamento de lançamento de 9 milhões de dólares. *Midnight express* custou 3,2 milhões de dólares; suas despesas de publicidade elevaram-se a 8,4 milhões de dólares. Por outro lado, pode-se considerar que nas despesas de produção já entram de fato somas relativas à promoção, pois que aí estão integrados os cachês das vedetes. A inflação dos orçamentos de marketing é paralela à espiral dos cachês das estrelas. Paradoxo: no momento em que as grandes estrelas se eclipsam, os cachês que recebem sobem aos extremos — Sean Connery, que havia ganhado 17 mil dólares em 1962 por *James Bond contra o doutor No*, recebeu 2 milhões de dólares por *Cuba*; Marlon Brando recebeu 3,5 milhões de dólares por dez dias de filmagem em *Superman*; Steve McQueen exigia, no final dos anos 1970, 5 milhões de dólares por filme. Mais que qualquer outra, as indústrias culturais são tributárias da forma moda, da publicidade, dos diferentes vetores de sedução e de promoção. A própria excrescência dos orçamentos tem um efeito de sedução: o fato de um filme ou um clipe ser o mais caro torna-se argumento publicitário, alta definição do produto, fator de venda e de sucesso.

As novas estratégias chamadas multimídia permitem não só distribuir por diferentes filiais os riscos muito elevados inerentes ao mercado cultural, mas igualmente promover produtos com vocação multimídia. Assim, os conglomerados multimídia organizam-se de tal maneira que o crescimento de uma atividade beneficia as outras — um filme de sucesso conduz a um programa de televisão; de um livro tira-se um filme ou uma série; as histórias em quadrinhos dão origem a filmes: "Os personagens das histórias em quadrinhos Warner encontram-se em inúmeros filmes, a começar pelos três filmes de Superman que em troca engendraram novos produtos Superman, entre os quais um jogo Atari, bonecos fabricados por Knickerbocker Toys e a franquia do logotipo 'Superman' pela Warner's Licensing Corporation of America".[7] Vê-se a multiplicação das operações de lançamento multimídia: trata-se de lançar simultaneamente um filme, um disco, um livro, um brinquedo da mesma família, cada um deles se beneficiando do sucesso dos outros. O livro que saiu na sequência de *Holocausto* nos EUA vendeu mais de 1,5 milhão de exemplares, e o disco tirado do filme *Os embalos de sábado à noite* vendeu 30 milhões de cópias.[8] Cada produto amplia o fenômeno de notoriedade, cada um revigorando os outros, dando novo impulso à paixonite do momento. Não se espera mais que um personagem se torne célebre (Mickey, por exemplo) para tirar dele produtos derivados; acompanha-se imediatamente o lançamento de um filme ou de um desenho animado por brinquedos e roupas produzidos sob licença: o desenho animado *Dr. Slump* deu origem em seis meses a 8 mil produtos derivados diferentes; os jogos, bonecos, publicações tirados da série *Marco Polo* renderam à cadeia italiana RAI, perto de 1,4 bilhão de liras;[9] na França, os brinquedos produzidos sob licença já representavam 11% da cifra de negócios de todo o setor em 1985. Com as operações multimídia, uma certa "racionalização" da moda é empregada: não porque as modas seriam agora dirigidas e controladas de ponta a ponta — o que não tem nenhum sentido —, mas porque cada produção funciona como publicidade para uma outra; tudo é "recuperado" de maneira sinérgica para amplificar e acelerar o fenômeno do sucesso.

CULTURA CLIPE

A obrigação de renovação própria das indústrias culturais não tem, evidentemente, nada a ver com a "tradição do novo" característica da arte moderna. À diferença da radicalidade vanguardista, o produto cultural se molda em fórmulas já experimentadas, é inseparável da repetição de conteúdos, de estruturas, de estilos já existentes. A cultura industrial, como bem dizia Edgard Morin, realiza a síntese do original e do padrão, do individual e do estereótipo,[10] de acordo, no fundo, com o sistema da moda como aventura sem risco, variação sobre o estilo de uma época, lógica das pequenas diferenças. O produto apresenta sempre uma individualidade, mas enquadrada nos esquemas típicos. Ao invés da subversão vanguardista, a novidade no clichê, um misto de forma canônica e de inédito. Com certeza, certas obras conseguem sair dos caminhos trilhados e inovar, mas a regra geral está na variação mínima da ordem conhecida: cem westerns desenvolvem a mesma trama do fora da lei e do justiceiro, cem "policiais" colocam em cena os mesmos confrontos na cidade, a cada vez com pequenas diferenças determinando o sucesso ou o insucesso do produto. *Dinastia* retoma *Dallas* de maneira diferente: cada episódio de série policial ou de saga familiar é a exploração de um estilo reconhecível, de uma fórmula inalterada e repetitiva, definindo a imagem de marca da série. Como no vestuário ou na publicidade, a novidade é a lei, com a condição de não ferir frontalmente o público, de não perturbar os hábitos e as expectativas, de ser imediatamente legível e compreensível para a maioria. É preciso evitar o complexo, apresentar histórias e personagens imediatamente identificáveis, oferecer produtos de interpretação mínima. Hoje, as séries de televisão vão muito longe para obter uma compreensão máxima, sem esforço: os diálogos são elementares, os sentimentos são expressos-repetidos com o apoio da mímica dos rostos e da música de acompanhamento. A cultura de massa é uma cultura de consumo, inteiramente fabricada para o prazer imediato e a recreação do espírito, devendo-se sua sedução em parte à simplicidade que manifesta.

Trabalhando para reduzir a polissemia, visando o grande público, lançando no mercado produtos fast-food, as indústrias culturais instituem na esfera do espetáculo o primado do eixo temporal próprio à moda: o presente. A exemplo da *fashion*, a cultura de massa está inteiramente voltada para o presente, e triplamente. Em primeiro lugar, porque sua finalidade explícita reside antes de tudo no lazer imediato dos particulares; trata-se de divertir, não de educar, elevar o espírito ou inculcar valores superiores. Ainda que conteúdos ideológicos evidentemente transpareçam, são secundários em relação a esse objetivo distrativo. Em segundo lugar, porque readapta todas as atitudes e todos os discursos ao código da modernidade. Para a cultura industrial, o presente histórico é medida de todas as coisas, ela não temerá a adaptação livre, o anacronismo, a transplantação do passado no presente, a reciclagem do antigo em termos modernos. Enfim, porque é uma cultura sem rastro, sem futuro, sem prolongamento subjetivo importante, é feita para existir no presente vivo. Como os sonhos e a tirada espirituosa, a cultura de massa, no essencial, repercute aqui e agora, sua temporalidade dominante é aquela mesma que governa a moda.

Vê-se o fosso que nos separa dos tempos anteriores. Durante uma grande parte do percurso da humanidade, as obras superiores do espírito constituíram-se sob a autoridade estética dos antigos, edificavam-se tendo em vista a glorificação do outro mundo, dos soberanos e dos poderosos, estavam voltadas antes de tudo para o passado e para o futuro. Desde a Renascença, pelo menos, as obras certamente despertaram paixonites de moda; nas cortes e salões, diferentes temas e estilos puderam fazer furor; autores e artistas puderam gozar de um enorme sucesso. Nem por isso as obras eram menos estranhas, por sua orientação temporal, ao sistema da moda e à sua sede inesgotável de renovação. O respeito pelas regras do passado, a exigência de um sentido profundo, a busca de uma beleza sublime, a pretensão à obra-prima desqualificaram, ou em todo caso limitaram, o avanço da mudança e da rapidez do desuso. Quando a arte encarregava-se de louvar o sagrado e a hierarquia, o eixo temporal das obras era bem mais o futuro do que o presente efêmero: era preciso dar testemunho da glória eterna de Deus, da grandeza de uma linhagem ou de um reino, oferecer um hino grandioso, um sinal imortal de magnificência tendo em vista a posteridade. Fiel às lições do passado e voltada para o futuro, a cultura escapou estruturalmente à produção de moda e ao culto do presente. A ordem subjetiva das motivações trabalhou no mesmo sentido: escritores e artistas visaram até estes últimos tempos à eternidade, à imortalidade, à glória não efêmera. Qualquer que fosse o sucesso conhecido e procurado, a aspiração dos criadores era elaborar obras duráveis para além da aprovação instável dos contemporâneos. Petrarca sustentava que a glória só começava realmente depois da morte; muito mais perto de nós, Mallarmé, Valéry, Proust desprezavam a atualidade e achavam natural permanecer desconhecidos até uma idade avançada. A moda é, então, exterior à ordenação das obras; pode acompanhá-la, mas não constitui seu princípio organizador. A cultura industrial, ao contrário, instala-se em pé de igualdade com o perecível; esgota-se na busca obstinada do sucesso imediato, tendo por critério último a curva das vendas e a massa da audiência. Isso não impede a realização de obras "imortais", mas a tendência global é outra, caminha para a obsolescência integrada, para a vertigem do presente sem olhar para o amanhã.

Essa primazia do presente aparece doravante até na arquitetura rítmica dos produtos culturais, dominados cada vez mais pelo êxtase da celeridade e do imediatismo. Por toda parte, o precipitado ritmo publicitário prevalece; a produção televisual, a americana em particular, ordena-se através do código soberano da velocidade. Sobretudo nada de lentidão, de tempo morto: alguma coisa deve sempre estar passando na tela eletrônica, máximo de efeitos visuais, ataque insistente ao olho e ao ouvido, muitos acontecimentos, pouca interioridade. Uma cultura da narração é substituída de alguma maneira por uma cultura de movimento; uma cultura lírica ou melódica é substituída por uma cultura cinemática construída sobre o choque e o dilúvio de imagens, sobre a busca da sensação imediata, sobre a emoção da cadência sincopada. Cultura rock e publicidade: desde os anos 1950, o rock abalou as doçuras crooner, agora as séries e folhetins americanos fazem uma caçada impiedosa das lentidões:[11] nas histórias policiais (*Starsky e Hutch*, *Miami Vice*), nos dramas íntimos e profissionais das sagas familiares, tudo se acelera, tudo se passa como se o tempo midiático não fosse mais que uma sucessão de instantes em competição uns com os outros. O videoclipe musical não faz senão encarnar a ponta extrema dessa cultura expressa. Não se trata mais de evocar um universo irreal ou de ilustrar um texto musical; trata-se, antes, de superexcitar o desfile de imagens, mudar por mudar cada vez mais depressa com mais e mais imprevisibilidade e combinações arbitrárias e extravagantes: agora se está no índice de IPM (ideias por minuto) e na sedução segunda. No clipe, cada imagem vale no presente, só contam a estimulação e a surpresa que provoca, não há mais do que uma acumulação díspar e precipitada de impactos sensoriais desenhando um surrealismo *in* em technicolor. O clipe representa a expressão última da criação publicitária e de seu culto da superfície: a forma moda conquistou a imagem e o tempo midiático; a força de batida rítmica põe fim ao universo da profundidade e ao devaneio acordado; não resta senão uma estimulação pura, sem memória, uma recepção moda.

A partir daí, por que continuar a alegar, a respeito dos programas de massa, a função ideológica de *"consensus* nacional e mundial",[12] quando o que ocorre é a mera circulação temporária e o *transporte para parte alguma*: após a era da adoração contemplativa, a passagem para vídeo, onde não se absorvem conteúdos, esvaziam-se os que se tem, delira-se no excesso de imagens, na embriaguez da imagem acelerada, para nada, só no prazer da mudança sem sair do lugar. Mesmo nas soap operas construídas sobre uma continuidade psicológica e sobre uma clara identificação das personagens, ninguém acredita nisso, não fica nada, tudo se agita nas combinações e recombinações perpétuas. A verossimilhança já não é uma preocupação dominante, as personagens podem mudar de rosto (como em *Dallas* ou *Dinastia*), o drama prossegue sua trajetória. O tempo da narrativa é aí muito vivo, as sequências e as situações mais contrastadas se sucedem sem transição.[13] Não cansar, rápido outra coisa: a identificação com as personagens não funciona, a inculcação ideológica foi neutralizada, pulverizada pela própria *velocidade* do desenrolar da fita vídeo; o ritmo moda dos produtos televisuais deu curto-circuito na alienação espectadora em favor de uma dessimplicação e de uma distância divertida.

Por toda parte a febre do *rush* reina soberana: vale para a soap opera como para o pornô. Este igualmente elimina a lentidão em benefício do "direto" libidinal; só contam os jogos pontuais das combinações, as imbricações aceleradas do sexo. Observou-se que o pornô eliminava todo ritual, toda profundidade, todo sentido; acrescentemos que é inseparável de uma temporalidade específica: *fast sex*, sexo instantâneo. À diferença do strip tease, o filme pornô ou o *peep-show* têm poucas mediações, funcionam no "já, já"; a superexposição de órgãos é acompanhada de uma precipitação uniforme, espécie de rali de bólidos. A excitação do zoom e a do cronômetro andam juntas: o pornô é uma erótica do imediatismo, da ação operacional e da renovação repetitiva, sempre novas posições, novos parceiros em vista da mecânica desenfreada dos órgãos e dos prazeres. Nesse sentido, o pornô é um clipe do sexo como o clipe é um pornô videomusical. Cada instante deve ser preenchido por uma nova imagem, spot libidinal, spot espetacular. A forma moda e sua temporalidade descontínua revestiram até o sexo midiático.

ESTRELAS E ÍDOLOS

Se a cultura de massa está imersa na moda é também porque gravita em torno de figuras de charme com sucesso prodigioso, que impulsionam adorações e paixonites extremas: estrelas e ídolos. Desde os anos 1910-20, o cinema jamais deixou de fabricar estrelas, são elas que os cartazes publicitários exibem, são elas que atraem o público para as salas escuras, foram elas que permitiram recuperar a enfraquecida indústria do cinema nos anos 1950. Com as estrelas, a forma moda brilha com todo o seu esplendor, a sedução está no ápice de sua magia.

Descreveu-se muitas vezes o luxo e a vida frívola das estrelas: mansões suntuosas, galas, recepções mundanas, amores efêmeros, vida de prazeres, toaletes excêntricas. Sublinhou-se igualmente seu papel nos fenômenos de moda; logo conseguiram destronar a preeminência das mulheres de sociedade em matéria de aparência e impor-se como líderes de moda. Greta Garbo difundiu o corte dos cabelos semilongos, o uso da boina e do tweed; a voga do "loiro platinado" vem de Jean Harlow; Joan Crawford seduziu o público com seus lábios alongados; Marlene Dietrich fez furor com suas sobrancelhas depiladas. Clark Gable conseguiu tornar fora de moda o uso da camiseta masculina em consequência de *It happened one night*. As estrelas despertaram comportamentos miméticos em massa, imitou-se amplamente sua maquiagem dos olhos e dos lábios, suas mímicas e posturas; houve até, no decorrer dos anos 1930, concursos de sósias de Marlene Dietrich e de Greta Garbo. Mais tarde, os penteados "rabo de cavalo" ou ondulados de Brigitte Bardot, as aparências descontraídas de James Dean ou Marlon Brando foram modelos em evidência. Ainda hoje, os jovens adolescentes tomaram como modelo o look Michael Jackson. Foco de moda, a estrela é ainda mais, nela mesma, figura de moda como *ser-para-a-sedução*, quintessência moderna da sedução. O que a caracteriza é o charme insubstituível de sua aparência, e o star system poder ser definido como a fábrica encantada de imagens de sedução. Produto moda, a estrela deve agradar; a beleza, ainda que não seja nem absolutamente necessária nem suficiente, é um de seus atributos principais. Uma beleza que exige encenação, artifício, refabricação estética: os meios mais sofisticados, maquiagem, fotos e ângulos de visão estudados, trajes, cirurgia plástica, massagem, são utilizados para confeccionar a imagem incomparável, a sedução enfeitiçadora das estrelas. Como a moda, a estrela é construção *artificial*, e se a moda é estetização do vestuário, o star system é estetização do ator, de seu rosto, de toda a sua individualidade.

Mais ainda que a beleza, a *personalidade* é o imperativo soberano da estrela. Esta brilha e conquista o público essencialmente pelo tipo de homem ou de mulher que consegue impor na tela: Greta Garbo encarnou a mulher inacessível e altiva; Marilyn Monroe, a mulher inocente, sensual e vulnerável; Catherine Deneuve, a sensualidade glacial. Clark Gable foi o tipo exemplar do homem viril, cúmplice e impudente; Clint Eastwood é identificado ao homem cínico, eficaz, duro. "Mostre-me uma atriz que não seja uma personalidade e eu lhe mostrarei uma atriz que não é uma vedete", dizia Katharine Hepburn. A estrela é imagem de personalidade construída a partir de um físico e de papéis feitos sob medida, arquétipo de individualidade estável ou pouco cambiante que o público reencontra em todos os filmes. O star system fabrica a superpersonalidade que é a grife ou a imagem de marca das divas da tela.

Fundada no princípio de uma identidade permanente, a estrela não está, assim, nos antípodas da moda e de sua inextirpável versatilidade? Seria esquecer que a estrela repousa sobre os mesmos valores que a moda, sobre a sacralização da individualidade e das aparências. Da mesma maneira que a moda é personalização aparente dos seres, a estrela é personalização do ator; da mesma maneira que a moda é encenação sofisticada do corpo, a estrela é encenação midiática de uma personalidade. O "tipo" que personifica a estrela é sua grife do mesmo modo que o estilo de um costureiro; a personalidade cinematográfica procede de um artificialismo das superfícies de mesma essência que a moda. Nos dois casos, é o mesmo efeito de personalização e de originalidade que é visado, é o mesmo trabalho de encenação espetacular que os constitui. A estrela é o feérico da personalidade como a moda é o feérico do parecer; juntas não existem senão em razão da dupla lei de sedução e de personalização das aparências. Assim como o costureiro cria inteiramente seu modelo, o star system redefine, inventa, elabora o perfil e os traços das estrelas. Está em ação o mesmo poder demiúrgico-democrático, a mesma ambição de tudo refabricar, de tudo remodelar sem modelo preestabelecido para maior glória da imagem, do artifício, da personalidade radiante.

Por ser o símbolo midiático da personalidade, a estrela não é, de modo algum, estranha ao sistema das pequenas variações próprias da moda. O fenômeno tornou-se manifesto nos anos 1950, quando apareceu toda uma série de vedetes femininas encarnando variações sobre o tema da mulher-criança; a inocente Marilyn, o animalzinho sexual BB, a boneca Baker, a travessa Audrey Hepburn. Mesmo processo no que diz respeito aos astros masculinos em torno do herói jovem, revoltado, atormentado, de que M. Brando e J. Dean foram os protótipos; seguiram-se Paul Newman, Anthony Perkins, M. Clift, D. Hoffman. A sagração cinematográfica da personalidade realiza-se segundo o processo da moda, segundo uma lógica paralela à da produção combinatória das diferenças marginais.

Inventadas pelo cinema, as grandes vedetes invadiram muito rapidamente o universo da canção e do music hall. Os cantores de charme fizeram desmaiar as multidões da mesma maneira que os grandes nomes do cinema atraíram os mesmos fervores, a mesma curiosidade, a mesma adoração: Tino Rossi, B. Crosby,

Frank Sinatra, L. Mariano recebiam milhares de cartas de seus fãs incondicionais. Com a explosão da música rock combinada à revolução do disco de 33 rotações e do pick-up, a paisagem dos ídolos foi um pouco transformada. A multiplicação dos cantores e dos grupos de sucesso desencadeou uma forte aceleração na rotação das vedetes. Ainda que algumas grandes estrelas do rock pareçam resistir à prova do tempo, a maioria entrou na era da mobilidade e da obsolescência. Produzindo cada vez mais míni-ídolos que logo se eclipsam, o show biz democratizou de alguma maneira a cena das estrelas, as fez sair da imortalidade: menos honradas e altitude divina, menos adulação imutável, os ídolos em grande número desceram de seu Olimpo, foram atingidos à sua maneira pelo avanço da igualdade das condições. E enquanto os ídolos são anexados pela versatilidade da moda, o look, correlativamente, ganha uma importância maior. O fenômeno não nasceu em um dia; os cantores do music hall têm procurado há muito tempo fixar visualmente sua imagem exibindo uma aparência de palco original: palheta de Maurice Chevalier, cabelos despenteados de Trenet, vestido preto simples de Piaf. Mas o espetacular permanecia limitado, a imagem não instituía uma verdadeira ruptura com o cotidiano; além disso, era estável, quase ritualizada para cada artista. Cantores de terno-gravata ou camisa entreaberta, o mundo visual do music hall exibia a respeitabilidade e a sobriedade. Sob o impulso convergente do rock e da publicidade, a imagem cênica agora implica, ao contrário, o abuso de originalidade, o excesso das aparências, a renovação incessante (Boy George, Prince, Sigue Sigue Sputnik): não mais o pequeno sinal distintivo, francamente o *mutante*. O visual não é mais um elemento decorativo, é constitutivo do posicionamento, da originalidade dos grupos, e sem dúvida ganhará cada vez mais importância com o desenvolvimento dos videoclipes. Quanto mais há grupos e cantores, mais se impõe uma lógica publicitária total, mais há diferença marginal, mais se impõe a lógica do efeito, do impacto espetacular, da inovação moda.

Enquanto o show business cultiva a hiperteatralidade, as estrelas do cinema perdem cada vez mais o brilho, o poder de fascínio. Essa democratização da imagem das vedetes prolonga um processo desencadeado há meio século: a partir dos anos 1930, as figuras das estrelas sofreram transformações significativas que as aproximaram mais das normas do real e do cotidiano; a beleza irreal e inacessível das vedetes do cinema mudo foi substituída por um tipo de estrela mais humana, menos régia, menos marmórea.[14] A vampe imaterial dá lugar a uma mulher mais encarnada e mais picante; os heróis idealizados cedem o passo a astros de belezas menos canônicas mas mais "interessantes", mais personalizadas. A estrela mais próxima do real e do espectador expande-se com o sex appeal dos anos 1950 (Bardot, M. Monroe), que dessublima a imagem da mulher por um erotismo "natural". Sob o impulso subterrâneo do trabalho da igualdade, as estrelas saem de seu universo distante e sagrado; suas vidas privadas são exibidas nas revistas, seus atributos eróticos aparecem nas telas e nas fotos; vemo-las sorridentes e tranquilas em situações mais profanas, em família, na cidade, em férias. Essa corrente de dessacralização de essência democrática não chegou bruscamente ao fim de sua trajetória; o cinema certamente inventou estrelas mais realistas e menos distantes, mas sempre dotadas de uma beleza e de um poder sedutor fora de série. Toaletes, fotos, medidas ideais, generosidade mamária, a idade de ouro do star system não abandonou imediatamente o esplendor do excesso e a magia do ideal, estruturou uma formação de compromisso: figuras mágicas destacando-se ostensivamente do comum e com as quais, no entanto, o público pode identificar-se. Presentemente, tudo indica que o processo de "humanização" da estrela, de erosão da dessemelhança chegou ao final de seu curso. É o tempo das estrelas de físico "insignificante"; seduzem não mais porque são extraordinárias, mas porque são como nós: "Não são as pessoas que se parecem com ele, é ele que se parece com as pessoas" — essa afirmação de um fã de Jean-Jacques Goldman endereça-se adequadamente a essas novas vedetes de aparência "normal", sem particularidade ostensiva, as Miou-Miou, Isabelle Huppert, Marlène Jobert, Marie-Christine Barrault. As estrelas eram modelos, tornaram-se reflexos; queremos estrelas "boa gente", última fase da dissolução democrática das alturas acarretada pelo código da proximidade comunicacional, da descontração, do contato, do psicologismo. Os valores psi nos quais estamos mergulhados prenderam as estrelas nas redes da monotonia terrestre.

O universo do espetáculo não cessa de ir ao encontro da vida, de enredar-se no mundo: paralelamente aos novos perfis estéticos das estrelas, vemo-las intervir em grande número por *Band Aid* ou *Restaurants du Coeur*. O fenômeno não exprime apenas um anelo ideológico coletivo, mas traduz também a irreprimível democratização do estrelato. Os ídolos não se contentam mais em associar-se exteriormente às grandes causas da história e às grandes escolhas das eleições democráticas; eles coletam fundos, criam associações de auxílio mútuo e de caridade, engajam-se pelos mais deserdados dos homens. Os semideuses apanharam seus bastões de peregrinos, voltaram para o meio dos homens, sensíveis aos infortúnios dos condenados desta terra.

Quanto mais as estrelas se banalizam, mais investem em diferentes formas da mídia. Paralelamente aos multimídia, as multiestrelas. Aí também o fenômeno tem antecedentes: há muito tempo, as vedetes vêm utilizando seu sucesso no music hall para penetrar no mundo do cinema (Bob Hope, Sinatra, B. Crosby, Montand). Esse fenômeno, até então excepcional, está em vias de tornar-se uma regra: são incontáveis os ídolos do show biz que se lançam no cinema (J. Hallyday, A. Souchon, Madonna, Tina Turner, Grace Jones); as vedetes da tela se tornam cantores de variedades (I. Adjani, J. Birkin); estes escrevem (R. Zaraï, Jean-Luc Lahaye), enquanto as estrelas de tevê se tornam romancistas e ensaístas (P. Poivre d'Arvor, Fr. de Closets). As criaturas de sedução querem livrar-se da sujeição da imagem e ambicionam também a profundidade. As estrelas não são mais seres completamente superficiais; como todo mundo, aspiram a exprimir-se (as autobiografias são legião), a testemunhar, a passar mensagens. O sucesso abre caminho para a diversificação, pede a utilização do nome em todas as direções, a melhor das publicidades. A celebridade aqui induz uma probabilidade de sucesso ali: não se pode produzir um efeito de voga total pode-se *via* estrelas ampliar a audiência, colocar-se nas melhores condições de sucesso.

O enigma das estrelas sustenta-se menos em seu poder de sedução do que no culto paroxístico de que são objeto. Aí está a questão mais perturbadora: como explicar os transportes emocionais dos fãs? Como dar conta disso numa sociedade moderna com inclinação científica e tecnológica? Outrora, E. Morin via aí a permanência do sentimento religioso e mágico no seio do mundo racionalista:[15] as estrelas participam do divino, são semideuses com seus fiéis que amam sem correspondência, disputam seus objetos íntimos, entram em delírio em sua presença. Não refeição totêmica em sentido estrito mas seu equivalente, a indigestão de confidências, entrevistas, indiscrições relacionadas ao deus. A magia arcaica não foi eliminada, ressurge na adoração fetichista das estrelas. Religião das estrelas? Mas, nesse caso, por que essa adulação encontra seu solo privilegiado na juventude? Por que desaparece tão depressa com a idade? A efemeridade dessa paixão obriga a assimilá-la não a uma manifestação do religioso, mas a uma *paixão de moda*, uma mania temporária. A idolatria das estrelas não é de mesma essência que o religioso, não é senão uma das formas extremas da *paixonite* moderna. Diferentemente da adoração religiosa, inseparável de uma organização simbólica, de um sentido ou de um conteúdo transcendente, a das estrelas tem de particular o fato de que não se apega senão a uma imagem, é êxtase da aparência. O que transporta os fervorosos não é nem uma qualidade humana, nem uma mensagem de salvação, é o charme de uma imagem sublimada e estetizada. Culto da personalidade, não culto do sagrado; culto estético, não culto arcaico. Devaneio íntimo, não misticismo transcendente.

Só há continuidade formal e artificial entre o amor dos deuses e o das estrelas, analogia abstrata dissimulando a disparidade de duas lógicas sem comparação possível. O *homo reli-*

giosus procede fundamentalmente de uma instituição simbólica que separa este mundo de um além fundador; ele implica uma ordem sacra que determina conteúdos estritos de crença, rituais coletivos, prescrições imperativas. Nada disso com a idolatria das estrelas, que não é uma instituição social mas a expressão de personalidades dispersas, com tudo o que o fenômeno comporta de exigências subjetivas, fantasmas e delírios, comportamentos aberrantes, incontroláveis, imprevisíveis. Por trás da histeria coletiva, há o movimento errático das individualidades; para além do mimetismo do ídolo, há as aspirações e os devaneios incomparáveis das pessoas, revelados especialmente pelas cartas dos admiradores. Longe de ser um comportamento arcaico, o culto das estrelas é tipicamente um fato moderno *individualista* que repousa sobre o movimento em estado livre dos indivíduos: nenhum dogma, nenhum corpo de crença instituído, nenhum ritual obrigatório; nada senão o arrebatamento das paixões amorosas e fantasmáticas dos sujeitos individuais.

Só se vê uma parte do fenômeno ao se falar de forma aguda de alienação e de dependência. Na realidade, pelo caminho da adulação das estrelas, novos comportamentos podem surgir, os jovens conquistam uma parcela, por mínima que seja, de autonomia, libertando-se de certo número de dominações culturais, imitando novas atitudes, desprendendo-se da influência de seus meios de dependência. Partidário incondicional do ídolo, o fã revela por isso mesmo um gosto pessoal, uma preferência subjetiva, afirma uma individualidade em relação a seu meio familiar e social. Manifestação da heteronomia dos seres, o culto das estrelas é paradoxalmente trampolim de autonomização individual dos jovens. Ter um ídolo: maneira para eles de demonstrar, na ambiguidade, sua individualidade própria, maneira de chegar a uma forma de identidade subjetiva e de grupo. Se o fenômeno se manifesta entre os jovens é porque nessa idade os gostos e as preferências estéticas são os meios principais de afirmação da personalidade. O culto das estrelas, ao menos durante a idade de ouro do cinema, foi um fenômeno principalmente feminino: nos anos 1940, cerca de 80% dos fãs eram do sexo feminino.

Nenhuma dúvida de que fosse pelas mesmas razões, tendo as moças, numa sociedade "falocrática", muito menos meios do que os rapazes para impor sua independência. A devoção às estrelas foi para gerações de moças uma maneira de criar um continente delas, de abrir seu horizonte íntimo, de ter acesso a novos modelos de comportamento.

Tudo faz pensar que essa diferença entre os sexos está em vias de ser reabsorvida no rastro da liberalização dos costumes e da emancipação feminina. Agora, o culto das estrelas se caracteriza menos pela identidade sexual dos admiradores do que pela idade cada vez mais precoce em que se manifesta: a febre por Michael Jackson atingiu, nestes últimos anos, as crianças de dez anos. Como surpreender-se com isso numa sociedade na qual decresce a autoridade familiar e a educação repousa no código do diálogo e da comunicação? Nesse meio social, os desejos de independência aparecem cada vez mais cedo com mais e mais impaciência. Demonstrando gostos e preferências em vigor no grupo dos jovens, as crianças e jovens adolescentes põem em movimento a dinâmica da autonomização individual, o processo da separação subjetiva, a conquista de critérios para si, ainda que sejam os da turma.

A idolatria das estrelas não é uma droga de massa, não se explica a partir da "miséria da carência", da vida morna e anônima das cidades modernas.[16] Por que então ela não se difunde entre os adultos? Na medida em que o fenômeno é inseparável da busca da identidade e da autonomia privada, só pode aparecer no universo democrático em que se operaram a dissolução da ordem hierárquico-desigualadora e a desagregação individualista do tecido social. Nada de estrelas num mundo em que os lugares e os papéis são fixados com antecedência, segundo uma ordem preestabelecida desde sempre. A desigualdade entre o fã e a estrela não é a que liga o fiel a Deus, mas aquela ligada à revolução democrática, em que todos os seres, soltos, livres, podem reconhecer-se uns nos outros, em que se quer conhecer tudo da intimidade cotidiana do outro, em que se pode exprimir seu amor sem barreira nem reserva, para além das diferenças de idade, de posições sociais, de celebridade. É porque não há mais formas preestabelecidas de copertencer entre os seres que a paixão amorosa pode ganhar uma intensidade desenfreada; é porque já não há mais desigualdade substancial entre os indivíduos que se abre a possibilidade de uma adoração em que o ser mais admirado é ao mesmo tempo um confidente, um irmão mais velho, um diretor de consciência, um amante desejado, em que o prestígio mítico não exclui o desejo de conhecer os detalhes da vida íntima e a proximidade-espontaneidade dos contatos. A paixão amorosa liberta de todo código social imperativo pode investir nas figuras mais distantes, sem regra, segundo as impulsões variáveis de cada um. Na raiz da "liturgia estelar", há mais do que a magia do star system, mais do que a necessidade antropológica de sonhos e de identificações imaginárias: há a dinâmica da igualdade democrática que liberou o sentimento amoroso de todo quadro ritual.

A MÍDIA ARREBENTA A TELA

Não há dúvida de que o estrondoso sucesso alcançado pelas diversas manifestações da cultura midiática deva ser atribuído à sua capacidade de oferecer um universo de mudança de ares, de lazer, de esquecimento, de sonho. Inúmeros estudos empíricos puderam assim, sem grande risco, sublinhar que a *evasão* era a necessidade primordial a sustentar o consumo cultural. Entre sociólogos como Lazarfeld ou Merton e mais ainda entre filósofos como Marcuse ou Debord, a cultura de evasão tornou-se um novo ópio do povo encarregado de fazer esquecer a miséria e a monotonia da vida cotidiana. Em resposta à alienação generalizada, o imaginário industrial atordoante e recreativo. Aumentando a fragmentação das tarefas e a nuclearização do social, a lógica burocrático-tecnocrática engendra a passividade e a desqualificação profissional, o tédio e a irresponsabilidade, a solidão e a frustração crônica dos particulares. A cultura mass-midiática cresce nesse terreno, tem o poder de fazer esquecer o real, de entreabrir o campo ilimitado das projeções e identificações. Consumimos em espetáculo aquilo que a vida real nos recusa: sexo porque estamos frustrados, aventura porque nada de palpitante agita nossas existências no dia a dia; uma vasta literatura sociológica e filosófica desenvolveu à saciedade essa problemática da alienação e da *compensação*. Encorajando as atitudes passivas, embotando as faculdades de iniciativa e de criação, desestimulando as atividades militantes, a cultura de massa não faz senão ampliar a esfera da despossessão subjetiva, senão agir como instrumento de integração ao sistema burocrático e capitalista.

Se a cultura de massa é com certeza amplamente destinada a satisfazer a necessidade de evasão dos indivíduos, o que se passa com seus efeitos a mais longo prazo? Analisando a cultura midiática como meio de distração, faz-se como se tudo se apagasse uma vez terminado o sonho, como se o fenômeno não deixasse nenhum rastro e não transformasse os comportamentos e os parâmetros do público. Esse não é, evidentemente, o caso. Para além de suas evidentes satisfações psicológicas, a cultura de massa teve uma função histórica determinante: reorientar as atitudes individuais e coletivas, difundir novos padrões de vida. Impossível compreender a atração da cultura de massa sem levar em consideração os novos referentes ideológicos, os novos modelos existenciais que ela conseguiu difundir em todas as camadas sociais. Sobre esse ponto, as análises célebres de E. Morin são perfeitamente esclarecedoras e justas: a cultura de massa, desde os anos 1920 e 1930, funcionou como agente de aceleração do declínio dos valores tradicionalistas e rigoristas, desagregou as formas de comportamento herdadas do passado propondo novos ideais, novos estilos de vida fundados na realização íntima, no divertimento, no consumo, no amor. Através das estrelas e do erotismo, dos esportes e da imprensa feminina, dos jogos e das variedades, a cultura de massa exaltou a vida de lazer, a felicidade e o bem-estar individuais, promoveu uma ética lúdica e consumista da vida.[17] Os temas centrais da cultura de massa ajudaram poderosamente na afirmação de uma nova figura da individualidade moderna, absorvida por sua realização privada e seu bem-estar. Propondo, sob formas múltiplas, modelos de autorrealização existencial e mitos centrados na vida privada, a cultura de massa foi um vetor essencial do individualismo contemporâneo paralela e mesmo anteriormente à revolução das necessidades.

Mas como entender esse individualismo? É de se notar que, tão logo sublinhou-se a questão, o pensamento mais receptivo à cultura de massa tenha ao mesmo tempo retomado a problemática do negativo, a alienação e o consolo das consciências. A cultura de massa não trabalha senão para produzir uma pseudoindividualidade, torna "fictícia uma parte da vida de seus consumidores. Ela fantasmagoriza o espectador, projeta seu espírito na pluralidade dos universos imagéticos ou imaginários, faz sua alma dispersar-se nos inumeráveis duplos que vivem por ele... Por um lado, a cultura de massa alimenta a vida; por outro, atrofia a vida".[18] Sua obra é "hipnótica", ela só sacraliza o indivíduo em ficção, engrandece a felicidade tornando irreais as existências concretas, faz "viver por procuração imaginária". É um individualismo "sonambúlico" que surge, despossuído de si mesmo pelas figuras encantadas do imaginário. Os padrões individualistas são em grande parte uma mistificação, não fazem senão prolongar de outra maneira os consolos do ópio do povo. Com isso, viu-se oculta a obra real da cultura de massa ligada à longa duração das democracias, sua contribuição paradoxal, mas efetiva, ao impulso da autonomia subjetiva. Pelo ângulo da mitologia da felicidade, do amor, do lazer, a cultura moda permitiu generalizar os desejos de afirmação de si e de independência individual. Os heróis self-made-man, as histórias de amor em fotonovelas ou na tela, os modelos emancipados das estrelas desencadearam novas referências para os indivíduos, estimulando-os a viver mais para si próprios, a desprender-se das normas tradicionais, a reportar-se a si mesmos no governo de suas existências. Toda a cultura de massa trabalhou no mesmo sentido que as estrelas: um extraordinário meio de desprender os seres de seu enraizamento cultural e familiar, de promover um Ego que dispõe mais de si mesmo. Pelo ângulo da evasão imaginária, a cultura frívola foi uma peça na conquista da *autonomia privada* moderna: menos imposição coletiva, mais modelos de identificação e possibilidades de orientações pessoais; a cultura midiática não fez senão difundir os valores do universo pequeno-burguês, foi um vetor da revolução democrática individualista. Só se pode insistir: o superficial não se reduz a seus efeitos manifestos, há uma positividade histórica dos artifícios, a moda consumada liberta os indivíduos das normas sociais homogêneas e constrangedoras mais do que os sujeita à sua ordem eufórica.

Mas já aparece uma nova fase: o impacto da cultura industrial já não é o que foi, não se pode mais concebê-lo segundo o modelo do que se produziu a partir dos anos 1930. Durante toda essa idade de ouro, a cultura de massa se impôs rumorosamente a uma sociedade amplamente ligada a princípios tradicionalistas, a normas puritanas ou conformistas. Pelo próprio fato dessa disjunção, ela teve um papel considerável de aculturação modernista, de reestruturação dos comportamentos. Agora, esse fosso está *grosso modo* preenchido, a sociedade que assimilou maciçamente as normas outrora sublimadas pelo cinema não está mais subjugada por uma cultura diferente. Desde os anos 1960, a cultura de massa antes reproduz os valores dominantes do que propõe novos; ontem, ela antecipava o espírito do tempo, estava "adiantada" em relação aos costumes; hoje, não faz mais do que segui-los ou acompanhá-los, já não oferece polos de identificação em ruptura. Os padrões de vida exibidos pela cultura midiática são aqueles mesmos que estão em vigor no cotidiano: conflito do casal, drama familiar, droga, problemas da idade, da segurança, da violência — as figuras do imaginário industrial não propõem mais nada de absolutamente novo. No máximo aumentam o que vemos todo dia à nossa volta. Certamente, a ficção permanece com seus universos hiperespetaculares ou insólitos, mas essa distância em relação ao comum não deve esconder que a temática e os mitos veiculados são mais o eco da sociedade do que predecessores de sua irrupção. Ao invés de introduzir a um novo estilo de vida, não há senão reforço da busca individualista presente em todos os níveis do corpo social. Vejamos *Dallas*: num sentido, tudo nos separa do universo do homem comum (grandes negócios, jet set, luxo); por outro lado, tudo lembra as preocupações e os problemas de cada um (rompimento dos casais, drama do divórcio, desejo de realizar-se). A cultura influi ainda sobre os gostos estéticos, em música por exemplo, mas pouco sobre os valores, as atitudes, os comportamentos dos indivíduos; cada vez mais vai ao encontro de sua essência moda, de ser uma cultura superficial sem consequência. Se continua a acelerar o processo de individualização é menos por sua temática própria do que por seu coquetel de escolhas e de diversidades: sempre mais estilos musicais, grupos, filmes, séries, o que só pode suscitar mais pequenas diferenciações, possibilidades de afirmar preferências mais ou menos personalizadas. Mas, no essencial, é em outra parte que se realiza a dinâmica da subjetivização das pessoas.

Doravante é a *informação* que toma o seu lugar, é ela que produz os efeitos culturais e psicológicos mais significativos; ela substituiu globalmente as obras de ficção no avanço da socialização democrática individualista. As revistas de informação, os debates e pesquisas têm mais repercussão sobre as consciências do que todos os sucessos de bilheteria. *Psy show* ou *Ambitions* convidam a mais redesdobramentos subjetivos do que todas as horas passadas diante das obras do imaginário industrial. Há muito tempo, certamente, a informação, por intermédio da imprensa escrita e do rádio, não deixou de abrir o campo de visão dos indivíduos, mas com o desenvolvimento da televisão o fenômeno ganhou uma amplitude incomparável. Transmitindo permanentemente as informações mais variadas sobre a vida em sociedade, da política à sexualidade, da dietética ao esporte, da economia à psicologia, da medicina às inovações tecnológicas, do teatro aos grupos de rock, a mídia tornou-se um formidável instrumento para formar e integrar os indivíduos. Impossível separar a explosão do individualismo contemporâneo da explosão da mídia: com a profusão das informações multiservices e os conhecimentos que proporcionam sobre outros universos, outras mentalidades, outras ideias, outras práticas, os indivíduos são conduzidos inelutavelmente a "posicionar-se" em relação ao que veem, a rever mais cedo ou mais tarde as opiniões aceitas, a fazer comparações entre aqui e ali, eles próprios e os outros, o antes e o depois. As reportagens, os debates televisionados, as atualidades fazem conhecer sobre as questões os mais diversos pontos de vista, diferentes enfoques; contribuem para individualizar as opiniões, para diversificar os modelos e os valores de referência, para abalar os quadros comuns tradicionais, para se ficar menos tributário de uma cultura una e idêntica. Como um zoom permanente, a informação nas democracias liberta os espíritos dos limites de seu mundo particular, é máquina de pôr em movimento as consciências, de multiplicar as oportunidades da *comparação* — de que se sabe, desde Rousseau, o papel primordial que desempenha no desenvolvimento da razão individual.

Qualquer que seja o aspecto *digest* da informação, qualquer que seja sua dimensão distrativa, é impossível continuar afirmando que, por seu ângulo, "o raciocínio tende a transformar-se em consumo", "que o consumo da cultura de massa não deixa nenhum rastro e proporciona esse gênero de experiências cujos efeitos não são cumulativos mas regressivos".[19] O reflexo elitista-intelectualista é aqui manifesto: o que diverte não poderia educar o espírito, o que distrai só pode desencadear atitudes estereotipadas, o que é consumido só pode opor-se à comunicação racional, o que seduz a massa só pode engendrar opiniões irracionais, o que é fácil e programado só pode produzir o assentimento passivo. Contrassenso radical: o universo da informação conduz maciçamente a sacudir as ideias aceitas, a fazer ler, a desenvolver o uso crítico da razão; é máquina de tornar complexas as coordenadas do pensamento, de despertar exigência de argumentações, ainda que num quadro simples, direto, pouco sistemático. É preciso operar uma revisão de fundo: o consumo midiático não é o coveiro da razão, o espetacular não abole a formação da opinião crítica, o show da informação prossegue a trajetória das Luzes.

É ainda de outra maneira que a informação colabora no impulso do individualismo. Fala-se muito da "aldeia planetária", da contração do globo provocada pela mídia; seria preciso acrescentar que ela é, ao mesmo tempo, um formidável instrumento de superinvestidura do Eu. A mídia nos mantém a par das múltiplas ameaças que nos cercam, informa-nos sobre o câncer, o alcoolismo, as doenças sexualmente transmissíveis e outras, são caixas de ressonância dos diferentes perigos que nos espreitam nas estradas, nas praias, nos contatos, apontam as precauções a tomar para manter a forma e garantir nossa segurança. Todas essas torrentes de informações têm efeitos centrípetos, levam os indivíduos a melhor observar-se, a gerir "racionalmente" seu corpo, sua beleza, sua saúde, a zelar mais atentamente por si próprios, alertados que são pela tonalidade inquietante, por vezes catastrófica, das transmissões. Quanto mais os indivíduos são informados, mais se encarregam de sua própria existência, mais o Ego é objeto de cuidados, de autossolicitudes, de prevenções. Mesmo quando se empenha em não dramatizar, a mídia produz inquietude e angústia difusa, fonte de preocupações narcísicas. No momento mesmo em que inquieta por perfusão, a mídia trabalha para desculpabilizar inúmeros comportamentos (drogados, mulheres violentadas, impotência sexual, alcoolismo etc.): tudo é mostrado, tudo é dito, mas sem julgamento normativo, antes como fatos a registrar e a compreender do que a condenar. A mídia exibe quase tudo e julga pouco, contribui para ordenar o novo perfil do individualismo narcísico ansioso mas tolerante, para a moralidade aberta, para o Superego fraco ou instável.

Em muitos domínios, a mídia conseguiu substituir a Igreja, a escola, a família, os partidos, os sindicatos, como instâncias de socialização e de transmissão de saber. É cada vez mais através da mídia que somos informados sobre o curso do mundo, é ela que nos passa os dados novos capazes de adaptar-nos ao nosso meio cambiante. A socialização dos seres por intermédio da tradição, da religião, da moral cede terreno cada vez mais à ação da informação midiática e das imagens. Saímos definitivamente do que Nietzsche chamava "a moralidade dos costumes": a domesticação cruel e tirânica do homem pelo homem — em ação desde a origem das eras — e também a instrução disciplinar foram substituídas por um tipo de socialização completamente inédito, soft, plural, não coercitivo, funcionando na escolha, na atualidade, no prazer das imagens.

A informação tem a particularidade de individualizar as consciências e disseminar o corpo social por seus inúmeros conteúdos, enquanto, por outro lado, trabalha de alguma maneira para homogeneizá-lo pela própria "forma" da linguagem midiática. Sob sua ação, sobretudo, os sistemas ideológicos pesados não cessam de perder autoridade; a informação é um agente determinante no processo de desafeição dos grandes sistemas de sentido que acompanham a evolução contemporânea das sociedades democráticas. Sustentada por uma lógica do fatual, do atual, da novidade, a informação nas sociedades democráticas não cessa de reduzir o impacto das ambições doutrinárias, forja uma consciência cada vez mais estranha às interpretações "religiosas" do mundo, aos discursos proféticos e dogmáticos. E isso não apenas por intermédio das atualidades cotidianas fragmentadas, descontínuas, pontuais, mas também pelo ângulo de todas essas transmissões em que intervêm os peritos, os homens de ciência, os diversos especialistas explicando de maneira simples e direta ao público o último estado das questões. A mídia caminha pelo charme discreto da objetividade documental e científica, mina as interpretações globais dos fenômenos em benefício do registro dos fatos e das sínteses de dominante "positivista". Enquanto as grandes ideologias tendiam a libertar-se da realidade imediata supostamente enganadora e punham em ação "o poder irresistível da lógica", os procedimentos implacáveis da dedução, as explicações definitivas decorrentes de premissas absolutas,[20] a informação sacraliza a mudança, o empírico, o relativo, o "científico". Menos glosas, mais imagens; menos sínteses especulativas, mais fatos; menos sentidos, mais tecnicidade. Às argumentações supercoerentes sucede o acontecimento; aos juízos normativos, os dados fatuais; às doutrinas, os flashes; aos ideólogos, os experts; ao futuro radioso, o fascínio do presente, do furo jornalístico, da atualidade efêmera. Pondo em cena as novidades e a positividade do saber, a mídia desqualifica o espírito de sistema, propaga uma alergia de massa pelas visões totalizantes do mundo, pelas pretensões exorbitantes dos raciocínios dialéticos hiperlógicos; favorece a emergência de um espírito *hiper-realista*, apaixonado pelos fatos, pelo "direto", pelo vivido, pelas sondagens, pelas novidades. A orientação dos indivíduos pelos valores evidentemente não desapareceu de modo algum, mas juntou-se ao apetite realista da informação e da escuta do Outro, abrandou-se paralelamente à erosão da fé nas religiões seculares. Se a informação é um acelerador da dispersão individualista, só chega a isso difundindo ao mesmo tempo valores comuns de diálogo, de pragmatismo, de objetividade, promovendo um *homo telespectador* com tendência realista, relativista, aberto.

Ao se admitir que a mídia individualiza os seres pela diversidade dos conteúdos, recriando, porém, uma certa unidade cultural pelo tratamento de suas mensagens, o debate atual sobre os efeitos sociais da "televisão fragmentada" talvez ganhe em clareza. Conhecem-se seus termos:[21] ora se faz valer a ameaça que a multiplicação das redes de comunicação faz pesar sobre a unidade cultural das nações — o aumento dos canais e dos programas só viria a dividir ainda mais o corpo coletivo e criar obstáculo à integração social —; ora, ao contrário, sublinha-se que quanto mais houver "escolha" audiovisual, mais os programas se alinharão uns pelos outros e a padronização social irá crescendo. Velho debate retomado: hiperdesagregação contra hiper-homogeneização. Na realidade, a explosão da mídia não mudará fundamentalmente o rumo da dinâmica desencadeada pelo impulso das comunicações de massa; o fenômeno desenvolverá no mesmo passo a espiral da individualização e a da homogeneização cultural. De um lado, mais programas e canais não podem senão dispersar os gostos das pessoas e acentuar as paixões de autonomia privada. De outro, a multiplicação das transmissões não se fará evidentemente segundo vias radicalmente opostas, os mesmos princípios comunicacionais serão empregados: seduzir o público, distrair, apresentar a atualidade quente, visar o efeito mais do que a demonstração acadêmica. Qualquer que seja o leque de escolhas, os mesmos grandes temas problemáticos serão tratados, as mesmas informações essenciais serão difundidas, as transmissões de sucesso captarão um público ampliado. A mídia não deixará de promover uma cultura da atualidade, da eficácia, da troca comunicacional, da objetividade. A telecomunicação fragmentada vai avançar um grau na tendência maciça para a desmassificação-autonomização das subjetividades, ao mesmo tempo que na da aculturação hiper-realista. O elo social não está ameaçado de ruptura; no máximo vai abrandar-se mais, permitindo os movimentos brownianos das individualidades sobre um fundo de cultura--spot e de "ideologias" desapaixonadas. Evitemos os roteiros de science-fiction: a desmassificação da mídia não é anunciadora de desintegração social. O inverso é que é verdadeiro: quanto mais há livre escolha e individualização, mais a capacidade de integração é grande, mais os indivíduos têm possibilidades de reconhecer-se em sua sociedade, de encontrar na mídia o que corresponde às suas expectativas e seus desejos.

Desacreditando os megassistemas ideológicos, colocando em órbita uma cultura fundada na fatualidade, na cientificidade-instantânea e nas novidades, a mídia contribui igualmente para desenvolver uma nova relação dos indivíduos com o saber. Através da imprensa e da televisão, os indivíduos estão cada vez mais a par, no modo *digest* e superficial, "daquilo que se passa" no mundo; parcelas inteiras do que sabemos vêm da mídia, não apenas no que diz respeito aos últimos conhecimentos científicos e técnicos, mas também no que se refere à vida cotidiana prática. O que nos orienta depende cada vez menos de saberes tradicionais e cada vez mais de elementos captados aqui e ali na mídia. Como se alimentar, como permanecer jovem, como conservar a saúde, como educar os filhos, o que há para ler? — para todas essas perguntas, são as reportagens e as obras de divulgação que, sem dar uma resposta definitiva, proporcionaram os termos, os dados, as informações do debate. Daí resulta um saber de massa essencialmente *frágil*, cada vez menos assimilado em profundidade. A mídia tem por efeito desestabilizar os conteúdos e a organização dos conhecimentos: o saber fechado mas dominado do universo tradicional foi substituído por uma cultura de massa muito mais extensa, mas também mais epidérmica, mais variável. A mídia determina um tipo de cultura individual caracterizada pela turbulência, pelo rompimento, pela mistura sistemática; não dispondo mais de saberes fixos, superpostos às inúmeras mensagens cambiantes, os indivíduos são muito mais receptivos às novidades de fora, são levados a diversas direções conforme as informações que recebem. Desse modo, nossa relação com o saber é cada vez mais elástica: sabemos muitas coisas, quase nada de sólido, de assimilado, de organizado. A cultura de cada um parece um patchwork móvel, uma construção fragmentada sobre a qual nosso domínio é fraco: "cultura mosaico ou rapsódica", diz J. Cazeneuve. Enquanto se mantêm à distância as ideologias monolíticas, se é mais receptivo às informações do presente e às novidades, tomados que estamos por um vago ceticismo de teor realista. A informação dissolve a força das convicções e torna os indivíduos permeáveis, prontos para abandonar sem grande dilaceramento suas opiniões, seus sistemas de referência. O indivíduo neonarcísico, lábil, desestabilizado em suas convicções, de cultura chewing gum, é filho da mídia. Opiniões frouxas e flexíveis, abertura para o real e as novidades, a mídia juntamente com o consumo permitem às sociedades democráticas passar a uma velocidade de experimentação social mais rápida e mais maleável. Mídia: não racionalização da dominação social, mas superficialização e mobilidade do saber, vetores de uma potência superior de transformação coletiva e individual.

Haverá necessidade de insistir vigorosamente em tudo o que nos separa das análises hipermaterialistas de McLuhan? Evidentemente, a verdadeira mensagem não é o meio; é tempo de devolver aos *conteúdos* veiculados o papel que é deles, nas transformações culturais e psicológicas de nossa época. Por exemplo, a televisão, como "meio frio", pouco participa das transformações antropológicas do mundo contemporâneo; antes de tudo, a explosão da informação e sua reorganização sob a lei da moda é que foram um agente maior do avanço individualista. É curioso ler, sob a pena de McLuhan, que a televisão tem como efeito despertar uma "participação em profundidade", uma implicação intensa de si, enquanto trabalha, bem ao contrário, para tornar as massas indiferentes, para desvitalizar a cena política, para desmobilizar os indivíduos da esfera pública. Olha-se a tevê de fora, escuta-se distraidamente, desliza-se sobre as imagens, salta-se de canal em canal: tudo menos engajamento intenso. A exigência aumentada de motivação pessoal e de expressão da personalidade a que assistimos só diz respeito ao Ego íntimo, não ao homem público cada vez mais corporativista, pragmático, desiludido. Tudo convida a emitir as maiores reservas sobre o suposto poder da imagem vídeo, como imagem de "fraca definição", como a fonte dos novos hábitos de percepção e de experiência: dizer que a imagem tecnologicamente pobre em detalhes obriga o telespectador "a cada instante a completar os brancos da trama numa participação sensual convulsiva, profundamente cinética e tátil"[22] não passa de um artifício de análise, uma ginástica argumentativa girando no vazio, ocultando os móveis múltiplos, complexos, do devir do individualismo democrático. A descontração das atitudes, o gosto pela intimidade e pela expressão de si são reais, mas longe de dever ser ligados à imagem vídeo de fraca intensidade, devem sê-lo, antes, à galáxia dos *valores democráticos* (autonomia, hedonismo, psicologismo) impulsionados pela cultura de massa e, mais geralmente, pelo sistema da moda consumada.

A INFORMAÇÃO JOGA E GANHA

O maior papel da informação no processo de socialização e de individualização não é separável de seu registro espetacular e superficial. Consagrada à fatualidade e à objetividade, a informação não está, de modo algum, ao abrigo do trabalho da moda, mas é remodelada em grande parte pelos imperativos do show e da sedução. Informar, é claro, mas no prazer, na renovação, na distração; todas as transmissões com vocação cultural ou informativa devem adotar a perspectiva do *lazer*. A comunicação de massa faz uma perseguição implacável ao pedagógico, à instrução austera e fastidiosa; ela nada no elemento da facilidade e do espetacular. As reportagens devem ser curtas, os comentários claros e simples, entrecortados de entrevistas retalhadas, de vivido, de elementos anedóticos; por toda parte a imagem deve distrair, prender a atenção, provocar choque. O objetivo fundamental é "agarrar" o público mais numeroso pela tecnologia do ritmo rápido, da sequência flash, da simplicidade: nenhuma necessidade de memória, de referências, de continuidade, tudo deve ser imediatamente compreendido, tudo deve mudar muito depressa. A ordem da animação e da sedução é prioritária; hoje em dia solicitam-se estrelas de variedades (Y. Montand) ou do business (B. Tapie) para apresentar transmissões sobre a crise e o lançamento de empreendimentos. É a mesma finalidade de divertimento que dá conta da tendência a organizar múltiplos debates. Certamente aqui o exotismo das imagens faz falta, mas é em favor do estremecimento do direto, do cinema das personalidades e das reações imprevistas, das lutas de espírito e de posições. Ora a troca é cortês e discreta (*Les Dossiers de l'écran, L'Avenir du futur, Apostrophes*), ora o é menos: assim, *Droit de réponse* não fez senão levar ao limite o casamento democrático da informação e da animação espetacular, deixando atuar o confronto desordenado, simpático, confuso, das ideias e dos círculos sociais. De qualquer modo, é o show que faz a qualidade midiática das transmissões, que desenha a colocação em estado de informação.

A comunicação midiática ordena-se sob a lei da sedução e do divertimento, é reestruturada implacavelmente pelo processo de moda porque aí reinam a lei das sondagens, a corrida às contagens de audiência. Num universo comunicacional pluralista submetido aos recursos publicitários, é a forma moda que organiza a produção e a difusão dos programas, que regula a forma, a natureza, os horários das transmissões. Na medida em que a mídia caminha segundo as sondagens, o processo de sedução reina soberano, podendo até vangloriar-se do mérito "científico" e democrático. A república das sondagens não faz senão acentuar a soberania da moda na mídia — em outras palavras, a lei do sucesso imediato junto ao maior público. A explosão do audiovisual não porá fim a isso: quanto mais houver canais e mídia especializados concorrendo, mais o princípio de sedução, medido a golpes de sondagens, será implacável. É sobre os mesmos segmentos limitados que será preciso exibir novos encantos, imaginar novas apresentações e novas fórmulas de prender a atenção. Mais do que nunca, a pequena diferença faz a sedução.

Os jornais televisionados entraram na dança. O fenômeno não é recente, acentua-se. Para se convencer disso, basta observar as mudanças introduzidas na tonalidade e na apresentação dos boletins televisionados. Passou-se de um tipo de informação dominada por um tom oficial e pedagógico, característico dos primeiros tempos audiovisuais, para uma informação menos distante, menos solene, mais natural. Ontem, os jornalistas falavam com voz compassada e professoral, hoje a tonalidade é distendida; após a atmosfera estressante, a ambiência cool. Sem dúvida a informação televisionada conserva uma parcela inelimínavel de gravidade e de seriedade; os flashes breves, sem retórica, não têm nada em comum com a fantasia desenvolta da moda. No entanto, o imperativo de sedução é aí manifestado pelo ângulo dos apresentadores jovens, simpáticos, atraentes, com voz e charme tranquilizadores. A lei do *glamour* é soberana, é medida pelos índices de audiência. Há muito tempo a televisão permitiu o advento das grandes vedetes da informação, os R. Dimbedy na Grã-Bretanha, os W. Cronkite nos EUA. O fenômeno não faz senão multiplicar-se, explorando novas pistas; todos os canais estão à procura de jornalistas de look sedutor. A apresentação das atualidades é dominada por jornalistas-vedete que conseguem modificar de maneira sensível as taxas de audiência. A informação é vendida aos milhões de telespectadores por intermédio da personalidade, do prestígio, da imagem dos apresentadores. É o tempo dos *anchormen*, dos apresentadores-vedete com sua forte cotação de popularidade, no momento mesmo em que as grandes estrelas do cinema se eclipsam. A informação fabrica e requer estrelas; tudo se passa como se o estilo performance dos jornais televisionados tivesse necessidade, em contrapartida, de um brilho humano, de um luxo de individualidade. Dá-se com a informação o mesmo que com os objetos ou a publicidade: por toda parte trabalha a forma moda, o imperativo de personalização e de sedução.

Destacou-se há muito tempo o quanto as *news* repousavam sobre os próprios móveis do espetáculo: dramatização dos fatos do cotidiano, busca do sensacional, fabricação artificial de vedetes; toda informação é tendencialmente tomada pela mania do "furo", pela vontade de mostrar o novo e o inesperado segundo uma lógica análoga à da moda. Mas é mais diretamente ainda que a informação televisionada depende da forma moda. O que a caracteriza propriamente é que é essencialmente colocação em *imagens*. Invasão de imagens, por vezes inauditas, muitas vezes banais, sem interesse particular, apenas ilustrativas, a imagem acompanha quase sistematicamente os comentários e fatos relatados: mais de vinte minutos num jornal televisionado de uma meia hora. O jornal televisionado oscila do anedótico ao thriller, é inseparável do prazer do olho, da representação direta, da estimulação hiper-realista. Não há informação senão *via* o caleidoscópio das imagens, é o reino da fita-imagem, do efeito visual, do decorativo (cenografia do estúdio, harmonia das cores, títulos, créditos): o teatro visual colonizou o jornal televisionado.

Na imprensa escrita, o processo de sedução se traduz menos pela profusão das imagens do que pela leveza da paginação, pelo tom da escrita, pelo uso cada vez mais frequente do estilo humorístico nos artigos, manchetes e chamadas. Mais nenhum jornal escapa disso, por toda parte a lógica da informação e a do jogo reconciliaram-se. Da mesma maneira que a moda no século XVIII se pôs a brincar com as grandes e pequenas coisas da história, a divertir-se em fitas e penteados com o sistema de Law, com as revoltas populares, com a derrota do Sena, hoje a informação não cessa de adotar um estilo descontraído e fantasista em relação aos fatos do dia, o código humorístico fez passar o registro da informação para a lógica desenvolta e lúdica da moda. É verdade que os jornais televisionados não têm essa tonalidade zombeteira, por vezes desrespeitosa; a necessidade de manter um discurso claro, sintético, numa faixa de tempo apertada, impede o uso dos jogos de palavras e das piscadelas. O humor do jornalista só pode aparecer incidentemente, em meias-tintas. A sedução na informação televisual é BCBG, combina a seriedade do discurso aos movimentos cada vez mais frequentes das novas imagens viabilizadas pelas tecnologias eletrônicas e informáticas. Nos jornais televisionados, vemos multiplicarem-se os signos de representação e de visualização sofisticados, espécies de gadgets cenográficos destinados a espetacularizar e estetizar o espaço da informação, a produzir efeitos e animação, a confeccionar uma imagem de marca e um look para o canal. Com os novos tratamentos da imagem, constroem-se maquetes de jornais televisionados, desenham-se "páginas-tela" introduzindo gráficos, insertos, manchetes, vinhetas, logotipos e faixas eletrônicas, fazendo as imagens deslocarem-se na tela, reduzindo-as ou aumentando-as à vontade, sobrepondo-as. O jornal televisionado repousa cada vez mais numa pesquisa estilística (créditos com efeitos especiais e retórica modernista; imagens eletrônicas abstratas no programa "20 horas" da TF 1) e dá lugar a um *show decorativo* de cintilações, rápidas sobreposições, variações e recomposições de imagens redobrando o efeito acelerado e o espetáculo moderno da atualidade.[23] Com a "camuflagem de antena" e suas imagens de síntese, o processo moda de sedução encontrou um segundo alento; a informação chega à era chique dos gadgets eletrônicos.

Conhecem-se os termos da acusação intentada contra a informação midiática: esta é ávida de sensacionalismo, põe em evidência fatos secundários ou insignificantes, coloca em pé de igualdade fenômenos culturais incomensuráveis, é o produto de uma "montagem" que impede o uso crítico da razão e a apreensão de conjunto dos fenômenos. Se é verdade que o espetacular é consubstancial às *news*, perde-se demasiadamente de vista, contudo, que a sedução fixa igualmente as atenções, capta a audiência, aumenta o desejo de ver, de ler, de ser informado. Os efeitos são os mesmos que os induzidos pelo marketing político: graças a transmissões vivas e distrativas, as questões mais variadas referentes aos progressos da ciência e da técnica, ao mundo das artes e da literatura, à sexualidade, à droga, ao proxenetismo, são colocadas ao alcance de todos. Organizando encontros de especialistas, produzindo revistas no ritmo das variedades, blocos de saber veem-se colocados à disposição das massas, o que é esotérico torna-se próximo, o que poderia assemelhar-se a "cursos noturnos" torna-se atrativo e prende a atenção de milhões de telespectadores. A irrealidade do "pseudoacontecimento" (Boorstin) está na superfície do fenômeno: muito mais do que uma alienação-manipulação do espectador, é preciso falar de uma reapropriação parcial de um universo, participação no estado do saber, alargamento do horizonte dos conhecimentos da maioria, ainda que num quadro descozido. Não "sujeição ao poder"[24] e degradação do uso cultural da razão, mas democratização do acesso à cultura, possibilidade ampliada de ter uma opinião mais livre. Por positivo que seja, o fenômeno tem limites evidentes: se a soma dos conhecimentos aumenta, o mesmo não acontece com o poder de *síntese* e de ter perspectiva dos dados recebidos. "Inchando" o presente, a informação confunde as balizas de interpretações, superexpõe o anedótico visível em detrimento do fundamental invisível, oculta as grandes linhas de força em benefício do fatual. Limite e poder da mídia: fragmenta e superficializa o saber; contudo, torna o público, na escala da história das democracias, globalmente mais aberto em relação ao mundo, mais crítico, menos conformista.

Do mesmo modo, seria preciso rever o juízo apressado concernente ao pretenso declínio da esfera pública ligado à extensão da mídia. Os teóricos rivalizaram em denúncia crítica: a mídia institui uma "comunicação sem resposta" (Debord) e um "monopólio da palavra",[25] retira do público "a possibilidade de tomar a palavra e de contradizer",[26] faz desaparecer os contatos de sociedade, as relações de troca. A cultura pronta-para-consumir e a arquitetura sem reciprocidade da mídia produzem curto-circuito na comunicação social, na discussão entre os indivíduos. Colocando os seres em situação de consumidores passivos, irresponsáveis, sem iniciativa, a mídia rompe a vida relacional, isola os seres, torna raras as ocasiões de reunir-se, atrofia o gosto pela troca e pela conversa. Consumimos mensagens, já não falamos uns com os outros — a mídia destrói a sociabilidade, acelera o declínio do homem público, tanto mais que a informação que veicula é cada vez mais tributária de uma exigência "performático"-positivista "incompatível com a comunicação": valorizando o critério de eficiência erigido em monopólio do verdadeiro, a informação de dominante objetivista barra "a troca de argumentos racionais", tem "como efeito substituir trocas de mercadorias por aquilo que era interação comunicacional".[27] A era das comunicações de massa é deterioração da comunicação inter-humana.

No entanto, observando-se um pouco mais de perto, a mídia é também o que ocasiona inúmeras discussões, não para de fornecer assuntos de troca entre as pessoas. Sobre a comunicação midiática enxerta-se no próprio público uma multidão de pequenos circuitos relacionais. Da mesma forma que os espetáculos permitem uma troca de pontos de vista, a tevê oferece numerosos temas de conversa, as reportagens das revistas são objetos de discussão e de apreciação em família e em sociedade — quem não falou de *Psy Show* ou de *Dallas*? —, as séries e os filmes divulgados são matéria de julgamento e de negociação: o que vamos ver esta noite? A mídia não asfixia o sentido da comunicação, não põe fim à sociabilidade, mas reproduz de uma outra maneira ocorrências de troca social. Instituem-na essencialmente sob uma forma menos ritualizada e mais livre: os indivíduos não se comunicam "menos" do que antes — sem dúvida jamais se comunicaram tanto sobre tantas questões com tantas pessoas —; comunicam-se de maneira mais estilhaçada, mais informal, mais descontínua, de acordo com os gostos de autonomia e de rapidez dos sujeitos.

Ocorre que a mídia não cria um espaço de comunicação semelhante ao do espaço público liberal clássico, tal como o encontramos descrito por Habermas ao evocar os salões, sociedades, clubes onde as pessoas estão face a face, discutem e trocam ideias e pontos de vista. Ainda que essa descrição da esfera pública seja muito idealizada e ainda que esse tipo de comunicação racional sem dúvida não se tenha encarnado historicamente senão de modo muito limitado, pode-se aceitar a ideia de que a comunicação humana que se segue à exposição midiática pouco se assemelha, na verdade, a uma troca de argumentações seguidas e sistemáticas. Mas isso não autoriza a falar de desintegração da esfera pública se esta remete ao lugar onde se formam a opinião e a crítica do público. É falso considerar a mídia como aparelhos de manipulação com fim de consenso social; a sedução da informação é também um instrumento da razão individual. Devemos compreender que o desenvolvimento do raciocínio individual passa cada vez menos pela discussão entre os indivíduos e cada vez mais pelo consumo e pelas vias sedutoras da informação. Ainda que houvesse declínio das formas de discussão em sociedade, seria ilegítimo inferir daí o desaparecimento do espírito crítico. A sedução não é o que abole a prática da razão, é o que a amplia e a universaliza, modificando seu exercício. De fato, a mídia permitiu generalizar a esfera do debate público: em primeiro lugar, permitindo a um número continuamente maior de cidadãos estar mais ou menos a par dos diferentes dados das opções políticas, ser mais juízes do jogo político.[28] Em seguida, alargando o espaço do questionamento: o que fazem os jornais televisionados, as revistas, as reportagens e debates senão desencadear uma dinâmica da interrogação sobre todas as questões da vida coletiva e individual? Prisão, homossexualidade, energia nuclear, eutanásia, bulimia, técnicas de procriação, já não há uma única questão que não seja objeto de informações, de análises, de discussões. O espaço público não deixou de ser o lugar de uma discussão crítica, penetrado que estaria pela ação administrativa e pelas normas de performaticidade do sistema. Os especialistas, as obras e transmissões de vulgarização científica não entravam, de modo algum, a possibilidade das clivagens de fundo sobre a avaliação dos problemas: longe de abafar o debate público, a mídia alimenta-o e coloca-o no espaço democrático do questionamento sem fim. A informação não é colonizada pelas normas da racionalidade utilitarista; através dos debates midiáticos, os diferentes conflitos de valores próprios ao mundo moderno surgem, pondo em confronto as normas da eficácia, da igualdade, da liberdade. O que é recebido pelo público não são apenas receitas, é a multiplicidade das abordagens e dos pontos de vista. A atrofia relativa dos movimentos sociais, a indiferença pelo político, a frivolidade espectadora não significam simplesmente declínio da esfera pública e monopólio da ideologia utilitarista. Ao mesmo tempo que consegue produzir consenso, a mídia aprofunda as diferenças de perspectiva, a sedução integra o público à sociedade contemporânea, desenvolvendo a crítica e a polêmica civil.

Enquanto a mídia amplia o espaço da interrogação crítica, ela pacifica os termos dessa mesma interrogação. Por vezes lamenta-se o tom abafado das transmissões de televisão, sua mundanidade asséptica. Não se avalia, então, a eficácia comunicacional de tal dispositivo: a mídia reciclada pelo processo de moda alinha-se ao *ethos* da comunicação, difunde em alta dose a norma pacífica da conversação, um modelo de sociabilidade não violenta. As cenas de violência nos filmes e séries são amplamente compensadas pela exibição do diálogo incessante e da troca de argumentações. A "simulação" da comunicação efetuada pela mídia (perguntas do público, sondagens por videotexto etc.), os debates, a tonalidade amena são essenciais, produzem ideal de civilidade, desqualificam a polêmica exagerada, a agressividade não controlada. Nesse sentido, deve-se considerar a mídia como uma peça importante na consolidação das democracias doravante consagradas ao código do confronto verbal mas não sangrento. A mídia socializa na sedução da troca verbal e do relacional, participa na civilização do conflito ideológico e social.

IV. E VOGA O SENTIDO

A SUSTENTÁVEL LEVEZA
DO SENTIDO: MODA E IDEOLOGIA

Da mesma maneira que os objetos e a cultura de massa, os grandes discursos de sentido veem-se tomados pela lógica irreprimível do Novo, são levados por uma turbulência que, ainda que não seja absolutamente idêntica à da moda no sentido restrito do termo, nem por isso é, em princípio, menos análoga à desta. Presentemente, o mundo da consciência é, ele também, ordenado pelo efêmero e pelo superficial, tal é a nova configuração das sociedades democráticas. Deixemos claro, de saída, que não se trata de pretender — hipótese absurda — que o processo frívolo anexe inteiramente a vida das ideias e que as reviravoltas ideológicas sejam comandadas por uma lógica de renovação gratuita. Trata-se de mostrar que ele consegue imiscuir-se até nas esferas que, *a priori*, são mais refratárias aos movimentos da moda. Não vivemos o fim das ideologias, é chegado o tempo de sua reciclagem na órbita da moda.

Jamais como em nossas sociedades a mudança em matéria de orientação cultural e ideológica conheceu tal precipitação, jamais foi tão da alçada da paixonite. A velocidade com que se sucederam e se multiplicaram as febres do sentido há duas ou três décadas é particularmente impressionante: sucederam-se ou encavalaram-se no hit-parade das ideias a contracultura, o psicodelismo, o antiautoritarismo, o terceiro-mundismo, a pedagogia libertária, a antipsiquiatria, o neofeminismo, a liberação sexual, a autogestão, o consumismo, a ecologia. Paralelamente, fizeram furor na esfera mais diretamente intelectual o estruturalismo, a semiologia, a psicanálise, o lacanismo, o althusserismo, as filosofias do desejo, "a nova filosofia". E os anos 1980 prosseguem o balé com a virada espetacular do neoliberalismo, do menos Estado, da "revolução conservadora", do retorno do sagrado, do êxtase das "raízes", da sagração das empresas, do caritatismo. Nos anos 1960-70, a ideologia contestadora e hipercrítica fez sucesso da mesma maneira que a minissaia ou os Beatles — Marx e Freud, superstars, suscitaram exegetas em delírio, discursos miméticos em massa, torrentes de êmulos e de leitores. O que resta disso hoje? Em alguns anos, as referências mais veneradas caíram no esquecimento, "Maio de 1968 é velho!", o que era "incontornável" tornou-se "imprestável". Não por movimento crítico, mas por desafeição: uma voga passou, uma outra se engata com a mesma força epidêmica. No limite, muda-se de orientação de pensamento como se muda de casa, de mulher, de carro; os sistemas de representação tornaram-se objetos de consumo, funcionam virtualmente na lógica da paixonite e do lenço de papel.

Evitemos de saída um mal-entendido: falar de processo moda nas ideias não significa que tudo flutua numa indiferença absoluta, que as opiniões coletivas oscilam de um polo a outro sem nenhum ponto de ancoragem fixo. A moda consumada não tem sentido senão na era democrática em que reinam um consenso e um apego forte, geral, durável, relacionado aos valores fundadores da ideologia moderna: a igualdade, a liberdade, os direitos do homem. A obsolescência acelerada dos sistemas de representação se manifesta e só é possível sobre o fundo dessa legitimidade, dessa estabilidade global dos referentes maiores constitutivos das democracias. Aí está o paradoxo do terminal da moda: enquanto a sociedade democrática é cada vez mais inconstante em matéria de discurso de inteligibilidade coletiva, é ao mesmo tempo cada vez mais equilibrada, constante e firme em suas bases ideológicas de fundo. Parodiando Nietzsche, poderíamos dizer que o *homo democraticus* é superficial por profundidade; é a fixação sólida dos princípios da ideologia individualista que torna possível o rodízio leve do sentido.

Ninguém o contestará: as modas que dizem respeito à vida do espírito não datam de hoje. Pelo menos desde o século XVIII, a esfera cultural foi agitada, nos círculos mundanos e intelectuais, por inúmeros "furores", e as próprias ideias políticas conheceram ciclos múltiplos de variação e de alternância. No entanto, no que concerne às diversas flutuações ideológicas que sacudiram as democracias até a metade do século XX, é impossível aí reconhecer em ação o processo de moda, e isso em razão do teor e do investimento emocional das formações ideológicas próprias a essa época. A forma moda como sistema de circulação do sentido é uma invenção recente; até então, as grandes ideologias políticas conjuraram a expansão da moda, funcionaram como uns tantos obstáculos sistemáticos ao devir frívolo das representações sociais maiores. Sacralizando a República, a Nação, o Proletariado, a Raça, o Socialismo, a Laicidade, a Revolução, as ideologias políticas atribuíram-se como missão renovar e revolucionar o mundo, cristalizaram-se em doutrinas e dogmas implicando a fidelidade, o devotamento, o sacrifício das pessoas. Sistemas de interpretações globais do universo que pretendem fornecer o conhecimento total do presente, do passado, do futuro, os discursos leigos e revolucionários modernos prolongaram uma certa fé religiosa através de suas doutrinas escatológicas, de sua ambição "científica" de dizer e deter com certeza o verdadeiro e o justo. "Religiões seculares", suscitaram um militantismo e paixões absolutas, uma submissão sem falha à linha justa, um engajamento total das pessoas fazendo dom de sua vida e de sua individualidade subjetiva. Renúncia de si em favor da Revolução, da Nação, do Partido, a era gloriosa das ideologias é toda inteira contra a moda e sua inextirpável superficialidade relativista. Enquanto o reino heroico da ideologia exige a abnegação, ou até a absorção das individualidades, o da moda repousa na exigência da felicidade imediata das pessoas; enquanto a ideologia gera ortodoxia e escolástica, a moda é acompanhada por pequenas variações individuais e por investimento flutuante; enquanto a ideologia é maniqueísta, separa os bons e os maus, cliva o social, exacerba os conflitos, a moda é pacificação e neutralização dos antagonismos. Quaisquer que sejam as reviravoltas ocorridas durante dois séculos na esfera das ideias políticas e sociais, a moda não pôde aí manifestar sua legislação fugidia, contrariada que era por ideologias com pretensão teológica.

Saímos da era das profecias seculares com ressonância religiosa. Em algumas décadas, os discursos e referentes revolucionários foram maciçamente varridos, perderam toda legitimidade e todo ancoradouro social; mais ninguém acredita na pátria radiosa do socialismo, mais ninguém acredita na missão salvadora do proletariado e do partido, mais ninguém milita pela "Grande Noite". Não se poderia insistir demasiadamente sobre a importância histórica dessa derrota do imaginário revolucionário. A partir do momento em que desabam as convicções escatológicas e as crenças numa verdade absoluta da história, um novo regime das "ideologias" se instala: o da Moda. A ruína das visões prometeicas abre uma relação inédita com os valores, um espaço ideológico essencialmente efêmero, móvel, instável. Não temos mais megassistemas, temos a flutuação e a versatilidade das orientações. Tínhamos a fé, temos a paixonite. Após a era intransigente e teológica, a era da frivolidade do sentido: as interpretações do mundo foram aliviadas de sua gravidade anterior, entraram na embriaguez leve do consumo e do serviço instantâneo. E o fugidio em matéria "ideológica" sem dúvida está destinado a acelerar-se; em alguns anos já se pôde ver como os mais "convictos" politicamente fizeram tábula rasa de suas opiniões e deram guinadas impressionantes. Só os idiotas não mudam de opinião: os marxistas de ontem tornaram-se talmudistas, e os "extremistas", celebradores do capitalismo; os heróis da contestação cultural converteram-se ao culto do Ego, as hiperfeministas gabam a mulher no lar, e os fervorosos da autogestão, os méritos da economia de mercado. Adora-se sem problema o que há pouco se lançava ao fogo. Essa desestabilização não diz respeito unicamente ao homem de massa mas também à classe política, como o atesta a voga liberal recente. Não diz respeito unicamente ao sujeito comum mas à própria classe intelectual, como o atestam eloquentemente as reviravoltas reiteradas de algumas de nossas starlettes francesas. A mobilidade das consciências certamente não é um privilégio de nosso tempo. Em compensação, é característica nossa a maneira pela qual a inconstância tornou-se geral, quase sistemática, erigindo-se agora em modo de funcionamento "ideológico" dominante.

As religiões seculares se extinguem em benefício do arrebatamento da precariedade. Ainda se acredita em causas, mas com descontração, sem extremismo. Os seres ainda estão dispostos a morrer em grande número por suas ideias? Prontos para a mudança, sempre, a constância tornou-se antiquada. Vive-se cada vez menos em função de sistemas de ideias dominadoras; como o resto, eles foram abocanhados pela ordem do "leve"; as finalidades superiores não desaparecem, mas já não sobressaem. Certamente são capazes aqui e ali de mobilizar as massas, mas de maneira intermitente, imprevisível, como chamas passageiras logo extintas, substituídas pela busca, de fôlego mais longo, da felicidade privada. A tendência maior está nos "planos" retificáveis e perecíveis; o temporário prevalece sobre a fidelidade, o investimento superficial sobre a mobilização crente. Embarcamos num processo interminável de dessacralização e de dessubstancialização do sentido que define o reino da moda consumada. Assim morrem os deuses: não na desmoralização niilista do Ocidente e na angústia do vazio dos valores, mas nos sobressaltos do sentido. Não no ensombrecimento europeu, mas na euforia das ideias e das ações fugidias. Não no desencanto passivo, mas na hiperanimação e no doping temporário. Não há que chorar a "morte de Deus", seu enterro se desenrola em technicolor e em filme acelerado: longe de engendrar a vontade de nada, ela estimula ao extremo a vontade e a excitação do Novo.

Versatilidade que deve ser reposta na continuidade da dinâmica democrática. Colocando a organização da sociedade sob a dependência dos homens e não mais de uma instância sagrada, as ideologias modernas foram as matrizes instituintes de nosso universo democrático inteiramente desejado pela vontade do corpo coletivo. Mas erigindo dogmas intransigentes e estabelecendo um sentido inelutável da história, esse processo de secularização de alguma maneira deteve-se a meio caminho; prolongou, sob traços leigos, o velho dispositivo religioso da submissão humana em relação a um princípio superior fora de alcance. Com a era da moda, um passo suplementar na eliminação democrática do intangível e do hierático é transposto; a última forma híbrida de sacralização do discurso social se dissipa pela inconstância que aí se aloja, pela instabilidade das mobilizações e paixonites, pela primazia do indivíduo sobre a doutrina. Nada mais exige o sacrifício de si; os discursos são abertos ao debate flexível, à retificação, à revisão não dilacerante dos princípios; a forma moda traduz o terminal da democratização do sentido e dos espíritos.

Para além dos saltos de humor da moda, a sociedade democrática aprofunda paradoxalmente um sulco homogêneo, prossegue uma mesma trajetória. Um dos limites da teoria cíclica dos comportamentos coletivos reside precisamente no fato de que apreende as bruscas mudanças de coordenadas ideológicas como movimentos pendulares, como vai e vem entre vida privada e vida pública,[1] como se tudo mudasse por reviravolta de 180 graus, como se só houvesse descontinuidade histórica, inversão radical instituindo a cada vez uma novidade social antinômica com o que a precede. Ora, se se consideram as oscilações características dessas três últimas décadas, é forçoso constatar que a despeito de suas reviravoltas é uma mesma dinâmica histórica que paradoxalmente se encontra em ação. Com certeza, aparentemente tudo opõe a vaga utópica dos anos 1960 ao nosso momento desencantado-pragmático-corporativista; tudo separa um momento de investimento público de um momento globalmente definido por preocupações hiperindividualistas, qualquer que seja o vigor dos conflitos sociais parciais que surgem aqui e ali. No entanto, o que foram a contracultura ou Maio de 1968 senão uma vaga de reivindicações individualistas transpolíticas?[2] O que foi o neofeminismo senão um movimento que permitiu a apropriação de novas liberdades pelas mulheres? A ideologia contestadora brandiu a auriflama revolucionária, mas um de seus móveis foi a aspiração individualista de viver livre, sem coação organizacional e convencional; ela contribuiu, com seus meios, para acentuar a marcha do individualismo democrático, para fazer explodir um certo número de enquadramentos pesados e repressivos, refratários à autonomia pessoal. Nenhum fosso irredutível em relação ao momento atual, nada senão caminhos diferentes na mesma trajetória da conquista individualista. Hoje, a voga dos valores privados e mesmo o retorno de um certo conservantismo moral prosseguem de uma outra maneira o trabalho histórico da conquista da autonomia. A partir do momento em que as balizas do progressismo estão confusas e que são alegados novos referentes antinômicos, a pressão coletiva é menos forte e menos homogênea, o justo está menos assegurado, a gama de escolhas individuais se amplia, a possibilidade de matizar os valores que orientam nossas vidas aumenta na mesma proporção. Astúcia da razão: ontem o "esquerdismo" servia à progressão histórica do individualismo; agora é a vez dos valores da Ordem e dos Negócios garantirem, por vezes involuntariamente, esse mesmo papel. A despeito de suas reviravoltas manifestas, as ideologias temporárias não alteram a continuidade secular das democracias, mas aceleram seu desenrolar.

O regime moda das representações coletivas não substituiu bruscamente a era das ideologias prometeicas. Produziu-se um momento de junção que funcionou como uma formação de compromisso entre a fase histórica da Revolução e a da moda consumada. A "última" manifestação do espírito revolucionário viu-se curiosamente combinada, nos *sixties*, ao seu outro: o espírito de moda. Por um lado, incontestavelmente, os anos 1960 e seus prolongamentos deram continuidade ao imaginário da Revolução através da contestação estudantil, da contracultura, do neofeminismo, dos movimentos alternativos. Vimos manifestar-se uma escalada ideológica que convocava a "mudar a vida", a destruir a organização hierárquica e burocrática da sociedade capitalista, a emancipar-se de todas as formas de dominação e de autoridade. Com os temas do "Estado patronal e policial", com o retorno da greve geral, da *Internationale*, das barricadas, a mitologia revolucionária soube fazer um casamento de conveniência. Mas, por um outro lado, a contestação dos anos 1960 rompeu, no essencial, os laços que a uniam aos projetos demiúrgicos de edificação do novo mundo, cristalizados no século XIX. Maio de 1968 encarna em relação a isso uma figura inédita: sem objetivo nem programa definidos, o movimento foi uma insurreição sem futuro, uma revolução no presente demonstrando, ao mesmo tempo, o declínio das escatologias e a incapacidade de propor uma visão clara da sociedade por vir. Sem projeto explícito, e sustentado por uma ideologia espontaneísta, Maio de 1968 não foi senão um parêntese de curta duração, uma revolução frívola, uma *paixonite pela Revolução* mais do que uma mobilização de fundo. Houve espetáculo da Revolução, afirmação alegre dos signos da Revolução, não aposta e confronto revolucionário. Diferentemente das revoluções sangrentas centradas na construção voluntária de um futuro diverso, Maio de 1968 organizou-se segundo o eixo temporal da moda, o presente, num happening mais parecido com uma *festa* do que com os dias que abalam o mundo. A primavera estudantil nem propôs nem edificou seriamente; ela criticou, discursou, reuniu as pessoas nas ruas e nas faculdades, perturbou as certezas, convocou à "insurreição da vida", ao "já, imediatamente", à realização total dos indivíduos contra as organizações e as burocracias. Viver sem entraves aqui e agora no rompimento das hierarquias instituídas — Maio de 1968 foi levado por uma ideologia individualista "libertária", hedonista e comunicacional, nos antípodas da abnegação de si das revoluções anteriores. O *presente* coletivo e subjetivo é que foi o polo temporal dominante de Maio de 1968, primeira *revolução-moda* em que o frívolo prevaleceu sobre o trágico, em que o histórico se uniu ao lúdico. Maio de 1968 mobilizou as paixões revolucionárias mais na aparência do que em profundidade; a forma moda já conseguira, de fato, anexar a ordem da subversão. Parodiando a Revolução, Maio de 1968 menos reacendeu os fogos milenaristas do que levou à sua apoteose, e por um tempo curto, a *moda da revolução*.

O clima propriamente ideológico do momento teve um

papel preponderante no impulso do fenômeno contestador na França. Não são nem a situação objetiva dos estudantes, nem a degradação das perspectivas de emprego e de futuro para os próximos titulares de diplomas que podem explicar a rebelião utopista da juventude. Em Maio não havia nenhuma inquietação verdadeira diante do futuro, os estudantes se preocupavam bem pouco com o valor de seus diplomas, rejeitavam, bem ao contrário, a adaptação do ensino universitário às necessidades da economia capitalista, a crise das perspectivas não estava nas cabeças. O espírito de Maio não foi o efeito de disposições sociais para a inquietação; foi, antes de tudo, o efeito de disposições ideológicas, de modas de ideias numa determinada faixa de idade, do *chique* da crítica social, da atitude revolucionária, do marxismo, do anticapitalismo, no momento mesmo em que desaparecia justamente a perspectiva revolucionária real encarnada no partido e na classe operária. A voga revolucionária desenvolveu-se em contraposição à decomposição do partido revolucionário e à integração da classe operária ao neocapitalismo; pôde fazer furor porque estava desqualificada entre as massas e suas organizações de combate, porque pôde funcionar entre os jovens como signo de afirmação, espetáculo da diferença ostensiva. As ideias em ruptura estavam com certeza particularmente em ebulição nos grupos esquerdistas hiperpolitizados, mas estavam também mais ou menos difundidas em camadas muito amplas do mundo estudantil. Graças à "repressão" policial, a solidariedade estudantil mesclada à voga mais ou menos acentuada da ideologia anticapitalista acarretou a propagação e a exacerbação do fenômeno contestador. Ainda que não expliquem tudo, esse esnobismo da radicalidade, esse conformismo hipercrítico na juventude são essenciais para compreender a amplitude e o contágio do espírito de Maio. Assistiu-se a um fenômeno espantoso: durante alguns anos, a contestação e a Revolução funcionaram como signos de moda, manifestações *in* acompanhadas de excesso ostentatório, de verbalismo irrealista denunciando tudo, apelando para a liberação total em nome de Marx, Freud, Reich. É muito mais justo representar Maio de 1968 como um *movimento de moda* do que como um fenômeno que houvesse "aberto um novo período da história universal".

Outros fatores culturais desempenharam um papel importante no desenvolvimento do espírito contestador. Nenhuma explicação de tipo circunstancial ou estrutural (guerra do Vietnã, Estado centralizador e dominador, arcaísmo da Universidade, regime gaullista na França) é capaz de dar conta de um fenômeno que atingiu a juventude de maneiras certamente diversas (hippies, contracultura, psicodelismo, Maio de 1968, movimentos alternativos, neofeminismo, movimentos homossexuais), mas em todas as sociedades democráticas avançadas. Com certeza se pode ligar a insurreição dos *sixties* ao aumento das populações escolarizadas, ao prolongamento dos estudos, a uma vida adolescente e pós-adolescente inativa, irresponsável, separada do mundo real do trabalho. Mas todos esses fatores só tiveram importância no quadro mais amplo da transformação dos valores da vida cotidiana induzida pela nova organização moda da sociedade. No coração do individualismo contestador, há o império da Moda como trampolim das reivindicações individualistas, apelo à liberdade e à realização privadas. A era hedonista da Moda e o culto da expansão íntima que ela impulsiona foram os vetores do abalo dos anos 1960 e começo dos 1970, abalo que se efetivou na juventude por ser grupo menos sujeito às formas antigas de socialização, porque assimilou mais depressa, mais diretamente, mais intensamente as novas normas de vida. O individualismo hedonista chocou-se em cheio com quadros de socialização "arcaica", autoritária-convencional-sexista; foi esse antagonismo entre uma cultura centrada nos valores da Moda e uma sociedade ainda amplamente dirigista, culturalmente "bloqueada", que alimentou a vaga contestadora. Mais profundamente, tratou-se de uma revolta que consistiu em reconciliar, em unificar uma cultura consigo mesma, com seus novos princípios de base. Não "crise de civilização", mas movimento coletivo para arrancar a sociedade das normas culturais rígidas do passado e dar à luz uma sociedade mais maleável, mais diversa, mais individualista, conforme às exigências da moda consumada.

Hoje a atração exercida pela fraseologia revolucionária dissipou-se. Os relatos escatológicos já não excitam ninguém, estamos muito bem instalados no reino terminal da moda do sentido. Regime versátil das ideologias que é preciso relacionar com o aprofundamento do trabalho da forma moda, que conseguiu anexar a produção, o consumo, o cotidiano. A desafeição pelas odisseias ideológicas e seu correlato, o advento do sentido "leve", são menos o produto de uma tomada de consciência coletiva do inferno do Gulag e do totalitarismo da revolução comunista do que das mudanças ocorridas no próprio interior do mundo ocidental entregue ao processo da moda consumada. Foi o estilo de vida lúdico-estético-hedonista-psicologista-midiático que minou a utopia revolucionária, que desqualificou os discursos louvando a sociedade sem classes e o futuro reconciliado. O sistema final da moda estimula o culto da salvação individual e da vida imediata, sacraliza a felicidade privada das pessoas e o pragmatismo das atitudes, rompe as solidariedades e consciências de classes em benefício das reivindicações e preocupações explicitamente individualistas. O império da sedução foi o coveiro eufórico das grandes ideologias que, não levando em conta nem o indivíduo singular nem a exigência de vida livre *hic et nunc*, viram-se no contrário exato das aspirações individualistas contemporâneas.

Inquietações mais ou menos acentuadas relativas à vitalidade das democracias acompanham a fluidez do sentido própria às nossas sociedades. Esvaziadas das crenças nas grandes causas, indiferentes aos grandes projetos de edificação coletiva, as democracias não são altamente frágeis, vulneráveis às ameaças de fora, habitadas pelo espírito de capitulação? Sob o reino da moda, os fervorosos militantes se extinguem: não é um fenômeno propício, em certas circunstâncias, para o estabelecimento de regimes fortes? O que é feito do espírito de liberdade, da coragem diante dos perigos, da mobilização das energias numa sociedade sem objetivo superior, obsedada pela busca da felicidade privada? Sem negar esses problemas, não é legítimo concluir daí, apressadamente, pela degenerescência do espírito democrático, embotado pela frouxidão das convicções. Pode-se com toda razão perguntar se, hoje, os homens estariam prontos para morrer em massa pelas instituições da República, mas como ir razoavelmente para além da interrogação? Ninguém pode seriamente dar uma resposta a esse gênero de pergunta, que situa o que somos em um roteiro catástrofe com dados forçosamente inéditos. A vontade de combater foi abafada pelo culto do Ego? Em vista do perfil da sociedade contemporânea, nada autoriza a pensá-lo de maneira categórica, a derrocada das ideologias heroicas não conduz, de modo algum, à covardia geral, à paralisia dos cidadãos, à recusa da guerra: o serviço militar não desperta o delírio, mas não é a ocasião de nenhum movimento de recusa coletiva e, com exceção dos pacifistas extremistas, o princípio da defesa armada, de uma força de dissuasão com credibilidade, do reforço do potencial militar não é recolocado em causa por ninguém. Enquanto os Estados democráticos, sustentados por suas populações, não cessam de armar-se, de prosseguir sua corrida militar-industrial, a sociedade civil manifesta, por seu lado, uma calma coletiva e uma firmeza de opinião notável diante do fenômeno terrorista que atinge o coração das cidades europeias. A tentação de ceder às chantagens terroristas é rejeitada pela maioria, apesar das ameaças que pesam sobre a tranquilidade pública; a independência dos juízes, o veredicto sem compromisso pronunciado, a despeito dos riscos corridos, contra o chefe de uma organização terrorista foram globalmente saudados pela sociedade e pela classe política. O *homo democraticus* certamente não sonha com sacrifícios heroicos e com façanhas militares, mas nem por isso afunda na covardia e na inconsciência da capitulação e do presente imediato. À violência terrorista devem responder a firmeza e a aplicação da lei; à ameaça das nações estrangeiras deve responder o reforço do poderio militar; o indivíduo contemporâneo adotou, sem entusiasmo mas com lucidez, o velho adágio: "Se queres a paz, prepara a guerra".

Não só o declínio das opções ideológicas duras não equivale ao advento do espírito de rendição e de imprevidência coletiva, como reforça a legitimidade social das instituições democráticas. Com exceção dos grupelhos terroristas ultraminoritários rejeitados por todas as formações políticas, as democracias já não têm, coisa completamente nova, adversários incondicionais em seu seio: já não há organizações fascistas importantes, e os partidos revolucionários já não têm nenhum impacto. Num mundo mais relativista, sem fé histórica ardente, o respeito pelas instituições prevalece sobre a subversão, a violência política já não faz adeptos e torna-se coletivamente ilegítima, tudo o que é sangrento, apelo à violência física, é rejeitado pelo corpo social e político. Não se cessa de criticar tal ou tal aspecto de nossas sociedades, mas finalmente se fica satisfeito com elas; os homens, pela primeira vez desde o advento da era democrática, não têm mais utopia social, não sonham mais com uma sociedade outra. Na superfície, as reviravoltas da Moda desestabilizam as democracias; em profundidade, amadurecem-nas, tornando-as mais estáveis e mais impermeáveis às guerras santas, menos ameaçadas do interior, menos vulneráveis aos delírios históricos da mobilização total.

Não decadência do espírito democrático, mas seu avanço. A deriva flexível do sentido é certamente acompanhada da banalização-espetacularização do político, da queda da militância e dos efetivos sindicais, de espírito de cidadania alinhado na atitude consumista, de indiferença e por vezes de desafeição em relação às eleições: aspectos reveladores de uma crise do *homo democraticus* concebido idealmente. Mas como não ver, ao mesmo tempo, que a liquefação das ideologias e o reino da moda consumada caminham juntos com uma sociedade civil mais autônoma, mais mobilizada em torno do que a toca mais vivamente: os direitos da mulher, o meio, a Escola, a Universidade etc. De um lado, há cada vez menos investimento religioso das causas políticas; de outro, há mais "conflitos de sociedade" testemunhando o fato de que a sociedade civil não é tão passiva quanto se diz, de que intervém mais diretamente, mais espontaneamente nas questões relacionadas à vida dos indivíduos e das famílias. Menos enquadrada por dogmas pesados, mais móvel, mais apegada à qualidade da vida e às liberdades individuais, a sociedade é mais livre para intervir, mais capaz de fazer pressão sobre o Estado, mais apta a exprimir suas aspirações fora das organizações políticas e sindicais tradicionais. A desfidelização ideológica que nos caracteriza conduz à explosão de mais conflitos, maior proximidade dos cidadãos com seus assuntos imediatos, a menos poder arrogante das passageiras maiorias eleitorais. Diferentemente da chantagem de certas corporações superpoderosas ao abrigo da concorrência, as manifestações de massa em torno dos problemas de sociedade não são uma degradação da vida democrática; antes enriquecem-na, obrigando a autoridade central a governar menos do alto, a levar em conta as múltiplas aspirações que compõem um todo coletivo. A sociedade se faz ouvir mais e o poder público precisa aprender a imaginar soluções menos tecnocráticas e mais maleáveis, menos autoritárias e mais diversas, em conformidade com o mundo individualista aberto contemporâneo.

O FRISSON DO COME-BACK

Mas consideremos a grande flutuação ideológica que se opera sob nossos olhos. Em alguns anos o paradigma marxista deu lugar ao paradigma liberal, a ruptura com o capitalismo cedeu o passo à sagração da livre empresa e ao desengajamento do Estado. Após a voga contestadora, o estado de graça do mercado; após a grande Recusa, o êxtase do lucro. Ontem o clima do momento estava para as utopias, hoje passa para o pragmatismo e o realismo administrativo. Correlativamente à promoção ideológica da concorrência econômica, assiste-se à reabilitação dos valores individualistas competitivos. Enquanto a ambição, o esforço, o dinheiro são promovidos, proclama-se o fim do "recreio de 1968", denuncia-se uma instituição escolar cada vez mais amolecida e sujeita à ideologia pedagógica. Findo o entusiasmo pela comunidade educativa e pelo vivido, é hora do saber, da instrução, da autoridade do Mestre, do "elitismo republicano". O mérito, a excelência, a competência individuais prevalecem; após a euforia contracultural e relacional, os pêndulos acertaram-se globalmente com a hora da eficácia e do balanço contábil.

Como se sabe, a vaga neoliberal está longe, contudo, de impor-se sem discordâncias. Se há incontestavelmente aprovação da empresa privada e da menor participação do Estado, isso de modo algum impede o corpo social, mesmo nos EUA, de ser favorável aos sistemas de proteções sociais, às políticas sociais instaladas no quadro do Estado-Providência. Há desafeição em relação a um certo intervencionismo estatal em matéria econômica sem que isso em nada destrua o apego coletivo à justiça social, à cobertura dos grandes riscos, à intervenção estatal em matéria social e até universitária, como revelou o último movimento de estudantes de liceu na França e na Espanha. Celebra-se o dinamismo empresarial, mas são inúmeros aqueles que manifestam seu apego aos salários por tempo de serviço e às vantagens adquiridas. Há vontade de restaurar a autoridade do professor e do saber sem que isso destrua minimamente a importância do relacional e da consideração das motivações subjetivas na ordem pedagógica. A moda tem seus extremistas, mas socialmente ela se difunde aparando suas arestas marcadas, recompõe-se de maneira heteróclita, perde todo caráter doutrinal para realizar, de fato, uma certa "continuidade na mudança", uma transformação mais rápida do corpo coletivo sem fraturar, contudo, os grandes equilíbrios das sociedades democráticas.

A atual corrente neoliberal é bem mais uma moda do que um credo ideológico firme; são, antes, a atração do novo e a imagem do "privado" que seduzem do que o programa político liberal. Como toda moda, esta destilará sua antítese, teremos sem nenhuma dúvida, num lapso de tempo indeterminado, um novo vento de loucura pelo Estado e pela racionalidade do Universal, teremos novas vagas de contestadores descabelados ou não, de utopias românticas em guerra contra o mundo do dinheiro, da hierarquia, do trabalho. A partir do momento em que a era teológica das ideologias está caduca, estamos destinados à instabilidade crônica dos valores, aos vai e vem das ações e reações, ao "eterno retorno" da moda, que não cessa de reciclar na modernidade as formas e valores antigos. Vibramos nestes anos 1980 ao som do modernismo high tech e da competitividade misturada com ar retrô: por quanto tempo?

Certamente é possível ressituar esse momento em um desses ciclos periódicos da história moderna caracterizado pelo superinvestimento nos negócios privados em oposição a uma fase anterior apegada à coisa pública. Há troca em relação ao eixo público/privado, um novo ciclo "privativo" está em marcha na sequência dos diversos engajamentos coletivos dos anos 1960 e começo dos 1970. A questão é saber se tal flutuação pode ser esclarecida, ainda que parcialmente, à maneira de Hirschman, que enfatiza a experiência da *decepção* causada pela participação nas ações públicas.[3] Sublinhando o papel da insatisfação e da frustração pessoal, a análise de Hirschman tem o mérito de procurar dar conta da brutalidade das reviravoltas coletivas para além da consideração dos fatores objetivos conjunturais e dos "agentes racionais". Com isso, afirma-se tudo o que as mudanças de preferências devem à inconstância e à frivolidade das motivações humanas: a lógica da moda está, num sentido, subjacente a essa teoria das oscilações ideológicas e sociais. Mas a importância atribuída à decepção "endógena" é muito amplamente superestimada, não tem, no caso, nenhum caráter explicativo no ciclo que nos ocupa. Hoje, não são apenas os decepcionados da mobilização revolucionária que investem no privado; é, *grosso modo*, todo o corpo social, a própria maioria silenciosa bastante apática politicamente há décadas. Nada a ver com a decepção ocasionada pelas ações de interesse público; já faz muito tempo que as massas não tomam parte ativa nos grandes combates escatológicos e não aderem às esperanças de mudar o mundo. Os mesmos que condenavam vagamente o capitalismo e seus excessos mas não se engajavam politicamente chegam a rever seus juízos em favor da livre empresa. Não a decepção: a atração invencível do Novo. A troca atual se deve menos ao vivido da insatisfação do que à ruína das grandes ideologias "de ferro", menos à frustração do que à febre da mudança e à paixão por tudo o que exalta o indivíduo livre. Quaisquer que sejam as razões de fundo — voltaremos a elas mais adiante — que explicam o novo arrebatamento ideológico, este não pode ser separado da paixão de moda: o gosto pela novidade faz agora sua obra até nos discursos e orientações maiores. Sem a sedução do novo, jamais as novas ideias liberais teriam podido conquistar *tão depressa* tal audiência. Não foi apenas por "realismo" ligado à crise que se pôde produzir a promoção cultural da empresa; foi também, ainda que secundariamente, por espírito de moda.

Por ser em parte uma moda, a nova cultura empresarial não deixa de produzir transformações fundamentais e sem dúvida duráveis nos comportamentos individuais e coletivos. Com a mudança da imagem social da empresa, esta se torna menos o lugar da exploração e da luta de classes do que um lugar de criação de riquezas que chama mais a participação de todos: a ideia de "círculos de qualidade" começa timidamente a penetrar na Europa, e a figura do patrão aproveitador cede terreno maciçamente à do criador e do herói-estrela de empresa. Desde já o sindicalismo começa a levar em conta essa mudança de clima em sua linguagem e em suas práticas: a autogestão faz figura de *has been;* o capitalismo já não é o mal absoluto; a própria greve se torna aqui e ali uma arma cujo emprego causa problema. Paralelamente, o gosto pelo business, por criar a própria empresa, difunde-se e ganha uma nova legitimidade social; é a hora dos vencedores, dos patrões midiáticos, dos Yuppies. *Aggiornamento* ideológico capital para as sociedades liberais que, livres de uma imagem de sociedade de exploração inveterada, veem-se dotadas de uma legitimidade reforçada e de uma cultura favorável, ao menos em princípio, a uma participação mais realista dos assalariados, a um processo de "cooperação conflitual" nas empresas.

Tal reviravolta nas coordenadas ideológicas não pode deixar inalterada a própria esfera subjetiva, dirigida por novos objetivos e sentidos. Estamos longe do culto da dissidência marginal, agora nos inquietamos com o futuro; o esforço, a coragem, o risco voltaram a ficar em evidência, viva a emulação, o profissionalismo, a excelência. Com isso esse novo meio cultural soa a finados para o perfil narcísico das personalidades contemporâneas? Reabilitação do espírito competitivo e da ambição, consenso em torno da empresa — não está aí uma nova distribuição das cartas incompatível com o reino do Egito absorvido consigo mesmo, à espreita de suas sensações íntimas e de seu mais-ser? Num sentido, uma página está para ser virada: a atmosfera do momento já não está no laxismo, na permissividade, no psicologismo em todas as direções; toda uma parcela da cultura cool cede o passo a referentes mais "sérios", mais responsáveis, mais "desempenho". Mas o individualismo psi não sucumbiu — reciclou-se, integrando a nova sede de business, de software, de mídia, de publicidade. Uma nova geração narcísica está em marcha, tomada pela febre da informática e do performativo, dos negócios e do barômetro-imagem. Não só o culto psi, a idolatria do corpo e da autonomia privada estão mais do que nunca em ação, mas também a relação inter-humana original, única historicamente, instituída pela segunda revolução individualista, não cessa de ter continuidade. Certamente, passamos por uma "reação" meritocrática. Certamente, o gosto pelo sucesso, pela competição e pelos negócios volta com força, mas como se deve interpretar esse momento? De modo algum como reinvestimento clássico nos valores hierárquicos e primado dos critérios do Outro, mas muito mais fundamentalmente como prosseguimento, por outros meios, do processo propriamente narcísico de *redução* — o que não significa abolição — da dependência subjetiva em relação aos critérios coletivos da honorabilidade social. No coração do que constitui o individualismo contemporâneo, há a nova estrutura da relação interpessoal na qual o Ego prevalece sobre o reconhecimento social, na qual a aspiração individual à felicidade e à expressão de si faz recuar a primazia imemorial do julgamento do Outro (honra, dispêndio ostentatório, *standing*, posição social etc.). Longe de ser abolida, essa mudança da relação social entre os seres instituindo inteiramente a última fase do reino dos indivíduos prossegue sua dinâmica. É simplista acreditar que se assiste ao retorno puro e simples da ideologia concorrencial, a um frenesi de sucesso e de ascensão social; o novo ar do tempo não faz senão continuar o trabalho de emancipação dos indivíduos diante das referências coletivas do êxito social e da aprovação do Outro.

Mesmo o demônio da mídia, que hoje faz correr artistas, jornalistas, escritores, patrões e todo mundo, não deve ser compreendido como o signo da preeminência da obsessão do Outro, mas bem mais como autopublicidade, gozo narcísico de parecer na tela, de ser visto pela grande maioria, desejo de ser amado e de agradar mais do que ser respeitado por suas obras: Narciso prefere seduzir a ser admirado, quer que se fale dele, que nos liguemos a ele, que o mimemos. P. Poivre d'Arvor podia declarar a um grande jornal: "Tenho necessidade de ser amado". O ganhar dinheiro e o vencer socialmente são reabilitados, mas com móveis psicológicos e culturais que pouco têm a ver com o desejo de subir na pirâmide social, de erguer-se acima dos outros, de atrair a admiração e a inveja, de ganhar a respeitabilidade. A própria ambição é tomada pela vertigem da subjetividade intimista: o business é tanto um meio de construir para si um lugar economicamente confortável quanto uma maneira de realizar-se a si próprio, de superar-se, de ter um objetivo estimulante na existência. A estrutura narcísica do Ego domina; de um lado, trata-se de ter dinheiro para gozar privadamente dos bens e serviços da vida moderna; de outro, de fazer alguma coisa por si mesmo e para si mesmo, de conhecer a excitação da aventura ou do risco, a exemplo dessa nova espécie de managers que são os *Gamesmen*. A competição e o risco ganharam uma nova coloração: não mais a do arrivismo conquistador, mas a do narcisismo mais atento a si mesmo e às suas vibrações íntimas do que ao estardalhaço, ao escalão social e ao prestígio. Não há nenhuma ruptura entre o novo culto empresarial e as multiplicadas paixões dos indivíduos pela escrita, música ou dança; por toda parte são a expressão de si, a "criação", a "participação em profundidade" do Ego que predominam. Vemos multiplicarem-se os casos de mudanças de atividades profissionais entre os executivos, profissionais liberais e outros, não porque o "perfil de carreira" esteja barrado, mas porque aí não nos realizamos como desejamos. A era neonarcísica não significa desaparecimento da rivalidade entre os seres, mas sujeição das formas da competição aos desejos de realização íntima. O Outro é menos um obstáculo ou um inimigo do que um meio de sermos nós mesmos. Se uma tendência das democracias, hoje reforçada, leva os indivíduos a medir-se uns com os outros, a afirmar-se individualmente na comparação com outrem, não se deve ver aí um novo ciclo substituindo pura e simplesmente o individualismo hedonista e psi. É o mesmo processo de privatização narcísica que amplia as fronteiras; o Ego se torna mais senhor da concorrência inter-humana, a exemplo desses esportes (corridas de joggins, tênis fora de torneio) em que a competição com o Outro é antes de tudo uma maneira de esforçar-se ao máximo, de manter a forma, de lançar um desafio a si mesmo, de realizar uma performance individual.

A voga neoliberal merece que nos detenhamos nela. Como a livre empresa, por tanto tempo depreciada, pôde conquistar em um lapso de tempo tão curto o coração das populações? Como explicar essa reviravolta cultural em favor do lucro e do mercado? Como, numa nação como a França, tão inclinada secularmente ao centralismo protetor do poder público, pôde produzir-se um movimento tal como o descomprometimento do Estado? Sabe-se que, no caso francês, a experiência "rosa" não contribuiu pouco para essa mudança; ela permitiu, especialmente, revelar os limites da ação do Estado em uma economia engajada no mercado internacional, abrir os olhos para as opressões da economia e a realidade da crise; solapou os sonhos da esquerda colocando em obra, após uma fase inicial de revigoramento, uma gestão pragmática dos negócios. Para além da alternância política, o contexto de crise econômica foi determinante. Em primeiro lugar, muito concretamente pelo ângulo do crescimento contínuo dos adiantamentos obrigatórios desde 1973: o que aparecia como meio de proteção, garantia de liberdade e de bem-estar, começou a aparecer, para algumas, como obstáculo à autonomia e à responsabilidade dos indivíduos. Sob o peso desde então perceptível dos impostos e cotizações sociais, cada vez mais adiantamentos e redistribuições públicas deixaram de ir por si e fizeram nascer o sentimento de que forjávamos nações de assistidos, democracias menores. Mais profundamente ainda, a crise foi um instrumento pedagógico que converteu os espíritos ao real, tornando obsoletas as visões utópicas e a solução milagre do todo Estado. Desemprego persistente, crescimento zero, fraqueza industrial, perda de competitividade, déficit da balança de pagamentos, a nova ordem econômica desencadeou com atraso uma tomada de consciência da sufocação das nações europeias, da necessidade de se conseguir os meios de sair do estado de crise; ela está na base da promoção cultural do empresário, do risco, do mérito individual como meios de redinamizar nossas sociedades e abrir-lhes as possibilidades do futuro.

Por mais importantes que sejam, esses fatores só puderam desempenhar seus papéis enxertados nas transformações dos valores e dos modos de vida próprios à era da moda consumada. Superindividualizando os seres, desenvolvendo os gostos de autonomia, privilegiando o registro dos fatos, o reino dos objetos e da informação levou à valorização de tudo o que diz respeito à liberdade e à responsabilidade individual. A voga neoliberal é em parte uma adaptação ideológica aos modos de vida centrados no átomo individual independente, refratário aos sistemas oniscientes, aos enquadramentos pesados, homogêneos, dirigistas. Impossível separar o consenso em torno do lucro e da empresa da ação própria à moda generalizada que, como se viu, não cessava de trabalhar para promover a autonomia individual e para desarraigar as crenças dogmático-escatológicas. Assim, a era da moda total pode estar na base dos fenômenos culturais mais opostos: antes de ontem, a grande recusa utópica; hoje, a consagração do business. A contradição mais uma vez é só aparente; assiste-se apenas aos efeitos antinômicos de um mesmo ímpeto de tipo individualista. Na hora da contestação, a reivindicação individualista se deu livre curso denunciando o sistema burocrático-capitalista e unindo-se ao radicalismo revolucionário: tratava-se de uma fase intermediária entre uma era revolucionária militante e uma era de um individualismo absorvido prioritariamente pelas preocupações privadas. A moda consumada prosseguiu sua obra; o individualismo narcísico que nos domina, hostil às grandes profecias, ávido de hiper-real, foi o solo nutriente da renascença liberal. A exigência de flexibilidade, as desnacionalizações e desregulamentações vêm como eco das transformações da individualidade, ela própria flexível, pragmática, aspirando antes de qualquer coisa à autonomia privada.

Sabe-se que, paralelamente a esse segundo sopro liberal, expandem-se diversas manifestações de tipo nitidamente conservador, traduzindo uma reviravolta igualmente espetacular dos valores. A ideologia *law and order* vai de vento em popa: a pena de morte goza do favor da opinião pública, e inúmeros estados nos EUA já a restabeleceram e aplicaram. No que diz respeito às prisões, as ideias de recuperação e de reinserção social têm cada vez menos eco, é preciso pôr fim à "prisão frouxa" e ao laxismo da justiça, é preciso punir com firmeza, restabelecer a certeza da pena. Na Inglaterra, alguns ameaçam voltar aos castigos corporais. Gabou-se a "injunção terapêutica" para os drogados e a penalização do consumo de estupefacientes. Numerosas associações, *Pro-life*, *Laissez-les vivre*, partem em cruzada para a abolição do aborto legal: nos EUA, multiplicam-se os atentados contra as clínicas que praticam o aborto, e desde 1973 os IVG* não podem mais ser financiados pelos fundos públicos; políticos de primeiro plano, tanto na França como na América, anunciam a necessidade de pôr fim à legislação do

---

* Interruption volontaire de la gravidité. (N. E.)

aborto. Uma nova ordem moral tenta impor-se; o tema "trabalho, família, pátria" está de volta. Depois da febre da liberação sexual e do feminismo, refaz-se aqui e ali o elogio da castidade, da mulher no lar, da virgindade, estigmatiza-se o pecado da contracepção, a aids aparece como um signo de cólera divina, a sodomia e a felação tornaram-se delitos passíveis de prisão em certos estados americanos. Mais inquietante ainda, os temas racistas e xenófobos são exibidos doravante sem pudor na praça pública, emitem-se dúvidas sobre o Holocausto, os atentados contra os estrangeiros multiplicam-se, os partidos de extrema direita conseguem bons resultados nas eleições baseados em "a França para os franceses, os estrangeiros fora". O clima antiautoritário e emancipador dos anos 1960-70 ficou para trás, o conservantismo está na primeira página.

Pode-se tomar todos esses fenômenos díspares mas significativos de uma incontestável reviravolta ideológica como manifestações da moda generalizada? Não se assiste a um verdadeiro *come-back* conservador e moralista que vem substituir o liberalismo cultural exacerbado dos anos anteriores? Não é o próprio signo do eterno retorno da moda, da alternância do antigo e do novo, da reciclagem do passado, do ciclo alternativo do neo e do retrô? A analogia é enganadora: no essencial, o que é por vezes chamado de "revolução conservadora" é antinômico com o espírito e a lógica da moda. Enquanto a moda consumada funciona sobre uma lógica do hedonismo, da sedução, do novo, o neoconservantismo reabilita o moralismo, a "repressão", a "tradição"; é um processo oposto que está em curso: a ordem moral, não a ordem frívola. Enquanto a forma moda diviniza a escolha subjetiva individual, o rigorismo atual esmaga a diversidade e as combinações livres sob o cajado de dogmas a serem prolongados como tais. A moda se alimenta do desejo insaciável do Novo, o neoconservantismo se enraíza no dogma religioso intangível; a moda corresponde aos gostos pela mudança, a nova ordem moral à angústia da insegurança física, econômica, cultural; a moda é exaltação do presente, a *moral majority* é nostálgica de uma ordem passada. Ofensiva rigorista em matéria de costumes, de resto explicitamente dirigida contra o hipermodernismo e o laxismo do espírito de moda, acusado de ter abalado as referências da normalidade, da mulher, da criança, de ter destruído os valores do esforço, da família, da religião, do trabalho, do patriotismo. Aquilo a que assistimos é uma reação contra a moral permissiva, contra a mistura das raças e o suicídio da nação, contra a "decadência" do Ocidente cuja responsabilidade é atribuída ao reino desenfreado da moda total.

Se se excetua a vontade securitária, a *moral majority* é antes de tudo o resultado de um fundamentalismo religioso que a moda consumada não conseguiu erradicar. Trata-se menos de um efeito de moda do que de uma sobrevivência religiosa intolerante, menos de um traço essencial às democracias contemporâneas do que de manifestações típicas de nações onde proliferam grupos e Igrejas integristas, que puderam reconquistar audiência pelo próprio fato do maremoto emancipador anterior, da desintegração das identidades sociais e da ansiedade individual e coletiva que veiculam. Esse neoconservantismo não traduz o reino flexível do terminal da moda, prolonga o espírito de religião hiperortodoxo de uma outra era porque não reconhece a ação e o juízo livres dos indivíduos. O império da moda ainda não está no fim de seu curso, eliminou inúmeras clivagens e desencadeou em poucos anos uma reivindicação individualista sem igual. Nas sociedades de sentimento puritano profundamente arraigado, o processo de moda chocou-se com convicções e com uma fé intransigentes que não conseguiu abalar. Não invoquemos muito rapidamente um absoluto religioso impermeável ao século: o tempo deve ser levado em consideração, os efeitos culturais da moda ampliada não têm senão algumas décadas. Também não invoquemos o poder onipotente do reino da moda: nada indica que algum dia conseguirá fazer passar a esfera das crenças para a ordem pura do consumível e do versátil. Pode-se apenas razoavelmente pensar que, graças à dinâmica irreversível da moda, o integrismo será cada vez menos compartilhado, cada vez menos dominante nas democracias modernas. Não é certo que possa desaparecer algum dia.

Por não ser assimilável a uma forma de paixonite, esse momento rigorista nem por isso deixa de ter ligação com a moda consumada. Em busca de novidades, a mídia "inflou" bastante o *remake* tradicionalista, como se a opinião pública houvesse subitamente virado a casaca. Sabe-se que não é nada disso, trata-se antes de um "pseudoacontecimento" do que de uma realidade cultural de fundo; nisso, o efeito "retorno dos valores" é inseparável da mídia e assim depende, paradoxalmente, da moda, no momento mesmo em que se insurge contra ela. Todas as sondagens o revelam: a paixão pela autonomia e os desejos de gozo íntimo não cessam de desenvolver-se. Invoca-se o valor redescoberto da família, mas os divórcios não param de aumentar e a natalidade de baixar, as pessoas se casam cada vez mais tarde e cada vez menos, os filhos "naturais" representam doravante, na França, um nascimento em cinco. Anuncia-se o declínio da sexualidade permissiva, mas nos liceus parisienses um garoto em dois tem relações sexuais e uma menina em três não é mais virgem, a esmagadora maioria acha legítimos os meios de contracepção e a sexualidade livre dos adolescentes. Hostilidade ao aborto? Mesmo nos EUA, a maioria é contrária à sua proibição legal, e os eleitores da Frente Nacional são partidários em 30% da manutenção do IVG. Revivescência do fundamentalismo religioso? É não ver que majoritariamente os crentes têm práticas e crenças cada vez mais livres, ecléticas, individualizadas. É esquecer que o fenômeno se manifesta em televangelismo, em publicidade videocrística, em parque de diversões cristão com espetáculo a laser, piscina onde se nada de dia e onde se batiza à noite. Muitos ecos em superfície midiática, poucos em extensão social, não está aí um dos traços da moda? Uma sociedade reestruturada pela forma moda não impede, de maneira alguma, a vedetização dos valores rigoristas, com a condição de acrescentar que o fenômeno permanece um *espetáculo* com efeitos não nulos, mas epidérmicos e minoritários.

Do mesmo modo que o neopuritanismo não depende de uma paixonite, as reivindicações e medidas de segurança não podem ser consideradas como movimentos de moda. Retorno da pena de morte, justiça mais firme, controles de identidade na via pública, restrição do direito de asilo, código da nacionalidade, "legítima defesa", manifestações que não têm nada a ver com as flutuações efêmeras da moda. As sondagens são unânimes: a luta contra a criminalidade e o desejo de segurança estão à frente das preocupações das pessoas. Não terminamos de experimentar a exigência de ordem, e isso porque não se trata, mais profundamente, de uma *ideologia*, mas de um componente inelutável da sociedade individualista policiada reestruturada pela forma moda. Numa sociedade hiperindividualista, onde a socialização exclui as formas de violência e de crueldade físicas, onde diferentes populações estão face a face, onde a comunicação substitui a repressão, onde a ordem pública é muito amplamente assegurada, o *medo* é consubstancial ao indivíduo pacificado e desarmado. A angústia da segurança não é uma mania; é, antes, de alguma maneira, um invariante da vida democrática. Tocqueville já o sublinhara: se o homem democrático tem um gosto natural pela liberdade, tem uma paixão ainda mais ardente pela ordem pública; está sempre pronto, nas circunstâncias de perturbação, a renunciar a seus direitos para sufocar os germes da desordem: "O gosto pela tranquilidade pública torna-se então uma paixão cega, e os cidadãos estão sujeitos a serem tomados de um amor muito desordenado pela ordem".[4] Inscrevendo-se no prolongamento dessa tendência democrática, o momento atual apresenta, contudo, um caráter singular: os cidadãos exigem, com efeito, ao mesmo tempo mais segurança cotidiana e mais liberdades individuais. Mais ordem pública, mas não menos direitos e independência individuais. O desejo de segurança não tem, de modo algum, como contrapartida a renúncia às liberdades políticas e privadas, como temia Tocqueville. Não vemos desencadear-se uma dinâmica de restrição dos direitos das pessoas em favor do aumento das prerrogativas do Estado, vemos cristalizar-se uma exigência maior de controle e de proteção públicos no seio de uma sociedade profundamente apegada às liberdades individuais e democráticas.

Da mesma maneira que as medidas de segurança não se alimentam de uma ideologia constituída, o ressurgimento da xenofobia não se inscreve na continuidade da ideologia racista clássica. Hoje, aqueles mesmos que alimentam os sentimentos menos amenos pelas *facies* morenas já não preconizam a destruição do Outro, já não proclamam a superioridade inconteste do ariano ou do ocidental. Não mais o genocídio, cada um em sua terra. Qualquer que seja o número muito elevado de crimes racistas, o fenômeno permanece circunscrito, não se veem mais *pogroms*, massacres e violações sistemáticos. O racismo já não tem a virulência de outrora, é maciçamente mais contido, menos agressivo. Muitos não gostam dos estrangeiros, poucos aprovam o derramamento de sangue, não nos ligamos a eles, mas não nos agredimos. A era frívola não elimina o racismo, modifica alguns de seus traços: mais ninguém imagina a "solução final", mais ninguém sustenta a ideia de inferioridade congênita das populações de cor. Saiu-se da temática da pureza da raça, a xenofobia atual cresce no terreno da obsessão pela segurança e pela proteção dos interesses. Acontece com o racismo o mesmo que com as outras ideologias: esvaziou-se de seu sentido pesado, tornou-se menos seguro de si próprio, menos dominador, "pós-ideológico", mais a expressão da angústia individual do que uma visão maniqueísta do mundo. É preciso esclarecer que nem por isso ele passou para a ordem leve da moda — longe disso.

AS LUZES EM SELF-SERVICE

Por não ser antinômica com um funcionamento estável das instituições democráticas, a nova regulação social do sentido nem por isso deixa de colocar uma questão espinhosa quanto ao ideal democrático da autonomia subjetiva na esfera das opiniões. Como falar de liberdade individual ali onde a vida da consciência vibra no ritmo dos humores cambiantes da moda? Se as ideias oscilam ao sabor das paixonites flutuantes, se adotamos regularmente as correntes "em voga", como fica a finalidade democrático-individualista por excelência que é a soberania pessoal ou a autodeterminação de si mesmo na ordem das ideias? Questão essencial, da qual se encontra já uma formulação típica em Tocqueville. Ainda que não haja teoria da moda em *De la démocratie en Amérique*, a análise tocquevilleana da origem das crenças nas nações democráticas ilustra o mais exatamente possível o reino crescente das influências novas sobre as inteligências particulares. O pessimismo nuançado de Tocqueville sobre o destino das democracias é conhecido: à medida que progride a igualdade das condições, o jugo dos hábitos e os preconceitos de grupo regridem em favor da independência de espírito e do esforço individual da razão. Mas, enquanto os indivíduos são remetidos incessantemente para seu próprio entendimento, uma tendência contrária se desenvolve, conduzindo-os a fiar-se na opinião da massa. Por um lado, mais esforço para procurar em si mesmo a verdade; por outro, mais inclinação para seguir sem exame os juízos da maioria. Nas democracias, a ação da opinião comum sobre os átomos privados tem um poder novo e incomparável, exerce-se como a moda, não por coerção mas por pressão invisível do número. No limite, os tempos democráticos conduzem ao "poder absoluto da maioria", "a não mais pensar", "à negação da liberdade intelectual".[5] Como não levar a sério hoje a inquietação de Tocqueville em vista do impacto da mídia sobre os sucessos de livraria, em vista dos gurus esotéricos, em vista dos programas de entertainment, da proliferação das vedetes instantâneas, da multiplicação das modas intelectuais e ideológicas?

Qualquer que seja a ambiguidade da economia frívola do sentido, não nos parece fundado ver em ação aí um empreendimento de erradicação da liberdade individual e um signo de sujeição crescente das consciências. Através da aceleração e da pululação dos conformismos de moda, produz-se, na verdade, um movimento parcial mas efetivo de autonomização dos espíritos; através das epidemias miméticas, há marcha para uma maior individualização das ideias. Comprazemo-nos correntemente em denunciar a estupidez encarneirada de nossos contemporâneos, sua ausência de reflexão, sua lamentável propensão à inconstância e aos percursos zigue-zagueantes. Mas os espíritos eram mais livres quando religiões e tradições conseguiam produzir uma homogeneidade sem falha das crenças coletivas, quando as grandes ideologias messiânicas impunham doutrinas dogmáticas sem lugar para o exame crítico individual? Vê-se sem dificuldade o que se perdeu: menos segurança nas convicções, menos resistência pessoal diante da sedução do novo e da grande maioria. Nota-se menos o que, ao mesmo tempo, foi ganho: mais interrogações sem *a priori*, mais facilidade para se recolocar em causa. Sob o reino da moda total, o espírito é menos firme mas mais receptivo à crítica, menos estável mas mais tolerante, menos seguro de si mesmo mas mais aberto à diferença, à prova, à argumentação do outro. É ter uma visão superficial da moda consumada assimilá-la a um processo sem igual de padronização e de despersonalização: na realidade, ela impulsiona uma interrogação mais exigente, uma multiplicação dos pontos de vista subjetivos, o recuo da similitude das opiniões. Não semelhança crescente de todos, mas diversificação das pequenas versões pessoais. As grandes certezas ideológicas se apagam em favor da explosão das microdiferenças individuais, em favor das singularidades subjetivas talvez pouco originais, pouco criativas, pouco refletidas, mas mais numerosas e mais maleáveis. No vazio deixado pela derrocada dos catecismos e ortodoxias, a moda abre caminho para a multiplicação das opiniões subjetivas. Nada mais falso do que representar a moda sob os traços do unanimismo das consciências. Seja a paixonite atual pelo liberalismo e pela menor presença do Estado: longe de se traduzir por um discurso homogêneo, é acompanhada por uma gama de variantes e adaptações, dos neolibertários aos social-democratas, passando pelos neoconservadores e outros. Quase todas as famílias de pensamento, em graus diversos, participam da voga do momento, mas nenhuma faz dela absolutamente o mesmo uso. Alguns anos antes, o fenômeno produziu-se com o pensamento revolucionário-marxista, que deu lugar a uma arenga de interpretações e de combinações: espontaneísmo, autogestão, maoísmo, freudo-marxismo, utopia marginal, estrutural-marxismo, anti-humanismo teórico etc. A moda é um *self-service* onde os particulares se confeccionam um universo intelectual mais ou menos sob medida, feito de empréstimos variados, de reações a isto e aquilo. Estamos destinados à floração das diferenças de opiniões pequenas e grandes; as consciências, longe de serem massificadas pela moda, são arrebatadas num processo de diferenciação ampliada, de *bricolage* intelectual à la carte.

Ainda que isso choque frontalmente um pensamento formado na escola marxista e nos jogos do anti-hegelianismo de tipo nietzschiano, não se deve temer retomar os termos de uma problemática hoje um pouco fora de moda: o progresso. Sim, há progresso na liberdade de pensamento, e isso a despeito dos mimetismos e conformismos de moda. Sim, a marcha das Luzes prossegue, os homens "em seu conjunto", como dizia Kant, continuam a sair de sua "menoridade". Extinção dos fanatismos ideológicos, decomposição das tradições, paixão da informação — os indivíduos são cada vez mais capazes de exercer um livre exame, de tolerar menos os discursos coletivos, de servir-se do próprio entendimento, de "pensar por si mesmos", o que evidentemente não significa ausência de qualquer influência. Certamente a moda prolonga uma forma de extrodeterminação dos pensamentos; certamente ela significa um reino particular da influência do Outro. Mas a autoridade aí não é diretiva, exerce-se sem monolitismo, é acompanhada de uma vontade de argumentação e de uma capacidade de interrogação maiores nos indivíduos. A moda consumada não cria obstáculo à autonomia das consciências, é a condição de um movimento de massa em direção às Luzes. Pensar sem o auxílio de outrem, fora de um clima intelectual e ideológico revitalizante, não tem rigorosamente nenhum sentido: "Então é sempre preciso, aconteça o que acontecer, que a autoridade se encontre em alguma parte no mundo intelectual e moral. Seu lugar é variável, mas ela tem necessariamente um lugar. A independência individual pode ser mais ou menos grande, não poderia ser sem limites.[6] Se, no absoluto ou em relação à lógica do gênio criador, o reino mimético da moda ofende a autonomia pessoal, socialmente e historicamente torna possível sua expansão ao nível da maioria dos homens.

Alguma coisa sempre nos faz resistir à ideia de considerar a moda como um instrumento de liberdade. Além da uniformidade aparente que realiza, não conduz ao desencorajamento do esforço reflexivo dos particulares na busca do verdadeiro e do justo, ela, que opera por sedução e repousa sobre a facilidade mimética? Ser senhor de seus pensamentos não é necessariamente o resultado de um trabalho individual, de um ato de coragem e de construção explícita? Ponto de vista intransponível num sentido, mas que se aplica mais à obra de descoberta intelectual do que à constituição dos pensamentos mais gerais dos homens. Se nos ativermos a uma definição voluntarista da autonomia intelectual, apenas alguns profissionais do conceito podem pretender chegar ao reino da liberdade do espírito; quanto à massa, está destinada, como se deve, à idolatria, ao espetáculo, ao consumo das ideias-imagens, incapaz que é de atingir a Maioridade, o uso livre e criador do entendimento. Parece-nos que tal dicotomia elitista deixa escapar o processo muito mais complexo em curso nas sociedades modernas. A conquista da liberdade intelectual é pensável fora do modelo prestigioso da razão arquitetônica, pode efetuar-se em um outro nível, muito mais empírico, pelo ângulo da multiplicidade das influências e de seus choques, pelo jogo das comparações diversas. A marcha do governo de si mesmo na história não se efetua pela estrada real do esforço especulativo individual, mas por um conjunto de fenômenos culturais e sociais aparentemente contrários às Luzes. "Tem a coragem de servir-te de teu próprio entendimento. Eis aí a divisa das Luzes": a moda consumada é esse momento que permite a massas muito vastas fazer uso de sua própria razão, e isso porque a ordem imemorial da tradição explodiu e os sistemas terroristas do sentido já não têm domínio sobre os espíritos. Sofrem-se influências em grande número; mais nenhuma, porém, é estritamente determinante, mais nenhuma abole a capacidade de voltar-se para si. O espírito crítico se propaga nos e pelos mimetismos de moda, nas e pelas flutuações da "opinião" — tal é o maior paradoxo da dinâmica das Luzes, a autonomia é inseparável dos dispositivos da heteronomia.

Evitemos toda visão beata: as reações impulsivas do público, as seitas, as diferentes crenças esotéricas e parapsicológicas que entretêm frequentemente a crônica, estão aí para lembrar que as Luzes não avançam sem seu contrário; a individualização das consciências conduz também à apatia e ao vazio intelectual, ao pensamento-spot, à salada mental, às adesões mais desarrazoadas, a novas formas de superstições, ao "qualquer coisa". Por mais reais e espetaculares que sejam, esses fenômenos não devem ocultar o vagalhão que modifica a relação dos indivíduos com o verdadeiro e com o sentido: consagra-se pouco tempo e esforço à obra de pensamento, mas fala-se mais em seu próprio nome. Poucas meditações deliberadas e, no entanto, cada vez mais maioridade e maturidade dos seres. A desrazão de moda contribui para a edificação da razão individual, a moda tem razões que a razão desconhece.

V. OS DESLIZAMENTOS PROGRESSIVOS DO SOCIAL

O reino da moda generalizada leva a seu ponto culminante o enigma do ser em conjunto próprio à era democrática. Trata-se de compreender como uma sociedade fundada na forma moda pode fazer coexistir os homens entre si. Como pode ela instaurar um elo de sociedade quando não cessa de ampliar a esfera da autonomia subjetiva, de multiplicar as diferenças individuais, de esvaziar os princípios sociais reguladores de sua substância transcendente, de dissolver a unidade dos modos de vida e das opiniões? Reestruturando de ponta a ponta tanto a produção como a circulação dos objetos e da cultura sob o jugo da sedução, do efêmero, da diferenciação marginal, a moda consumada transformou a economia da relação inter-humana, generalizou um novo tipo de encontro e de relação entre os átomos sociais, assinala a fase terminal do estado social democrático.

Correlativamente a essa forma inédita de coesão social, ela desenvolveu uma nova relação com a duração, uma nova orientação do tempo social. Generaliza-se cada vez mais a temporalidade que governa desde sempre a moda: o presente. Nossa sociedade-moda liquidou definitivamente o poder do passado encarnado no universo da tradição, modificou igualmente o investimento no futuro que caracterizava a era escatológica das ideologias. Vivemos nos programas curtos, na mudança perpétua das normas, na estimulação para viver imediatamente: o presente erigiu-se em eixo maior da duração social.

A APOTEOSE DO PRESENTE SOCIAL

A partir do momento em que a moda não remete mais exclusivamente ao domínio das futilidades e designa uma lógica e uma temporalidade social de conjunto, é útil, necessário, voltar à obra que foi mais longe na conceitualização, na amplificação e no realce do problema: a de Tarde. Gabriel de Tarde, o primeiro a haver conseguido teorizar a moda para além das aparências frívolas, a ter dado uma dignidade conceitual ao assunto, nele reconhecendo uma lógica social e um tempo social específicos. O primeiro a ter visto na moda uma forma geral de sociabilidade, a ter definido épocas e civilizações inteiras pelo próprio princípio da moda.

Para G. de Tarde, a moda é essencialmente uma forma de relação entre os seres, um laço social caracterizado pela imitação dos contemporâneos e pelo amor das novidades estrangeiras. Não há sociedade senão por um fundo de ideias e de desejos comuns; é a semelhança entre os seres que institui o elo de sociedade, a ponto de ele afirmar que "a sociedade é a imitação".[1] A moda e o costume são as duas grandes formas de imitatividade que permitem a assimilação social das pessoas. Quando a influência dos ancestrais cede o passo para a submissão às sugestões dos inovadores, as eras de costume dão lugar às eras de moda. Enquanto nos séculos de costume obedece-se às regras dos antepassados, nos séculos de moda imitam-se as novidades de fora e aquelas que nos cercam.[2] A moda é uma lógica social independente dos conteúdos; todas as condutas, todas as instituições são suscetíveis de serem levadas pelo espírito de moda, pelo fascínio do novo e a atração dos modernos. Dois princípios estritamente correlatos caracterizam a moda aos olhos de G. de Tarde: por um lado, uma relação de pessoa a pessoa regida pela imitação dos modelos contemporâneos; por outro, uma nova temporalidade legítima, o *presente social*, que ilustra o mais exatamente possível a divisa das eras de moda: "quanto mais novo melhor". Nos tempos em que a moda domina, não é mais o passado tradicional que é objeto de culto — o momento atual magnetiza as consciências, o prestígio vai para as novidades: venera-se a mudança, o presente. Opondo os períodos em que reina a moda àqueles em que reina o costume, G. de Tarde enfatizou que a moda era muito mais do que uma instituição frívola: forma de uma temporalidade e de uma sociabilidade específicas, a moda, antes de ser o que se explica pela sociedade, é uma fase e uma estrutura da vida coletiva.

A despeito desse avanço teórico importante, sabe-se que G. de Tarde não chegou a apreender o elo consubstancial que une a moda às sociedades modernas. Em busca das leis universais da imitação e de sua marcha irreversível, Tarde não reconheceu na moda uma invenção própria ao Ocidente moderno, e sim fez uma forma ineludível e cíclica da imitação social. Princípio invariante no imenso percurso histórico dos homens, a moda aparece como uma fase transitória e revolucionária entre duas eras de costume. A vida social é universal e necessariamente ritmada pela oscilação de fases tradicionalistas, onde grassa a imitação dos modelos antigos e autóctones, e de fases de moda, onde se manifestam vagas de imitação de novidades estrangeiras abalando o equilíbrio costumeiro: "A imitação, de início costume, depois moda, volta a ser costume... tal é a fórmula geral que resume o desenvolvimento total de uma civilização qualquer".[3] Fórmula que aliás se aplica mais aos diferentes estágios da vida social tomados um a um, língua, religião, moral, necessidades, governo, do que ao todo coletivo, sendo raros os momentos históricos, como a Grécia do século V a.C, Florença no século XV, Paris no século XIX, a Europa dos séculos XVIII e XIX, em que a imitação-moda ganha sincronicamente todas as esferas da atividade social.[4] Prisioneiro de uma concepção trans-histórica da moda, G. de Tarde procedeu a uma extensão abusiva do conceito, ocultou a descontinuidade histórica que ela opera, aplicou-a a tipos de civilização em que todo o funcionamento social tende a conjurar sua irrupção. O que não o impediu de observar com lucidez a amplitude excepcional dos fenômenos de contágios de moda nas sociedades modernas democráticas: "O século XVIII inaugurou o reino da moda em grande escala... atravessamos incontestavelmente um período de imitação-moda notável entre todos por sua vastidão e por sua duração".[5]

Por mais fortes que sejam as vagas de moda, esclarece G. de Tarde, o prestígio dos ancestrais continua sempre a prevalecer sobre o das novidades: trata-se da persistência social. Mesmo nas sociedades modernas mais sujeitas às paixonites passageiras, a parte do elemento tradicional é sempre preponderante, o prestígio dos ancestrais é superior ao dos inovadores, "a imitação engajada nas correntes da moda não é, portanto, senão uma torrente bem fraca ao lado do grande rio do costume, e é preciso necessariamente que seja assim".[6] Não sendo possível nenhuma coesão social sem comunidade de crenças, sem similitude de coração e de espírito, é preciso, para que não seja rompida a cadeia das gerações e que os filhos não se tornem estranhos a seus pais, que se mantenha o respeito das crenças antigas. Via imitação dos mesmos modelos do passado, as gerações continuam a se parecer e formam uma sociedade una. A preeminência da tradição é uma constante social, um imperativo categórico do elo de sociedade, quaisquer que sejam as transformações e as crises de moda.

Análise sem dúvida justificada no final do século XIX, no momento em que G. de Tarde escrevia, quando a moda ainda não ganhara toda sua extensão e deixava subsistirem amplos aspectos da vida coletiva sob o jugo da tradição e da autoridade do passado, mas que não se pode prolongar tal e qual num tempo em que a economia, a cultura, o sentido, a existência cotidiana encontram-se regulados pelo efêmero e pela sedução. Com a moda consumada operou-se uma mutação capital no eixo do tempo social, uma reviravolta na composição das forças entre moda e costume: pela primeira vez, o espírito de moda prevalece quase por toda parte sobre a tradição, a modernidade sobre a herança. À medida que a moda engloba esferas cada vez mais amplas da vida coletiva, o reino da tradição se eclipsa, não representa mais que uma "torrente bem fraca" comparado ao "grande rio" da moda. Aí está o novo histórico: nossas sociedades funcionam fora do poder regulador e integrador do passado, o eixo do presente tornou-se uma temporalidade socialmente prevalente. Por toda parte se desenvolvem os fenômenos de paixonite e a lógica da inconstância, por toda parte se manifestam o gosto e o valor do Novo; são normas flutuantes, continuamente reatualizadas, que nos socializam e guiam nossos comportamentos. O império da moda assinala essa imensa inversão da temporalidade social, consagrando a preeminência do presente sobre o passado, o advento de um espaço social apoiado no presente, o próprio tempo da moda. Se a moda nos governa, é que o passado já não é o polo que ordena o detalhe de nossas ações, de nossos gostos, de nossas crenças; os decretos antigos são amplamente desqualificados para orientar os comportamentos, os exemplos que seguimos são tomados cada vez mais em torno de nós em um meio precário. Quer seja em matéria de educação, de saber, de higiene, de consumo, de esporte, de relações humanas, de lazer, é aqui e agora que encontramos nossos modelos, não atrás de nós. O legado ancestral não estrutura mais, no essencial, os comportamentos e as opiniões, a imitação dos antepassados apagou-se diante da dos modernos, o espírito costumeiro cedeu o passo ao espírito de novidade. A moda está no comando porque o passado legislador não é mais regulador, porque o amor pelas novidades tornou-se geral, regular, sem limites — "a curiosidade tornou-se uma paixão fatal, irresistível", escrevia Baudelaire. Na maior parte dos domínios, os indivíduos buscam apaixonadamente as novidades, a veneração do passado imutável foi substituída pelas loucuras e pelas paixonites de moda, mais do que nunca domina a divisa "quanto mais novo melhor".

A moda é nossa lei porque toda a nossa cultura sacraliza o Novo e consagra a dignidade do presente. Não só nas técnicas, na arte ou no saber, mas no próprio modo de vida reordenado pelos valores hedonistas. Legitimidade do bem-estar e dos gozos materiais, sexualidade livre e desculpabilizada, convite a viver mais, a satisfazer os desejos, a "aproveitar a vida", a cultura hedonista orienta os seres para o presente existencial, exacerba os fenômenos de paixonite e a busca da salvação individual nas novidades como umas tantas estimulações e sensações propícias a uma vida rica e realizada. O reino do passado não foi abolido, está neutralizado, sujeito que é ao imperativo incontestede da satisfação privada dos indivíduos.

Preponderância do presente social, que não é senão a ponta extrema da transformação secular da relação com a duração que fez deslocar as sociedades modernas na direção da era futurista. Há séculos nossas sociedades desencadearam uma imensa "inversão do tempo", desprendendo-nos da fidelidade ao passado e dirigindo-nos sempre mais para o futuro. Acompanhando o desenvolvimento do capitalismo, da nação, do Estado, das ciências, uma lógica temporal inédita instalou-se: a legitimidade do passado fundador própria às sociedades tradicionais cedeu o passo à da organização do futuro.[7] Nenhuma dúvida, com efeito, de que as sociedades modernas repousam sobre a administração e a incumbência com o futuro pelas diferentes instâncias políticas e econômicas; também nenhuma dúvida de que o Estado administrativo democrático, aliviado de toda referência transcendente, encontra sua legitimidade profunda em sua capacidade de preparar um futuro aberto e orquestrar a mudança coletiva. Ocorre que esse objetivo e essa legitimação futurista não esclarecem a natureza do tempo *social* próprio às sociedades democráticas na era da moda consumada. Se os poderes públicos e econômicos estão voltados para a gestão do futuro, e se a referência ao futuro tornou-se constitutiva do funcionamento do Estado e do capitalismo, o espaço inter-humano, por sua vez, encontra-se cada vez mais sob a dependência dos decretos do presente. Por um lado, a organização futurista da mudança; por outro, o amor pelas novidades, os furores e paixonites, os fluxos cada vez mais amplos de imitação dos contemporâneos, a precariedade das normas coletivas. Evidentemente, pode-se definir a era moderna pela investidura e pela legitimação do futuro com a condição de acrescentar que paralelamente se desenvolveu um tipo de regulação social que assegura a preeminência e a legitimidade do presente. No mesmo momento, a orientação para o futuro perdeu o caráter detalhado e fixo que lhe conferiam ontem as grandes ideologias messiânicas e que o totalitarismo ainda prolonga.[8] Já não temos visão clara e distinta do futuro, este aparece vago e aberto; com isso, a ideia de programa político puro e rígido tende a perder sua credibilidade, é preciso flexibilidade, capacidade de pilotar sem instrumentos, de retificar rapidamente suas posições num mundo sem dinâmica pré-traçada. Mesmo primado do presente na esfera econômica, onde o grande sonho das políticas industriais "dirigistas" acabou: a rapidez das mudanças tecnológicas implica doravante a mobilidade das decisões, a adaptação cada vez mais rápida ao mercado-rei, a aptidão para a maleabilidade e a experimentação no risco. A gestão do futuro entra na órbita do tempo breve, do estado de urgência permanente. A supremacia do presente não é contraditória com a orientação para o futuro, não faz senão realizá-la, acentuar a tendência de nossas sociedades para emancipar-se dos pesos da herança e constituir-se em sistemas quase "experimentais". O reino do presente traduz a derrocada das ideologias demiúrgicas, a aceleração da invenção da amanhã, a capacidade de nossas sociedades de se autocorrigir, de se autopilotar sem modelo preestabelecido, de acelerar a obra da autoprodução democrática.

A supremacia da moda significa menos aniquilação do elemento tradicional do que perda de seu poder coletivo de coação. Inúmeros são os costumes que perduram: casamento, festas, presentes, cozinha, cultos religiosos, regras de polidez, tradições que têm sempre uma existência social, mas que já não conseguem impor regras de conduta socialmente imperativas. As normas herdadas do passado persistem sem coerção de grupo, sujeitas que estão ao reino das subjetividades autônomas: sempre se festeja o Natal, mas nas estações de esqui, nas praias do Sul, diante das variedades da telinha. As mulheres jovens ainda se casam de branco, mas por brincadeira, prazer estético, escolha livre. As crenças e práticas religiosas resistem com força, mas tendem a funcionar à la carte. Comem-se *casher*, especialidades italianas e da cozinha francesa; o próprio judaísmo entra na era do supermercado, da bricolage dos ritos, orações e símbolos religiosos: agora, entre os judeus americanos reformistas, as mulheres conduzem a prece, usam os emblemas outrora masculinos, e podem tornar-se rabinos. Ainda que certas formas tradicionais se perpetuem, a adaptação e a inovação alteram por toda parte a permanência ancestral, as tradições se reciclam no registro da abertura, da criatividade institucional e individual. O espírito de tradição está coletivamente morto, é o presente que comanda nossa relação com o passado, desde só conservamos o que nos "convém", o que não está em contradição flagrante com os valores modernos, com os gostos e a consciência pessoais. A era da tradição está terminada, solapada pelo impulso dos valores e as aspirações individualistas. As tradições perderam sua autoridade e sua legitimidade incontestes, a unidade individual, soberana e autônoma, é que é primeira, mais nenhuma regra coletiva tem valor em si se não é expressamente admitida pela vontade do indivíduo. Nessas condições, os costumes se dissolvem num processo de personalização, têm o encanto de um passado findo, prolongado menos por respeito dos ancestrais do que por jogo e desejo de filiação individualista a um grupo determinado. Paradoxalmente, as tradições se tornam instrumentos da afirmação individualista: já não são mais as normas coletivas que se impõem a mim, sou eu que dou minha adesão a elas deliberadamente, por vontade privada de assimilar-me a tal ou tal conjunto, por gosto individualista de exibir uma diferença, por desejo de uma comunicação privilegiada com um grupo social mais ou menos restrito.

Certamente em matéria cultural e artística nossa relação com o passado é mais complexa. Com efeito, em parte alguma as obras "clássicas" veem-se desqualificadas; bem ao contrário, são admiradas e apreciadas no mais alto grau. A ópera e a música clássica têm um vasto público de admiradores fiéis; as grandes exposições de pintura (Rafael, Turner, Manet), organizadas já há alguns anos em Paris, atraem a cada vez centenas de milhares de visitantes. Dizer que nossa sociedade funciona no presente não significa que o passado seja desvalorizado; significa que ele não é mais modelo a ser respeitado e reproduzido. Admiramo-lo, mas ele não comanda mais; as grandes obras do passado têm um imenso prestígio, mas produzimos "sucessos" feitos para não durar, com obsolescência incorporada.

Isso não diz respeito apenas à cultura de massa. Com o modernismo artístico e as vanguardas, as obras deixaram explicitamente de ligar-se ao passado; tratava-se de romper todos os laços com a tradição e de abrir a arte à empresa de ruptura radical e de renovação permanente. A arte de vanguarda insurgiu-se contra o gosto do público e as normas do belo em nome de uma criação sem limites e do valor último da inovação. Em guerra contra o academicismo, o "bom gosto", a repetição, as vanguardas realizaram obras herméticas, dissonantes, deslocadas, escandalosas, nos antípodas da lógica de moda e de sua submissão ao espírito do tempo. Se o processo modernista encontrou inauguralmente seu modelo na escalada revolucionária, a forma moda conseguiu, num segundo momento, absorver em seu registro a própria forma revolucionária: ordenou-se um campo artístico estruturalmente híbrido, feito ao mesmo tempo de revolta contra o instituído e de reviravoltas versáteis sistemáticas. De um lado, o espírito de subversão; do outro, a inconstância dos vai e vem, o objetivo ostentatório do nunca-visto. O desenvolvimento das vanguardas coincidiu cada vez mais com a preponderância da forma moda; a arte viu desencadear-se a busca da originalidade e da novidade a qualquer preço, o chique da desconstrução, o *boom* sofisticado do *minimal* e do conceitual, a proliferação dos gadgets "anartistas" (happening, não arte, ações e performances, body-art, land-art etc.), fundados antes no excesso, no paradoxo, na gratuidade, no jogo ou no despropositado do que na radicalidade revolucionária. A cena artística passou uma era de obsolescência acelerada: explosão de artistas e de grupos de vanguarda imediatamente esgotados, esquecidos, substituídos por outras correntes sempre "na ordem do dia". A esfera artística tornou-se o teatro de uma revolução frívola que já não incomoda ninguém: muita ênfase teórica, poucas rupturas efetivas. Ao invés das transformações de fundo do começo do século, a multiplicação das micronovidades e variações marginais; em lugar da conquista das grandes vanguardas históricas, o repisamento, o academicismo modernista, a imobilidade das pseudodiferenças sem importância.

Continuando a usar do álibi subversivo, o conforto tranquilo da moda prevaleceu sobre a descontinuidade revolucionária. A arte é cada vez mais estruturada pelos imperativos efêmeros do presente, pela necessidade de acontecer, pela inconstância das vogas orquestradas pelos marchands, revezando-se com a mídia. O fosso entre a criação de moda e a da arte não cessa de reduzir-se: enquanto os artistas não conseguem mais provocar escândalo, os desfiles de moda se pretendem cada vez mais criativos, há doravante tanto de inovações e de surpresas na *fashion* quanto nas belas-artes, a era democrática conseguiu dissolver a divisão hierárquica das artes sujeitando-as *igualmente* à ordem da moda. Por toda parte, o excesso em originalidade, o espetacular, o marketing levaram a palma.

O momento pós-moderno ("transvanguarda", "figuração livre", retorno à tradição etc.) não modifica em nada o processo em curso. Valorizando a retomada do passado e a tradição artística, a arte contemporânea remata seu devir moda: a partir do momento em que a ruptura com o passado não é mais um imperativo absoluto, podem-se misturar os estilos em obras barrocas, irônicas, mais facilmente acessíveis (arquiteturas pós-modernas). A austeridade modernista declina em benefício da miscigenação sem fronteiras do antigo e do novo, a arte acampa de preferência na ordem do "efeito", na ordem *in* do "piscar de olhos", do "segundo grau", das combinações e recombinações lúdicas. Tudo pode voltar, todas as formas do museu imaginário podem ser exploradas e contribuir para desclassificar mais depressa o que está em evidência; a arte entra no ciclo moda das oscilações efêmeras do neo e do retrô, das variações sem cacife nem desabono; não nos excluímos mais, nos reciclamos. O *revival* dá bilheteria: neofauves, neoexpressionistas, e logo, sem nenhuma dúvida, nova-nova abstração. A arte, aliviada do código da ruptura modernista, não tem mais nenhum ponto de referência, mais nenhum critério de avaliação, tudo é possível, inclusive recomeçar "à maneira de", fazendo a imitação defasada do passado; a arte pode adotar melhor o ritmo leve do eterno retorno das formas, a dança acelerada e sem tensão da renovação dos estilos. O que quer que digam os defensores do pós-modernismo, o Novo artístico não é um valor desvalorizado, certamente não é mais aquele que visavam as vanguardas "clássicas", é bem mais o que comanda a moda.

CONFLITO E ELO SOCIAL

Enquanto os indivíduos buscam antes de tudo parecer-se com seus contemporâneos e não mais com seus antepassados, os fluxos de imitação se desprendem dos grupos familiares e dos meios de origem. Ao invés dos determinismos fechados de corpos, de classes, de país, manifestam-se influências múltiplas, transversais, recíprocas. O terminal da moda assinala "o domínio livre e não entravado da imitação",[9] o estado social em que os contágios miméticos se aceleram e se exercem para além das fronteiras de classes e de nações. Isso não quer dizer que as classes, as nações, os grupos de idade não determinem mais comportamentos específicos, mas que influências desse tipo são cada vez menos exclusivas e unilaterais. Com o desencerramento e a abertura das correntes de imitação, a revolução democrática prossegue sua obra, liquida os estanques de classes e de país, corrói o princípio das influências aristocráticas, o monopólio da influência diretriz de grupos particulares e superiores. O regime da imitação global e fechada própria às eras de tradição foi substituído pelo da imitação individual e parcial. Imita-se isto e não aquilo, de um se copia isto, de um outro aquilo, nossos empréstimos já não têm origem fixa, são tomados em inúmeras fontes. Longe de ser equivalente à uniformização dos comportamentos, dos usos e dos gostos, o império da moda caminha ao lado da personalização dos indivíduos. Nas eras de costume, poucos são os homens imitados mas são imitados em tudo. É o inverso em nossas sociedades. Não podemos aqui senão citar na íntegra este texto de Tarde, de uma insuperável exatidão: "O que é contrário à acentuação pessoal é a imitação de um único homem, sobre o qual nos modelamos em tudo; mas quando, ao invés de nos regularmos por alguém ou por alguns, copiamos de cem, de mil, de 10 mil pessoas — consideradas cada uma sob um aspecto particular — elementos de ideia ou de ação que, em seguida, combinamos, a própria natureza e a escolha dessas cópias elementares, assim como sua combinação, exprimem e acentuam nossa personalidade original".[10]

Como, a partir daí, subscrever inteiramente a ideia de "que um estado social plenamente democrático é um estado social no qual já não há, por assim dizer, influências individuais"?[11] Não há dúvida de que a análise tocquevilleana é justa ao registrar o recuo progressivo das influências fortes e duráveis de família e de corpos. Mas isso não significa erosão e desaparecimento das influências individuais. A sociedade democrática libera e multiplica os fluxos de imitação, as influências individuais são certamente menos profundas, mas permanentes e diversas. É verdade que os grandes líderes intelectuais se extinguem, que a autoridade dos mestres se eclipsa, que as classes superiores já não são modelos preeminentes, as próprias estrelas já não são mais os polos magnéticos que eram. Mas no mesmo momento proliferam as influências microscópicas, os exemplos *kit* tomados aqui e ali. O estado social democrático regido pela moda é, por um lado, a tendência ao eclipse das grandes autoridades diretoras, pelo outro, a disseminação das pequenas influências, ora determinantes, ora superficiais; é o tempo das influências precárias à la carte.

Fim da tradição, instabilidade das normas de socialização, superindividualização dos seres, a moda consumada, como estágio último do estado social democrático, não faz senão levantar com mais insistência a questão do princípio de coesão das sociedades contemporâneas. Como uma sociedade, feita de unidades livres e independentes, sem nenhum elo substancial de sociabilidade, pode reconhecer-se una? Como uma sociedade liberta dos laços comunitários tradicionais, constituída de indivíduos autônomos, instáveis, voltados cada vez mais para si mesmos, pode escapar ao processo de desintegração e manter um conjunto? A questão ressurge tanto mais que o universo democrático, longe de repousar na similitude das opiniões e na unidade das crenças, não cessa de abrir uma multidão de focos de dissensões, de novos conflitos de ideias e de valores. A unidade das referências dissipou-se, nossas sociedades são inseparáveis do antagonismo permanente do sentido. Certamente as sociedades democráticas não estão no grau zero dos valores: a liberdade e a igualdade especialmente constituem uma base de ideal comum. Mas, princípios abstratos suscetíveis de interpretações fundamentalmente contrárias, os referentes maiores da era democrática não fazem senão estimular um processo ilimitado de críticas, discórdias e questionamentos da ordem instalada. Ainda que seja verdade que o tempo das grandes divisões e excomunhões políticas, contemporâneo da era religiosa das ideologias, cedeu o passo a um consenso universal sobre as instituições democráticas e sobre os imperativos de uma gestão rigorosa da economia, não estamos de modo algum numa fase unanimista sem clivagem de fundo: diferenças importantes, pontos de vista inconciliáveis estão no centro de nossos debates, a imagem de uma sociedade onde "as opiniões só diferem por nuanças"[12] não pode aplicar-se a nós. Enterramos o machado de guerra a propósito da ditadura do proletariado e da Revolução, mas novos antagonismos surgiram: pena de morte, imigração, prisões, aborto, droga, eutanásia, energia nuclear, meios de procriação, proteção social, seleção, questões sobre as quais é inútil esperar poder encontrar qualquer unanimidade; nossas sociedades estão entregues ao dilaceramento das perspectivas.

A era da moda consumada significa tudo menos uniformização das convicções e dos comportamentos. Por um lado, ela certamente homogeneizou os gostos e os modos de vida pulverizando os últimos resíduos dos costumes locais, difundiu os padrões universais do bem-estar, do lazer, do sexo, do relacional, mas, por um outro lado, desencadeou um processo sem igual de fragmentação dos *estilos de vida*. Ainda que o hedonismo e o psicologismo sejam valores dominantes, os modos de vida não cessam de romper e de se diferenciar em numerosas famílias que os sociólogos do cotidiano tentam inventariar. Há cada vez menos unidade nas atitudes diante do consumo, da família, das férias, da mídia, do trabalho, do lazer, a disparidade ganhou o universo dos estilos de vida. Se nossas sociedades aprofundam o círculo das diferenças nas crenças e nos gêneros de vida, o que permite assegurar a estabilidade do corpo coletivo?

Em análises profundas, M. Gauchet mostrou como a sociedade democrática, destinada à discórdia das opiniões, fazia os homens manterem-se juntos em e por suas oposições, em e por suas divergências. Nenhuma necessidade, a exemplo de Tocqueville, de colocar uma unidade de crenças na base da permanência societária é o próprio conflito no tocante às significações sociais e aos interesses que, longe de romper o elo de sociedade, empenha-se em produzir uma dimensão de comunidade de vinculação. A divisão e o antagonismo social são criadores do elo social simbólico, soldam os homens uns aos outros pelo fato de que os partidos opostos continuam a definir-se a partir de um mesmo mundo, afirmam-se como membros de uma única e mesma sociedade a transformar em função de uma aposta comum. Meio de fazer participar os indivíduos, de implicá-los na definição de um mesmo universo, o conflito é fator de socialização, de inclusão e de coesão social.[13] Mas o conflito social conserva um papel de integração tão marcado a partir do momento em que se generaliza a perda de credibilidade dos partidos políticos, em que se acelera a dessindicalização, em que os combates coletivos são mais esporádicos, em que o culto da vida privada se torna dominante? A divisão social desempenhou um papel assimilador incontestável quando se desenvolveram as grandes lutas históricas fundadoras da fisionomia das democracias modernas. E hoje? Os conflitos em torno da *res publica* já não têm um caráter de guerra santa, já não colocam em luta visões de mundo inconciliáveis, no mais das vezes só mobilizam por intermitência das paixões das massas, a força integradora do confronto social está em baixa, está longe de ser suficiente para explicar a coesão das sociedades contemporâneas.

Presentemente, a unidade social se perpetua menos na oposição frontal dos homens do que na neutralização dos conflitos, menos no antagonismo do que via pacificação individualista do debate coletivo. São os *costumes democráticos* que nos mantêm juntos, que são o cimento de nossa permanência. Embora as clivagens ideológicas e políticas continuem numerosas, não só elas não conseguem desintegrar o corpo social, como também não dão lugar senão excepcionalmente a confrontos sangrentos. Não estamos de acordo entre nós, mas não sacamos o fuzil, não procuramos fazer desaparecer o Outro. A coesão do todo coletivo é inseparável da extraordinária civilização do conflito, da pacificação das condutas individuais e coletivas ligada ao impulso dos valores individualistas de vida, de respeito e de indiferença pelo Outro, na privatização das existências impulsionada pelo reino terminal da moda.[14] Mesmo o desemprego em massa e os atentados terroristas não chegam a abalar os comportamentos individuais e coletivos majoritariamente tolerantes e tranquilos. Podemos coexistir na heterogeneidade dos pontos de vista porque reina nos costumes um relativismo pacificador, porque tudo o que diz respeito à violência física se encontra visceralmente desqualificado. Os estados-maiores políticos podem continuar a sustentar, de tempos em tempos, discursos de oposição irredutível, mas a sociedade civil permanece espantosamente calma, refratária à guerra de provocação política e ideológica. Se o reino da moda acelera a nuclearização do social, reconstitui, paralelamente, um elo de sociabilidade inestimável ao favorecer a neutralização dos antagonismos, rematando o processo secular de abrandamento dos costumes constitutivo dos tempos modernos, reforçando os gostos de paz civil e o respeito das regras democráticas. A divisão social não é mais explosiva, funciona como a moda na desdramatização e na diferenciação marginal. Mesmo o que é radicalmente antinômico não engendra mais exclusão redibitória, as diferenças ideológicas de fundo não conseguem romper o elo social. Não estamos mais numa sociedade da divisão sangrenta. Também não estamos numa sociedade climatizada e homogeneizada, é o modelo da moda que rege nosso espaço coletivo, os antagonismos permanecem, mas sem espírito de cruzada, vivemos a era da coabitação pacífica dos contrários. O conflito social está estruturado como a moda, as oposições maiores coexistem numa grande civilidade, tudo se passa como se só se tratasse de clivagens *superficiais*: o reino final da moda inscreve em diferenças marginais o que é, na realidade, disjunção de princípios. É preciso devolver aos costumes o lugar que lhes cabe na manutenção das sociedades democráticas; o todo coletivo só se mantém junto por um processo de socialização que desenvolve as calmas paixões democráticas e individualistas, por um estilo de vida maciçamente tolerante. A lição de Tocqueville deve ser ouvida: "Se não consegui fazer sentir ao leitor no curso desta obra a importância que atribuía à experiência prática dos americanos, aos seus hábitos, às suas opiniões, em uma palavra, aos seus costumes, na manutenção de suas leis, falhei no objetivo principal que me propunha ao escrevê-la".[15]

Se a apoteose da moda trabalha para reforçar a paz civil, não exclui de modo algum o surgimento de lutas sociais muitas vezes parciais (greves categoriais), mas por vezes de grande envergadura como se viu na França, nestes últimos anos, com os movimentos contra os projetos de leis sobre o ensino privado e sobre o ensino superior. O individualismo atual não é o que abole as formas de participação nos combates coletivos, é o que transforma seu teor. É simplista reduzir o individualismo contemporâneo ao egocentrismo, à bolha narcísica, à exclusiva busca dos gozos privados. O narcisismo é a inclinação *dominante* das democracias, não é sua direção exclusiva. De tempos em tempos, lutas sociais surgem com efeito, mas, longe de ser antinômicas com a dinâmica individualista, reproduzem seus valores e seus traços. Mesmo quando os indivíduos saem de seu universo estritamente íntimo e se engajam em ações coletivas, é sempre a lógica individualista que é preponderante. Globalmente, os *interesses particulares* prevalecem sobre a consideração geral, a autonomia individual sobre a ortodoxia doutrinal, o desejo imediato de melhoria das condições de vida sobre o devotamento incondicional, a participação livre sobre a arregimentação, a lassidão sobre o militantismo. A sociedade hiperindividualista não equivale ao desaparecimento das lutas sociais e à asfixia pura e simples da *res publica*, significa o desenvolvimento de ações coletivas em que o indivíduo não está mais subordinado a uma ordem superior que lhe dita o teor de suas ideias e de suas ações. O individualismo consumado inverte a relação de submissão dos indivíduos às doutrinas e aos partidos de massa em benefício de ações sociais livres, amplamente imprevisíveis e espontâneas, desencadeando-se mais pela iniciativa da "base" ou da sociedade civil do que dos partidos e dos sindicatos. A exigência de autonomia privada se reencontra nas ações coletivas, doravante muitas vezes independentes, em sua origem, das direções das grandes organizações políticas e sindicais. Não grau zero dos movimentos coletivos, mas mobilizações cada vez mais *despolitizadas*, *desideologizadas*, *dessindicalizadas* (com sindicatos "pontes" transformados em simples agência de negociação), sustentadas pelas reivindicações individualistas de melhoria do poder de compra e das condições de trabalho, mas também pelas exigências de liberdades individuais na ação e na sociedade civil. O reino do Ego não se erige num deserto social, antes colonizou a esfera das próprias ações coletivas, cada vez menos enquadradas pelos aparelhos clássicos que "dirigiram" as lutas sociais, cada vez mais apoiadas nas preocupações diretas dos indivíduos: defesa dos interesses particulares, viver livre, *imediatamente*, longe das grandes esperanças utópicas e históricas da era ideológica. A sociedade contemporânea é, por um lado, sempre mais aspirações privadas de ser livre e de realizar-se à parte; por outro, explosões sociais feitas de motivações e de reivindicações individualistas: poder de compra, defesa do emprego e das vantagens adquiridas, defesa das liberdades individuais. As ações sociais reproduzem as motivações individualistas da vida privada, por toda parte está em ação a inversão de tendência que define a nova era democrática: a preeminência dos interesses corporativistas sobre os grandes projetos globais, a preeminência da autonomia das pessoas sobre a disciplina das grandes organizações militantes e sobre a direção ideológica das consciências. As formas de mobilização coletiva não vêm na contracorrente do individualismo, são seu correlato e sua tradução, a outra face, talvez menos evidente, menos imediatamente legível, mas igualmente reveladora da ascensão irreprimível do reino do indivíduo.

Os últimos grandes movimentos sociais na França são, a esse respeito, particularmente significativos. Com efeito, o que os caracterizou foi, além da rejeição de toda politização direta, a recusa dos particulares de sofrer um certo número de coações percebidas como limitadoras de seu poder próprio de decisão, foi a exigência de *autonomia individual*. Quer seja a mobilização pela NRJ,* pela escola privada ou contra o projeto de reforma da Universidade, a cada vez motor principal da reivindicação foi a afirmação dos direitos dos indivíduos de dispor de sua vida, de suas orientações, de seu cotidiano, de poder *escolher* livremente o que lhes convém: escutar, a despeito de tudo, a estação de que se gosta, escolher o tipo de estabelecimento escolar para os filhos, decidir por si próprio do prosseguimento e da natureza de seus estudos superiores. Movimentos individualistas por excelência, já que é colocada, antes de tudo, a primazia dos direitos individuais sobre o todo coletivo, já que a liberdade individual é erigida em ideal irresistível, para além da consideração das diversas opressões do real da vida social (interferências na FM, fracasso universitário, más orientações etc.). Não se age em função do interesse superior da totalidade coletiva, exige-se poder de se autodeterminar e de ser um centro livre, recusa-se aceitar certos limites à própria capacidade de iniciativa, ao próprio desejo de responsabilidade estritamente individual. Essas diferentes ações surgiram como eco à explosão dos gostos de independência individual maciçamente difundidos no consumo, na vida de casal, na sexualidade, nos esportes e lazeres. Que as ações tenham sido coletivas nada subtrai ao fato de que seus motores

* Emissora de rádio. (N. E.)

foram da mesma natureza daqueles que animam os movimentos privados em busca de autonomia subjetiva e cuja origem direta depende da generalização social da forma moda.

Em Maio de 1968, a paixão individualista celebrava nos muros "é proibido proibir", queria mudar o mundo e a vida. Hoje, está ponderada e "responsabilizada", limitando-se a pedir "não toque na minha faculdade" e "isso nunca mais"; desprendeu-se da casca utópica e recusa toda perspectiva política, toda filiação a um partido, toda visão geral do mundo. As mobilizações têm objetivos concretos, na mira, realizáveis a curto prazo, e são impulsionadas, não importa o que se tenha dito, menos em razão de um ideal abstrato de igualdade do que em razão da reivindicação de autonomia individual e da *inquietação pessoal* diante do futuro. A amplitude da segunda vaga de protesto dos estudantes de liceu não pode encontrar sua plena explicação senão relacionada à ansiedade da juventude diante do amanhã. Onde vamos poder inscrever-nos? Poderemos pagar os estudos? Vamos poder continuar os estudos depois do primeiro ciclo? O que fazer depois do *baccalauréat*? Muito se idealizou e incensou o movimento falando das "crianças de coração", de uma "geração da solidariedade": qualquer que seja o componente de generosidade do movimento, é preciso ser mais reservado, considerando a complexidade das motivações. "Geração moral": o julgamento não deixa de ser equivocado ao fazer pensar que a defesa dos direitos e dos princípios democráticos erigiu-se miraculosamente como eixo maior das existências, que doravante prevalece sobre as aspirações à felicidade privada. O mito e a vontade intelectual de absoluto não deixaram de regredir a galope: por ser apegada aos direitos do homem, a juventude nem por isso se converteu subitamente à ética generosa da abnegação, da partilha, da igualdade. A "moral" não é uma descoberta da geração de 1980: desde os anos 1960, os jovens mobilizaram-se em massa contra as formas de repressão e contra as brutalidades policiais; a solidariedade com as vítimas, com as mulheres, com os operários, com os povos em luta manifestou-se em muitas ocasiões. Ainda que houvesse um componente político, os princípios de igualdade e de respeito pelas pessoas não eram menos profundamente ativos. Não se passou do cinismo político à generosidade ética despolitizada; a vigilância sobre os direitos do homem, a emoção despertada pela violência são constantes das sociedades contemporâneas. Impulso de solidariedade? Que seja, com a condição de não exagerar seu alcance; até agora, não se ficou impressionado com a diversidade e a amplitude de suas manifestações, finalmente *pontuais* e seletivas. No último movimento dos estudantes de liceu, em parte alguma manifestou-se um combate contra a sociedade individualista-concorrencial e suas desigualdades gritantes; tratava-se, bem ao contrário, de desejo individualista de integrar-se a ela tal como é, com suas hierarquias e suas injustiças, de não permanecer à sua porta, de não fechar para si a possibilidade de obter diplomas reconhecidos, de estar mais bem situado na competição do mercado de trabalho, de melhor realizar sua vida. A "geração da solidariedade" pode dar-se muito bem com a indiferença dominante em relação aos recusados, com a sociedade do *business*, das carreiras, da busca dos gozos privados.

É verdade que apareceram, na mesma época, movimentos de caráter explicitamente solidário e moral: SOS Racismo, *Band Aid*, *Restaurants du Coeur*, *Sport Aid*, movimentos antiapartheid, manifestações aparentemente heterogêneas ao reino da moda e à busca individualista do maior bem-estar. No entanto, ainda aqui a oposição não é tão radical quanto parece à primeira vista. Foi a generalização do processo de moda que tornou possíveis tais ações: fazendo cair em desuso as grandes utopias histórico-sociais em favor dos valores individuais, a era frívola permitiu, ao mesmo tempo, reforçar a exigência sobre os direitos do homem e sensibilizar para o drama *humano*, concreto, imediato, da fome. Quanto mais os indivíduos são socializados na autonomia privada, mais se impõe o imperativo dos direitos do homem; quanto mais a sociedade caminha para o individualismo hedonista, mais a individualidade humana aparece como valor último; quanto mais os megadiscursos históricos desmoronam, mais a *vida* e o respeito pela pessoa erigem-se em absoluto; quanto mais a violência regride nos costumes, mais o Indivíduo é sacralizado. Não nos mobilizamos por sistemas, comovemo-nos diante da ignomínia do racismo, diante do inferno dos seres destinados à fome e à decadência física. O paradoxo deve ser sublinhado: a "nova" caridade é arrastada pelas águas eufóricas e individualistas da Moda. O individualismo contemporâneo é inconcebível fora dos referentes democráticos, só é pensável no quadro de uma sociedade onde se investe em profundidade nos valores de liberdade e de igualdade, onde o valor primordial é precisamente o Indivíduo. À medida que o reino da moda faz voar em estilhaços as superedificações do sentido histórico, são os ideais primeiros da democracia que aparecem em primeiro plano e que se tornam uma força motriz essencial das ações de massa.

Não só a solidariedade contemporânea é filha do reino terminal da moda, mas também reproduz alguns de seus traços essenciais. O hedonismo em particular: mais nenhum movimento de ação ignora o espetáculo, o show biz, o prazer os participantes. Tornamo-nos alérgicos tanto à fala árida quanto à lenga-lenga; é preciso a "festa", o rock, os concertos, as passeatas bem comportadas crivadas de slogans de tonalidade humorístico-publicitária. Os agentes sociais adotam, doravante, o universo da imagem, do espetáculo, da mídia, do estrelato, da moda, da publicidade; 2 milhões de distintivos antirracismo "Touche pas à mon pote" vendidos na França em alguns meses: hoje o furor diminuiu. O engajamento "moral" é ao mesmo tempo emocional, "por dentro", divertido, festivo, esportivo, musical. Impossível não ver o caráter globalmente leve e efêmero dessas formas de participação: com exceção de alguns militantes em número reduzido, o que se faz além de comprar um distintivo ou um adesivo, de participar de um concerto ou de uma corrida de jogging, de comprar um disco? O engajamento de corpo e alma foi substituído por uma participação passageira, à la carte; consagramos a ela o tempo e o dinheiro que queremos, mobilizamo-nos quando queremos, como queremos, de acordo com os desejos primeiros de autonomia individual. É o tempo do engajamento mínimo em eco à ideologia mínima dos direitos do homem e à sensibilização às devastações da pobreza. O espírito de moda conseguiu penetrar no coração do homem democrático, imiscuiu-se na esfera da solidariedade e da ética. A era da moda não desemboca no egoísmo consumado, mas no engajamento intermitente, maleável, sem doutrina, sem exigência de sacrifício. Não é de se desesperar com o reino da moda, que aprofunda o leito dos direitos do homem e faz abrir os olhos para as desgraças da humanidade. Temos menos rigorismo doutrinário, mas mais preocupações humanitárias; menos abnegação ética, mas mais respeito pela vida; menos fidelidade, mas mais espontaneidade de massa. Isso não leva nem ao melhor nem ao pior dos mundos.

INQUIETUDE NA COMUNICAÇÃO

A moda consumada não engendra mais o egocentrismo impenitente das pessoas do que a desagregação total dos laços sociais A sociedade atomizada em unidades independentes vê multiplicarem-se diversas formas de vida social, especialmente sob os aspectos do movimento associativo. Na França, ainda que a tendência à vida associativa regrida em relação ao final dos anos 1970, 42% das pessoas em 1984 (contra 27% em 1967) aderiram, contudo, a uma associação; 18% das pessoas interrogadas, numa pesquisa de 1984, faziam parte de uma associação esportiva, 12% de uma associação cultura-lazer, 8% de uma organização sindical, 7% de uma associação de pais de alunos, 2% estavam inscritos num partido político. Ao invés das organizações comunitárias tradicionais, a sociedade contemporânea favorece formas segmentárias de encontros inter-humanos, formas flexíveis, adaptadas aos gostos da autonomia subjetiva remodelada pela moda. Se os sindicatos já são a coqueluche, se os grandes movimentos sociais permanecem descontínuos e imprevisíveis, assiste-se, em compensação, nos países democráticos a uma proliferação de reagrupamentos sobre as bases próximas das preocupações diretas dos indivíduos, de seus centros de interesses comuns, de suas vontades de reivindicação voltada para um alvo, de seus desejos de auxílio mútuo e de identidade pessoal. Nos EUA, nação tradicionalmente rica em associações, as *People's Yellow Pages* revelam a profusão e a fragmentação dos reagrupamentos locais associativos, as "redes situacionais" de que fala Roszak,[16] fundadas nos particularismos multiplicados dos seres. Na França, o número de associações é calculado entre 300 mil e 600 mil; em 1983, criaram-se oficialmente 46 857 associações contra 12 633 em 1960. Reconstituição de um tecido social em forma de mosaico de agrupamentos onde a inclinação hedonista-lúdica é manifesta: os setores de esporte e de lazer constituem sozinhos 30% das criações de associações na França em 1982; só os adeptos das associações esportivas estão em alta desde 1978. Os laços de sociabilidade que se estabelecem a partir das vontades e dos gostos esparsos adotam doravante a forma moda — estima-se que, na França, cerca de uma associação em duas tem uma duração de vida que varia entre alguns meses e dois anos, o processo efêmero ganhou a esfera da vida associativa.

É preciso evitar apresentar o estágio terminal da moda como um estado social feito de mônadas sem nenhum elo entre si, sem desejo comunicacional. Para ilustrar o empobrecimento da sociabilidade, evocam-se muitas vezes as vogas do walk-man, dos esportes livres (jogging, windsurf), da dança dos jovens, dos jogos de vídeo que isolam os indivíduos uns dos outros. Por individualistas que sejam, esses fenômenos traduzem, no entanto, menos a perda do sentido relacional do que o fantástico reforço da aspiração à autonomia privada. Se não se convida mais para dançar, é porque as mulheres se recusam a estar submetidas a um código de comportamento que as designa como sujeitos passivos. Se todo mundo se eletriza isoladamente em decibéis, se se fala pouco nas discotecas, isso não significa que os seres não tenham mais nada para se dizer, fechados que estão em seu reduto íntimo. Significa muito mais seu desejo de se desrecalcar, de sentir o corpo, de se libertar dos códigos opressores da "caçada" e da troca interpessoal. Doravante, não se quer mais comunicar "sob comando" nos quadros rituais e impostos, se quer falar quando se quiser, como se quiser, no momento em que se tem vontade. O mesmo se dá com o impulso dos esportes, das tecnologias e jogos "privativos": não ruína da sociabilidade, mas espaço inter-humano anexado pelos desejos de independência, liberto da coação de dar permanentemente sinais de comunicação. O relacional não faz senão se reconstituir sobre novas bases conformes às aspirações individualistas. Mesmo as vogas que foram ou que são a CB [Faixa do Cidadão] e os contatos por videotexto não traduzem nem o vazio da troca nem o recuo do face a face, mas a ascensão de um desejo de comunicação *lúdica* midiatizada pelos gadgets autorrádios e telemáticos. O que seduz é entrar em relação permanecendo livre e anônimo, fazer troca rapidamente e sem cerimonial com desconhecidos, multiplicar e renovar frequentemente os contatos, comunicar por intermédio de tecnologia. A comunicação contemporânea requer relés, sofisticação tecnológica; ela entrou no ciclo moda das redes "descoladas".

Não nos tranquilizemos muito rapidamente, a inquietude da comunicação em nossas sociedades não é menos real, a solidão tornou-se um fenômeno de massa. Os sinais não faltam: entre 1962 e 1982, o número de pessoas que vivem sozinhas aumentou em 69% na França; hoje, são perto de 5 milhões; uma vez em quatro, a "família" só conta uma pessoa; em Paris, a metade dos lares são "solitários". As pessoas idosas experimentam um estado de isolamento cada vez mais manifesto; as associações em favor das pessoas sós multiplicam-se da mesma maneira que os "pequenos anúncios" de encontro e os apelos de aflição dirigidos ao SOS Amizade. O número de suicídios e de tentativas de suicídio é alarmante: em 1985, a mortalidade por suicídio na França superou, pela primeira vez, a ocasionada pelos acidentes de trânsito; enquanto perto de 12 mil pessoas se matam a cada ano, os suicídios "frustrados" são seguidos em 30 a 40% dos casos de uma reincidência rápida. A era da moda consumada é inseparável da fratura cada vez mais ampla da comunidade e do déficit da comunicação intersubjetiva: um pouco por toda parte, as pessoas se queixam de não serem compreendidas ou ouvidas, de não poderem exprimir-se. A se acreditar numa pesquisa americana, a falta de conversa estaria em segundo lugar nos motivos de recriminações das mulheres em relação a seus maridos; os pares casados consagrariam em média menos de meia hora por semana a "comunicar". Leucemização das relações sociais, dificuldade de se compreender, sentimento de que as pessoas só falam de si mesmas e não se escutam, traços característicos da era final da moda, do formidável ímpeto das existências e aspirações individualistas. A liquefação das identidades sociais, a diversificação dos gostos, a exigência soberana de ser si próprio desencadeiam um impasse relacional, uma crise comunicacional sem precedente. A troca "formal", estereotipada, convencional, é cada vez menos satisfatória, quer-se uma comunicação livre, sincera, pessoal, quer-se ao mesmo tempo renovação em nossas relações. Não sofremos apenas com o ritmo e com a organização da vida moderna, sofremos por nosso apetite insaciável de realização privada, de comunicação, de exigência sem fim que temos em relação ao outro. Quanto mais pretendemos uma troca verdadeira, autêntica, rica, mais somos destinados ao sentimento de uma comunicação superficial; quanto mais as pessoas se entregam intimamente e se abrem para os outros, mais cresce o sentimento fútil da comunicação intersubjetiva; quanto mais afirmamos nossos desejos de independência e de realização privadas, mais a intersubjetividade está destinada à turbulência e à incomunicação.

Ganhando a esfera do ser-para-outrem, a moda revela a dimensão oculta de seu império: o drama da intimidade no próprio coração do arrebatamento das novidades. A moda não é nem anjo nem fera, há também um *trágico da leveza* erigida em sistema social, um trágico ineliminável na escala das unidades subjetivas. O reino consumado da moda pacifica o conflito social, mas aprofunda o conflito subjetivo e intersubjetivo; permite mais liberdade individual, mas engendra mais dificuldade de viver. A lição é severa. O progresso das Luzes e o da felicidade não andam no mesmo passo; a euforia da moda tem como complemento o abandono, a depressão, a perturbação existencial. Há mais estimulações de todo gênero, mas mais inquietude de viver; há mais autonomia privada, mas mais crises íntimas. Tal é a grandeza da moda, que remete sempre mais o indivíduo para si mesmo; tal é a miséria da moda, que nos torna cada vez mais problemáticos para nós mesmos e para os outros.

NOTAS

PRIMEIRA PARTE. O FEÉRICO DAS APARÊNCIAS [pp. 23-178]

1. Gabriel de Tarde, *Les Lois de l'imitation* (1890), Genebra, Slatkine, 1979.
2. Por exemplo, em Georg Simmel, onde a moda se enxerta nas tendências psicológicas, universais e contraditórias para a imitação e a diferenciação individual. V., também, René König, *Sociologie de la mode*, Paris, Payot, 1969.

I. A MODA E O OCIDENTE: O MOMENTO ARISTOCRÁTICO [pp. 28-78]

1. Fernand Braudel, *Civilisation matérielle et capitalisme*, Paris, Armand Colin, 1967, t. I, p. 234.
2. G. de Tarde, op. cit., p. 268.
3. François Boucher, *Histoire du costume en Occident de l'Antiquité à nos jours*, Paris, Flammarion, 1965, pp. 191-8. V., também, Paul Post, "La naissance du costume masculin moderne au XIVe siècle", *Actes du 1er Congress international d'histoire du costume*, Veneza, 1952.
4. Edmond de Goncourt, *La Femme au XVIIIe siècle* (1862), Paris, Flammarion, 1982, col. Champ, 1982, p. 282.
5. Fr. Boucher, op. cit.; Yvonne Deslandres, *Le Costume, image de l'homme*, Paris, Albin Michel, 1976; H. H. Hansen, *Histoire du costume*, Paris, 1956. Sobre o vestuário medieval tardio, Michèle Beaulieu, Jacqueline Bayle, *Le Costume en Bourgogne, de Philippe le Hardi à Charles le Téméraire (1364-1477)*, Paris, 1956.
6. Philippe Braunstein, "Approches de l'intimité, XIVe-XVe siècle", *Historie de la vie privée*, Paris, Éd. du Seuil, 1985, t. II, pp. 571-2.
7. Françoise Piponnier, *Costume et vie sociale, la cour d'Anjou, XIVe-XVe siècle*, Paris, Mouton, 1970, p. 9.
8. Cf. a notável obra de Louise Godard de Donville, *Signification de la mode sous Louis XIII*, Aix-en-Provence, Édisud, 1976, pp. 121-51.
9. Edward Sapir, "La mode", in *Anthropologie*, Paris. Éd. de Minuit, 1967, p. 166.
10. R. König, op. cit.
11. G. de Tarde, op. cit., p. 268.

12. Ibid., p. 269.

13. Sobre a influência do equipamento de combate no aparecimento do traje curto masculino no século XIV, cf. P. Post, art. citado, p. 34.

14. Bernard Grillet, *Les Femmes et les fards dans l'Antiquité grecque*, Paris, Éd. du CNRS, 1975.

15. Norbert Elias, *La Société de cour*, Paris, Calmann-Lévy, 1974, pp. 98-101.

16. L. Godard de Donville, op. cit., pp. 208-12.

17. L. Godard de Donville, op. cit., pp. 170-84.

18. Esse ponto é bem marcado por Edmond Goblot, *La Barrière et le niveau* (1930), Paris, PUF, 1967, p. 47.

19. Fitelieu, *La Contre-Mode* (1642), citado com outros textos igualmente significativos por L. Godard de Donville, op. cit., p. 28.

20. Fr. Piponnier, op. cit., p. 245.

21. Por exemplo, J.-Cl. Flügel, *Le Rêveur nu, de la parure vestimentaire* (1930), Paris, Aubier, 1982, pp. 130-1. V., também, Éd. Goblot, op. cit., p. 49.

22. Essa tese está no centro dos trabalhos de Pierre Bourdieu, especialmente *La Distinction*, Paris, Éd. de Minuit, 1979. V., também, R. König, op. ci.t, pp. 80-3.

23. Thorstein Veblen, *Théorie de la classe de loisir*, trad. franc., Paris, Gallimard, 1970, p. 114.

24. Ibid., p. 113.

25. Ibid., p. 116.

26. Ibid., pp. 115-6.

27. Ibid., p. 117.

28. Danielle Régnier-Bohler, "Exploration d'une littérature", in *Histoire de la vie privée*, op. cit., t. II, pp. 377-8.

29. Philippe Ariès, *L'Homme devant la mort*, Paris, Éd. du Seuil, 1977, pp. 99-288.

30. O rei René, no século XV, podia assim presentear Luís XI e seus familiares com trajes modestos, sem esplendor, em razão precisamente do valor social atribuído desde então às novidades; cf. Fr. Piponnier, op. cit., pp. 210-2.

31. Georges Duby, *Le Temps des cathédrales*, Paris, Gallimard, 1976.

32. Alberto Tenenti, *Sens de la mort et amour de la vie, Renaissance en Italie et en France*, trad. franc., Paris, L'Harmattan, Serge Fleury, 1983.

33. Lucien Febvre, *Le Problème de l'encroyance au XVIᵉ siècle* (1942), Paris, Albin Michel, 1968, pp. 393-404.

34. René Nelli, *L'Érotique des troubadours*, Paris, UGE, 1974, t. I, p. 204. E Henri-Irénée Marrou, *Les Troubadours*, Paris, Éd. du Seuil, 1971.

35. P. Post, art. citado, p. 39.

36. Ibid., p. 39.

37. Esse ponto foi particularmente sublinhado por Marcel Gauchet, *Le*

Désenchantement du monde, Paris, Gallimard, 1985, pp. 97-8. Em um domínio muito mais circunscrito, E. Auerbach já indicara como a integração de todos os acontecimentos humanos no estilo elevado da literatura ocidental, assim como a representação realista-séria do que é individual, cotidiano, social, eram de origem cristã. Cf. *Mimésis*, trad. franc., Paris, Gallimard, 1968.

38. M. Gauchet, op. cit., pp. 108-30.

II. A MODA DE CEM ANOS [pp. 79-122]

1. Germaine Deschamps, *La Crise dans les industries du vêtement et de la mode à Paris pendant la période de 1930 à 1937*, Paris, 1937.

2. Philippe Simon, *Monographie d'une industrie de luxe: la haute couture*, Paris, 1931, p. 102.

3. Jean-Charles Worth, "À propos de la mode", *La Revue de Paris*, 15 maio 1930.

4. Encontram-se numerosas indicações sobre o fenômeno em Bruno du Rosselle, *La Mode*, Paris, Imprimerie Nationale, 1980. Igualmente, Marylène Delbourg-Delphis, *Le Chic et le look*, Paris, Hachette, 1981.

5. Cf. Meredith Etherington-Smith, *Patou*, Paris, Denoël, 1984, pp. 42-69.

6. Com suas variações rápidas e bruscas, especialmente nos comprimentos de vestidos (mini, máxi), os anos 1960 serão o último momento dessa unanimidade "dirigida" de massa.

7. James Laver, *Costume and fashion, a concise history* (1969), Londres, Thames and Hudson, 1982, p. 232.

8. Cecil Beaton, *Cinquante ans d'élégance et d'art de vivre*, Paris, Amiot-Dumont, 1954.

9. Edmond de Goncourt, *La Femme au XVIIIe siècle* (1862), Paris, Flammarion, 1982, pp. 275-6.

10. Citado por Anny Latour, *Les Magiciens de la mode*, Paris, Julliard, 1961, cap. 1.

11. E. de Goncourt, op. cit., p. 275.

12. Yvonne Deslandres, *Le Costume image de l'homme*, Paris, Albien Michel, 1976, p. 134.

13. Baudelaire, *Le Peintre de la vie moderne*, in *Oeuvres complètes*, Paris, Gallimard, La Pléiade, p. 903.

14. E. de Goncourt, op. cit., pp. 275-6 e 278.

15. A. Latour, op. cit., p. 23.

16. A. de Tocqueville, *De la démocratie en Amérique*, *Oeuvres complètes*, Paris, Gallimard, t. I, V. II, p. 250.

17. John C. Prevost, *Le Dandysme en France (1817-1839)*, Paris, 1957, pp. 134-62.

18. Paul Bénichou, *Le Sacre de l'écrivain*, Paris, José Corti, 1973.
19. Jean Starobinski, *Portrait de l'artiste en saltimbanque*, Genebra, Skira, 1970.
20. Paul Poiret, *En habillant l'époque* (1930), Paris, Grasset, 1974, p. 214.
21. Ibid., pp. 108-9.
22. Claude Lefort, *L'Invention démocratique*, Paris, Fayard, 1981.
23. P. Poiret, op. cit., p. 109.
24. Ibid., p. 218.
25. Roland Barthes, *Système de la mode*, Paris, Éd. du Seuil, 1967, p. 257.
26. P. Poiret, op. cit., p. 217.
27. Marc Bohan in Claude Cézan, *La Mode, phénomène humain*, Toulouse, Privat, 1967, p. 137.
28. Ph. Simon, op. cit., p. 90.
29. A. Latour, op. cit., p. 238.
30. Marcel Gauchet e Gladys Swain, *La Pratique de l'esprit humain*, Paris, Gallimard, 1980, pp. 163-6.
31. Sobre toda essa questão, ver Ph. Simon, op. cit., p. 25-31.
32. Gaston Worth, *La Couture et la confection des vêtements de femme*, Paris, 1895, p. 20.
33. Ver Pierre Bourdieu, *La Distinction*, Paris, Éd. de Minuit, 1979; P. Bourdieu e Yvette Delsaut, "Le Couturier et sa griffe", *Actes de la recherche en sciences sociales*, 1, jan. 1975. Igualmente, Philippe Perrot, *Les Dessus et les dessous de la bourgeoisie*, Paris, Fayard, 1981.
34. Por exemplo, Ph. Perrot, op. cit., p. 325.
35. G. Worth, op. cit., cap. 2.
36. Cf. segunda parte, fim do cap. 1.
37. P. Poiret, *En habillant l'époque*, op. cit., p. 53.
38. Ibid., p. 53.
39. Ibid., p. 108.
40. Ibid., pp. 211-2.

III. A MODA ABERTA [pp. 123-78]

1. Em 1982, a cifra de negócios direta França e exportação (fora perfumes) elevava-se a 1,4 bilhão de francos e a cifra de negócios induzida (isto é, a cifra realizada sob a marca pelos licenciados e as filiais no mundo) a 9,3 bilhões. Em 1985, passou-se respectivamente para 2,4 bilhões e 17,3 bilhões.
2. Françoise Vincent-Ricard, *Raison et passion. La Mode 1940-1990*. Textili/Art/Langage, 1983, p. 83.
3. Ibid., pp. 85-7.
4. Bruno du Rosselle, *La Mode*, Paris, Imprimerie Nationale, 1980, pp. 264-6.

5. Os trajes feitos sob medida representavam 10% das despesas de vestuário por pessoa em 1953 e 1% em 1984.

6. Abundância de produtos diferenciados, sustentada por uma indústria ela própria muito fragmentada, permitindo adaptar-se muito rapidamente às mudanças de moda: em 1984, havia na França um pouco mais de mil empresas empregando mais de dez assalariados e perto de 84% das empresas empregavam menos de cinquenta pessoas.

7. A título de comparação, na metade dos anos 1950, os 28 ateliês Dior produziam 12 mil peças por ano, vendidas a 3 mil mulheres.

8. Pierre Bourdieu e Yvette Delsaut, "Le couturier et sa griffe", *Actes de la recherche en sciences sociales*, 1, 1975, p. 33.

9. Ibid., p. 33.

10. Caroline Roy, "Les soins personnels", *Données sociales*, INSEE, 1984, pp. 400-1.

11. Marylène Delbourg-Delphis, *Le Chic et le look*. Paris, Hachette, 1981.

12. Paul Yonnet, *Jeux, modes et masses*, Paris, Gallimard, 1986, p. 355.

13. Jean Baudrillard, *L'Échange symbolique et la mort*, Paris, Gallimard, 1976, pp. 131-40.

14. Entre 1958 e 1968, a cifra geral de negócios da perfumaria francesa foi multiplicada, em francos constantes, por 2,5. Sempre em francos constantes, as despesas com produtos de perfumaria, por ano e por pessoa, elevavam-se a 284 francos em 1970, a 365 francos em 1978, a 465 francos em 1985.

15. Numa pesquisa de 1983 realizada pela Sofrès, 63% das mulheres interrogadas consideravam que a multiplicação dos produtos de beleza e de higiene lhes dava mais liberdade porque podiam mudar de aparência segundo as circunstâncias e a vontade do momento. Trinta e quatro por cento consideravam que o fenômeno dava menos liberdade porque se sentiam obrigadas a seguir uma moda.

16. Marcel Gauchet, "Tocqueville, l'Amérique et nous", *Libre*, nº 7. 1980.

17. Tocqueville, *De la démocratie en Amérique*, Paris, Gallimard, t. II, p. 288.

18. Cf. Nicolas Herpin, "L'habillement: une dépense sur le déclin". *Économie et Statistique*, INSEE, nº 188, maio de 1986.

19. N. Herpin, "L'habillement, la classe sociale et la mode", *Économie et Statistique*, INSEE, nº 188, maio de 1986.

20. N. Herpin, "L'habillement: une dépense sur le déclin", art. citado, pp. 70-2.

SEGUNDA PARTE. A MODA CONSUMADA [pp. 179-335]

1. Alexandre Kojève, *Introduction à la lecture de Hegel*, Paris, Gallimard, 1947, nota da segunda edição, 1959, pp. 436-7.

I. A SEDUÇÃO DAS COISAS [pp. 184-213]

1. Abraham Moles, *Psychologie du kitsch*, Paris, Denoël, Bibliothèque Médiations, 1971, p. 199.

2. Jean Baudrillard, *La Société de consommation*, Paris, S.G.P.P., 1970, pp. 171-2.

3. Paul Yonnet, "La société automobile", *Le Débat*, nº 31, setembro de 1984, pp. 136-7, retomado em *Jeux, modes et masses*, Paris, Gallimard, 1986.

4. A expressão é extraída de David Riesman, *La Foule solitaire*, trad. franc., Paris, Arthaud, 1964, p. 77.

5. J. Baudrillard, *Le Système des objets*, Paris, Denoël, Bibliothèque Médiations, 1968, p. 163.

6. Ibid., pp. 172-6.

7. Vance Packard, *L'Art du gaspillage*, trad. franc., Paris, Calmann-Lévy, 1962, pp. 61-75.

8. Jean-Paul Ceron e Jean Baillon, *La Société de l'éphémère*, Grenoble, PUG, 1979.

9. Op. cit., pp. 76-97.

10. Henri Van Lier, "Culture et industrie: le design", *Critique*, novembro de 1967.

11. Ibid., pp. 948-950.

12. Victor Papanek, *Design pour un monde réel*, trad. franc., Paris, Mercure de France, 1974, p. 34.

13. J. Baudrillard, "Le crepuscule des signes", *Traverses*, nº 2, Le design, pp. 30-31.

14. Raymond Guidot, "Et que l'objet fonctionne", *Traverses*, nº 4, Fonctionnalismes en dérive, pp. 144-145.

15. J. Baudrillard, *Pour une critique de l'économie politique du signe*, Paris, Gallimard, 1972.

16. Ibid., p. 34.

17. Ibid., p. 40.

18. Ibid., p. 39.

19. Paul Dumouchel e Jean Pierre Dupuy, *L'Enfer des Choses. René Girard et la logique de l'économie*, Paris, Éd. du Seuil, 1979.

20. Herbert Marcuse, *L'Homme unidimensionnel*, Paris, Éd. de Minuit, 1968, pp. 16 e 21.

21. Pierre Bourdieu, *La Distinction*, Paris, Éd. de Minuit, 1979, pp. 255-8.

22. Ibid., p. 259.

23. Hoje, a rapidez dos fornos de micro-ondas participa em 70% das motivações de compra dos consumidores.

24. Gabriel de Tarde, *Les Lois d'imitation*, op. cit., p. 267.

II. A PUBLICIDADE MOSTRA SUAS GARRAS [pp. 214-37]

1. Daniel Boorstin, *L'Image*, Paris, UGE, 1971.
2. Jean-Marie Dru, *Le Saut créatif*, Paris, Jean-Claude Lattès, 1984, pp. 187-97.
3. Jacques Séguéla, *Hollywood lave plus blanc*, Paris, Flammarion, 1982.
4. Cf. D. Boorstin, op. cit., pp. 309 e 327-8; igualmente Jean Baudrillard, *Le Système des objets*, Paris, Denoël/Gonthier, col. Médiations, 1968, pp. 196-203.
5. John Kenneth Galbraith, *Le Nouvel État industriel*, Paris, Gallimard, 1968, pp. 205-25.
6. Essa ideia se encontra tanto em Herbert Marcuse, *L'Homme unidimensionnel*, Paris, Éd. de Minuit, 1968 (p. ex., pp. 21 e 29), como em Guy Debord, *La Société du spetacle*, Paris, Éd. Champ Libre, 1971, pp. 36 e 44. A respeito da "busca dos móveis" em publicidade, Vance Packard evocava o mundo do pesadelo orwelliano, *La Persuasion clandestine*, trad. franc., Paris, Calmann-Lévy, 1958, pp. 9 e 212.
7. Denunciando o blefe da crítica jornalística, Cornélius Castoriadis pode escrever: "A impostura publicitária não é, com o tempo, menos perigosa do que a impostura totalitária [...] a sujeição comercial-publicitária não difere muito, desse ponto de vista, da sujeição totalitária", in *Domaines de l'homme, les correfours du labyrinthe II*, Paris, Éd. du Seuil, 1968, pp. 29 e 33.
8. Marcel Gauchet e Gladys Swain, *La Pratique de l'esprit humain*, Paris, Gallimard, 1980, pp. 106-8.
9. Hannah Arendt, *Le Système totalitaire*, Paris, Éd. du Seuil, 1972, p. 200.
10. Doris-Louise Haineault e Jean-Yves Roy, *L'Inconscient qu'on affiche*, Paris, Aubier, 1984, pp. 207-9.
11. Roger-Gérard Schwartzenberg, *L'État spetacle*, Paris, Flammarion, 1977.
12. Roland Cayrol, *La Nouvelle Communication politique*, Paris, Larousse, 1986, pp. 10 e 155-6.
13. Ibid., pp. 178-80.
14. R.-G. Schwartzenberg, op. cit., pp. 353-4 (*in* Livre de Poche).

III. CULTURA À MODA MÍDIA [pp. 238-77]

1. Olivier Burgelin, "L'engouement", *Traverses*, nº 3, La mode, pp. 30-4.
2. Antoine Hennion, *Les Professionnels du disque*, Paris, A.-M. Métailié, 1981, p. 173.
3. Patrice Flichy, *Les Industries de l'imaginaire*, PUG, 1980, p. 41.
4. Ibid., pp. 41-2.
5. Armand Mattelart, Xavier Delcourt, Michèle Mattelart, *La Culture contre la démocratie? L'audiovisuel à l'heure transnationale*, Paris, La Découverte, 1983, p. 176.

6. José Ferré, "Transnational et transtechnologie", *Autrement*, nº 58, Showbiz, 1984, p. 78.

7. Citado por Bernard Guillou, "La diversification des entreprises de communication: approches stratégiques et organisationnelles", *Réseaux*, nº 14, 1985, p. 21 (fora de comércio).

8. P. Flichy, op. cit., p. 196.

9. A. Mattelart..., op. cit., p. 179.

10. Edgard Morin, *L'Esprit du temps*, Paris, Grasset, 1962, t. I, pp. 32-7.

11. A. Mattelart..., op. cit., p. 180.

12. Ibid., pp. 183-5.

13. Jean Bianchi, "Dallas, les feuilletons et la télévision populaire", *Réseaux*, nº 12, 1985, p. 22.

14. E. Morin, *Les Stars* (1957), Paris, Éd. du Seuil, col. Points, pp. 21-35.

15. Ibid., pp. 8 e 94-7.

16. Ibid., p. 91.

17. E. Morin, *L'Esprit du temps*, op. cit.

18. Ibid., p. 238.

19. Jürgen Habermas, *L'Espace public*, trad. franc., Paris, Payot, 1978, pp. 169 e 174.

20. Hannah Arendt, *Le Système totalitaire*, Paris, Éd. du Seuil, pp. 215-24.

21. Jean-Louis Missika, Dominique Wolton, *La Folle du logis, La télévision dans les sociétés démocratiques*, Paris, Gallimard, 1983, pp. 265-73.

22. Marshall McLuhan, *Pour comprendre les media*, trad. franc., Paris, Éd. du Seuil, 1968, col. Points, p. 357.

23. P. Moeglin, "Une scénographie en quête de modernité: de nouveaux traitements de l'image au journal télévisé", in *Le JT — mise en scène de l'actualité à la télévision* (obra coletiva), Paris, INA La Documentation française, 1986.

24. Louis Quéré, *Des miroirs équivoques, Aux origines de la communication moderne*, Paris, Aubier, 1982, pp. 153-75.

25. Jean Baudrillard, *Pour une critique de l'économie politique du signe*, Paris, Gallimard, 1972, pp. 208-12.

26. J. Habermas, op. cit., p. 179.

27. L. Quéré, op. cit., pp. 141 e 146.

28. J.-L. Missika, D. Wolton, op. cit., pp. 307-8.

IV. E VOGA O SENTIDO [pp. 278-309]

1. Albert Hirschman, *Bonheur privé, action publique*, Paris, Fayard. 1983.

2. Permito-me aqui remeter a meu artigo, "Changer la vie, ou l'irruption de l'individualisme transpolitique", *Pouvoirs*, nº 39, 1986.

3. A. Hirschman, op. cit.

4. Alexis de Tocqueville, *De la démocratie en Amérique*, Paris, Gallimard, t. I, v. II, p. 308. Igualmente pp. 147-8 e 301.

5. Ibid., pp. 18-9.

6. Ibid., p. 17.

V. OS DESLIZAMENTOS PROGRESSIVOS DO SOCIAL [pp. 310-35]

1. Gabriel de Tarde, *Les Lois de l'imitation*, op. cit., p. 95.

2. Ibid., pp. 265-9.

3. Ibid., p. 275.

4. Ibid., pp. 276 e 369.

5. Ibid., pp. 317 e 386.

6. Ibid., p. 266.

7. Krzysztof Pomian, "La crise de l'avenir", *Le Débat*, nº 7, 1980. E Marcel Gauchet, *Le Désenchantement du monde*, op. cit., pp. 253-60.

8. M. Gauchet, ibid., p. 262.

9. G. de Tarde, op. cit., p. 398.

10. Ibid., prefácio da segunda edição, p. XX.

11. Pierre Manent, *Tocqueville et la nature de la démocratie*, Paris, Julliard, 1982, pp. 26-7.

12. Alexis de Tocqueville, *De la démocratie en Amérique*, ed. citada, t. I, v. I, p. 199.

13. M. Gauchet, "Tocqueville, l'Amérique et nous", *Libre*, nº 7, 1980, pp. 116-7.

14. Esse ponto foi desenvolvido em *L'Ère du vide*, Paris, Gallimard, 1983, cap. VI.

15. Tocqueville, op. cit., v. I, p. 323.

16. Théodore Roszak, *L'Homme-Planète*, Paris, Stock, 1980, pp. 43-52.

O filósofo **GILLES LIPOVETSKY** nasceu em 1944, em Millau, na França. É autor de diversos livros, entre eles *A era do vazio*, *O crepúsculo do dever*, *A terceira mulher*, *O luxo eterno* (em coautoria com Elyette Reux), *A felicidade paradoxal*, *A cultura-mundo* e *A estetização do mundo*, os cinco últimos publicados pela Companhia das Letras.

COMPANHIA DE BOLSO

Jorge AMADO
  Capitães da Areia
  Mar morto
Carlos Drummond de ANDRADE
  Sentimento do mundo
Hannah ARENDT
  Homens em tempos sombrios
  Origens do totalitarismo
Philippe ARIÈS, Roger CHARTIER (Orgs.)
  História da vida privada 3 — Da Renascença ao Século das Luzes
Karen ARMSTRONG
  Em nome de Deus
  Uma história de Deus
  Jerusalém
Paul AUSTER
  O caderno vermelho
Ishmael BEAH
  Muito longe de casa
Jurek BECKER
  Jakob, o mentiroso
Marshall BERMAN
  Tudo que é sólido desmancha no ar
Jean-Claude BERNARDET
  Cinema brasileiro: propostas para uma história
Harold BLOOM
  Abaixo as verdades sagradas
David Eliot BRODY, Arnold R. BRODY
  As sete maiores descobertas científicas da história
Bill BUFORD
  Entre os vândalos
Jacob BURCKHARDT
  A cultura do Renascimento na Itália
Peter BURKE
  Cultura popular na Idade Moderna
Italo CALVINO
  Os amores difíceis
  O barão nas árvores
  O cavaleiro inexistente
  Fábulas italianas
  Um general na biblioteca
  Os nossos antepassados
  Por que ler os clássicos
  O visconde partido ao meio
Elias CANETTI
  A consciência das palavras
  O jogo dos olhos
  A língua absolvida
  Uma luz em meu ouvido

Bernardo CARVALHO
  Nove noites
Jorge G. CASTAÑEDA
  Che Guevara: a vida em vermelho
Ruy CASTRO
  Chega de saudade
  Mau humor
Louis-Ferdinand CÉLINE
  Viagem ao fim da noite
Sidney CHALHOUB
  Visões da liberdade
Jung CHANG
  Cisnes selvagens
John CHEEVER
  A crônica dos Wapshot
Catherine CLÉMENT
  A viagem de Théo
J. M. COETZEE
  Infância
  Juventude
Joseph CONRAD
  Coração das trevas
  Nostromo
Mia COUTO
  Terra sonâmbula
Alfred W. CROSBY
  Imperialismo ecológico
Robert DARNTON
  O beijo de Lamourette
Charles DARWIN
  A expressão das emoções no homem e nos animais
Jean DELUMEAU
  História do medo no Ocidente
Georges DUBY
  Damas do século XII
  História da vida privada 2 — Da Europa feudal à Renascença (Org.)
  Idade Média, idade dos homens
Mário FAUSTINO
  O homem e sua hora
Meyer FRIEDMAN,
Gerald W. FRIEDLAND
  As dez maiores descobertas da medicina
Jostein GAARDER
  O dia do Curinga
  Maya
  Vita brevis
Jostein GAARDER, Victor HELLERN,
Henry NOTAKER
  O livro das religiões

Fernando GABEIRA
O que é isso, companheiro?

Luiz Alfredo GARCIA-ROZA
O silêncio da chuva

Eduardo GIANNETTI
Auto-engano
Vícios privados, benefícios públicos?

Edward GIBBON
Declínio e queda do Império Romano

Carlo GINZBURG
Os andarilhos do bem
História noturna
O queijo e os vermes

Marcelo GLEISER
A dança do Universo
O fim da Terra e do Céu

Tomás Antônio GONZAGA
Cartas chilenas

Philip GOUREVITCH
Gostaríamos de informá-lo de que amanhã seremos mortos com nossas famílias

Milton HATOUM
A cidade ilhada
Cinzas do Norte
Dois irmãos
Relato de um certo Oriente
Um solitário à espreita

Patricia HIGHSMITH
Ripley debaixo d'água
O talentoso Ripley

Eric HOBSBAWM
O novo século
Sobre história

Albert HOURANI
Uma história dos povos árabes

Henry JAMES
Os espólios de Poynton
Retrato de uma senhora

P. D. JAMES
Uma certa justiça

Ismail KADARÉ
Abril despedaçado

Franz KAFKA
O castelo
O processo

John KEEGAN
Uma história da guerra

Amyr KLINK
Cem dias entre céu e mar

Jon KRAKAUER
No ar rarefeito

Milan KUNDERA
A arte do romance
A brincadeira
A identidade
A ignorância
A insustentável leveza do ser
A lentidão
O livro do riso e do esquecimento
Risíveis amores
A valsa dos adeuses
A vida está em outro lugar

Danuza LEÃO
Na sala com Danuza

Primo LEVI
A trégua

Alan LIGHTMAN
Sonhos de Einstein

Gilles LIPOVETSKY
O império do efêmero

Claudio MAGRIS
Danúbio

Naguib MAHFOUZ
Noites das mil e uma noites

Norman MAILER (JORNALISMO LITERÁRIO)
A luta

Janet MALCOLM (JORNALISMO LITERÁRIO)
O jornalista e o assassino
A mulher calada

Javier MARÍAS
Coração tão branco

Ian McEWAN
O jardim de cimento
Sábado

Heitor MEGALE (Org.)
A demanda do Santo Graal

Evaldo Cabral de MELLO
O negócio do Brasil
O nome e o sangue

Luiz Alberto MENDES
Memórias de um sobrevivente

Jack MILES
Deus: uma biografia

Vinicius de MORAES
Antologia poética
Livro de sonetos
Nova antologia poética
Orfeu da Conceição

Fernando MORAIS
Olga

Toni MORRISON
Jazz

V. S. NAIPAUL
Uma casa para o sr. Biswas

Friedrich NIETZSCHE
Além do bem e do mal
Ecce homo
A gaia ciência
Genealogia da moral
Humano, demasiado humano
O nascimento da tragédia

Adauto NOVAES (Org.)
Ética
Os sentidos da paixão

Michael ONDAATJE
O paciente inglês

Malika OUFKIR, Michèle FITOUSSI
Eu, Malika Oufkir, prisioneira do rei

Amós OZ
A caixa-preta
O mesmo mar

José Paulo PAES (Org.)
Poesia erótica em tradução

Orhan PAMUK
Meu nome é Vermelho

Georges PEREC
A vida: modo de usar

Michelle PERROT (Org.)
História da vida privada 4 — Da Revolução Francesa à Primeira Guerra

Fernando PESSOA
Livro do desassossego
Poesia completa de Alberto Caeiro
Poesia completa de Álvaro de Campos
Poesia completa de Ricardo Reis

Ricardo PIGLIA
Respiração artificial

Décio PIGNATARI (Org.)
Retrato do amor quando jovem

Edgar Allan POE
Histórias extraordinárias

Antoine PROST, Gérard VINCENT (Orgs.)
História da vida privada 5 — Da Primeira Guerra a nossos dias

David REMNICK (JORNALISMO LITERÁRIO)
O rei do mundo

Darcy RIBEIRO
Confissões
O povo brasileiro

Edward RICE
Sir Richard Francis Burton

João do RIO
A alma encantadora das ruas

Philip ROTH
Adeus, Columbus
O avesso da vida
Casei com um comunista
O complexo de Portnoy
Complô contra a América
A marca humana
Pastoral americana

Elizabeth ROUDINESCO
Jacques Lacan

Arundhati ROY
O deus das pequenas coisas

Murilo RUBIÃO
Murilo Rubião — Obra completa

Salman RUSHDIE
Haroun e o Mar de histórias
Oriente, Ocidente
O último suspiro do mouro
Os versos satânicos

Oliver SACKS
Um antropólogo em Marte
Enxaqueca
Tio Tungstênio
Vendo vozes

Carl SAGAN
Bilhões e bilhões
Contato
O mundo assombrado pelos demônios

Edward W. SAID
Cultura e imperialismo
Orientalismo

José SARAMAGO
O Evangelho segundo Jesus Cristo
História do cerco de Lisboa
O homem duplicado
A jangada de pedra

Arthur SCHNITZLER
Breve romance de sonho

Moacyr SCLIAR
O centauro no jardim
A majestade do Xingu
A mulher que escreveu a Bíblia

Amartya SEN
Desenvolvimento como liberdade

Dava SOBEL
Longitude

Susan SONTAG
Doença como metáfora / AIDS e suas metáforas
A vontade radica

Jean STAROBINSKI
Jean-Jacques Rousseau

I. F. STONE
O julgamento de Sócrates l

Keith THOMAS
O homem e o mundo natural

Drauzio VARELLA
Estação Carandiru

John UPDIKE
As bruxas de Eastwick

Caetano VELOSO
Verdade tropical

Erico VERISSIMO
Caminhos cruzados
Clarissa
Incidente em Antares

Paul VEYNE (Org.)
História da vida privada 1 — Do Império Romano ao ano mil

XINRAN
As boas mulheres da China

Ian WATT
A ascensão do romance

Raymond WILLIAMS
O campo e a cidade

Edmund WILSON
Os manuscritos do mar Morto
Rumo à estação Finlândia

Edward O. WILSON
Diversidade da vida

Simon WINCHESTER
O professor e o louco

1ª edição Companhia das Letras [1989] 11 reimpressões
1ª edição Companhia de Bolso [2009] 13 reimpressões

Esta obra foi composta pela Verba Editorial em Janson Text
e impressa em ofsete pela Gráfica Bartira sobre papel Pólen
da Suzano S.A. para a Editora Schwarcz em maio de 2025

A marca FSC® é a garantia de que a madeira utilizada na fabricação do papel deste livro provém de florestas que foram gerenciadas de maneira ambientalmente correta, socialmente justa e economicamente viável, além de outras fontes de origem controlada.